세 상 의 모 든 영 어 를 표 현 한 다

한권으로 끝내는
네이티브
영어회화사전

JPLUS
Language Publishing Co.

CONTENTS

In the current era of international business and globalization, English has become the common tongue. However, for busy people, it's difficult to learn and maintain a functional ability in English. The Native English Conversation Dictionary provides you with a variety of useful topics so that you can prepare for a number of situations without spending the time and effort to learn English from scratch.

This book is practical for several reasons. First, the book contains current, authentic English used by actual native speakers. Also, The Native English Conversation Dictionary is full of real life examples which you can use in conversation. Studying and using these examples is a quick and efficient way to learn just the English you will need for the appropriate situation.

The book is divided into nine sections.

Part 1_ This part contains the most basic and most essential English needed for daily life.

Part 2_ This part has more specialized language and vocabulary for certain situations.

Part 3_ This part contains language that will be useful when doing business with Americans either in Korea or abroad.

Part 4_ This part contains essential language you may need when hosting a guest.

Part 5_ This part includes sample speeches such as accepting an award or giving thanks.

Part 6_ This part contains language that will be useful if you are living in the United States.

Part 7_ In this part, the language is related to congratulation and consolation.

Part 8_ This part focuses on necessary language and vocabulary relating to news and current events.

Part 9_ In this part, the focus is about culture and behavior.

Good luck.
Keith Milling

~~~~~~

십 년 이상 영어 공부를 해 왔지만 막상 외국인을 만나면 기본적인 말조차도 잘 떠오르지 않는다. 그렇다면 말이 어려워서일까? 사실 말에는 쉬운 말이나 어려운 말이 따로 없다. 다만 자주 쓰는 말이 있을 뿐이다. 다시 말해 상황에 따라 자주 사용되는 기본적인 표현들이 있는 것이다. 바로 그 기본적인 표현들만 잘 익힌다면 영어 회화는 결코 어려운 일이 아니다.

이 책은 다양한 상황에서 원어민이 실제로 사용하는 기본적인 표현을 담고 있다. 영어 지식과 상관없이 언제 어디서나 필요할 때 곧바로 찾아볼 수 있도록 사전 형식으로 만들었다.

이 책에서는 일상생활에서 자주 접하게 되는 상황들을 9개의 파트(매일 쓰는 인사말, 회화 달인의 장, 비즈니스 회화의 장, 손님 접대와 쇼핑, 스피치 · 수상 소감, 미국 생활, 사람과 관련된 표현, 시사 용어 · 비교 어휘, 문화 소개의 장)로 나누어 현장감 있는 real talk에 녹여 정리하였다. 인터넷에서 자주 사용되는 표현들, 상황별 핵심 표현들, 그리고 저자의 미국 생활을 바탕으로 한 미국 문화와 관습까지 함께 수록하여 더욱 실감 나고 생생한 영어를 배울 수 있게 하였다.

지금까지 영어 회화에 대한 두려움이 있었다면 과감히 떨쳐 버리기를 바란다. 이제 이 책 한 권이면 영어의 달인이 될 수 있을 것이다.

Una Milling

CONTENTS

PART 3   비즈니스 회화의 장

CONTENTS

PART 4　손님 접대와 쇼핑

PART 5 스피치 수상 소감

PART 6 미국 생활

CONTENTS

PART 8 시사 용어 비교 어휘

PART 9 문화 소개의 장

PART 1
매일 쓰는 인사말

일상 생활에서 쓰는 간단한 인사말에서부터 결혼식 · 장례식까지
짧지만 꼭 해야 할, 예의에 어긋나지 않는
기본적인 인사말을 먼저 확인해 두자.

안녕하세요!	**Hello!**

만나서 반갑습니다. 당신을 알게 되어 반갑습니다.	**(It's) Nice to meet you.** **(I'm) Pleased to meet you.**

말씀 많이 들었습니다.	**I've heard a lot about you.** **(John) has told me a lot about you.**

A How are you?
안녕하세요?

B Pretty good.
네.

A What's your name?
이름이 뭐예요?

B I'm Angela.
안젤라예요.

A Nice to meet you, Angela. I've heard a lot about you.
안젤라. 만나서 반가워요. 얘기 많이 들었어요.

제가 어떻게 부르면 될까요?	## What should I call you? Tip 직역하면 '뭐라고 부를까요?'이다. A Hi, I'm Dr. Howard Weinger. I'll be teaching the biology course this year. 안녕하세요. 저는 하워드 웨인거 박사입니다. 이번에 생물학을 가르칠 예정입니다. B Should I call you Mr. Weinger? 웨인거 씨라고 부르면 될까요? A Everybody calls me Bud. 모두들 버드라고 불러요. A Should I call you Professor Killian, or is Jake OK? 킬리안 교수님이라고 부르면 될까요? 아니면 그냥 제이크라고 할까요? B I prefer Dr. Killian. 킬리안 교수라고 불리는 게 좋아요. Tip 선호하다 prefer
안녕하세요. 저는 조찬오라고 합니다. 미스터 조라고 불러 주세요.	## Hello. I'm Chan-oh Jo. Please call me Mr.Jo. Tip 본인을 소개할 경우 본인이 원하는 것을 말하는 것이 좋다. A My name is Dong-joon Park. Call me DJ. 제 이름은 박동준이에요. DJ라고 불러 주세요. B It's nice to meet you, DJ. I'm Sarah. 반가워요, DJ. 전 세라예요.
안녕. 내 이름은 김명주야. 명주나 MJ라고 불러 줘.	## Hi. My name is Myeong-joo Kim. You can call me Myeong-joo or MJ. A Nice to meet you. I'm Keith Jones. 만나서 반가워요. 전 존스 키츠예요. B Nice to meet you too, Mr. Jones. 저도 만나서 반가워요. 존스 선생님. A Please call me Keith. 키츠라고 불러 주세요.

Culture Note

How do you do? / What's up? / How are you doing? / How's everything going?은 어떤 차이점이 있을까?

❶ **How do you do?** - 대단히 격식을 차린 말로 중요한 첫 비즈니스 미팅 등에서 쓰인다.
❷ **What's up?** - '어떻게 지내?'라는 뜻이다. 매우 가까운 사람들 사이에서 쓰는 표현으로 10, 20대가 주로 쓰는 반말이다.
❸ **How are you?** - 가장 무난히 어디서나 누구에게 쓰일 수 있는 말이다.
❹ **How are you doing? / How's everything going?**은 **How are you?**와 차이가 없지만 좀 더 친한 사이에 하는 말이다.

How are you?에 대한 대답은?

How are you?가 '어떻게 지내?'의 뜻이라고 해서 정말 어떻게 지내는지에 대해 설명할 필요는 없다.

예를 들어   A **How are you?**
          B **Bad. I lost my keys.**(안 좋아요. 열쇠를 잃어버렸어요.)

이렇게 자신의 상황을 이야기한다면 상대방은 당황하게 된다.
이것은 인사말일 뿐이다. 특히 소도시나 시골로 갈수록 길가에서 마주친 낯선 사람이 웃으며 **How are you?** 하고 말하는 경우도 많고 가게에 들어서면 점원이 인사말로 하는 경우도 흔하다.

첫 만남에서 멋진 인사말보다 더 중요한 것은?

Eye contact. 어떤 상대라도 마찬가지이다. 멋진 금발의 아가씨이거나 백발의 신사이거나 인사를 할 때는 반드시 눈을 쳐다보도록 하자. 눈을 마주보며 살며시 미소 짓는 것이 가장 완벽한 인사다!

처음 만난 사람을 어떻게 부를까?

먼저 상대에게 **What should I call you?**라고 물어보는 것이 좋은 매너이다.

이름과 성을 부르는 방법은?

영어에서는 이름(first name)이 먼저 오고 성(last name)이 뒤에 온다. 다들 알고 있는 사실이지만 막상 상대방의 이름을 듣고 부를 때 실수하는 경우가 많다. 예로 Keith Milling을 만났을 때 Hello, Milling이라거나 Mr. Keith라고 부르면 안 된다. 아무리 영어를 잘해도 이름과 성을 잘못 부르는 것은 큰 실례이다.

14

02 아침저녁으로 주고받는 인사

MP3 1-02 ▶

안녕하세요!

Hello!
Good day!

Tip Good day!는 호주에서 많이 쓰인다.
How are you? / How are you doing? / What's up? 등은 매일 만나는 사람들에게 언제나 쓸 수 있다.

직장에서 동료를 복도에서 마주쳤을 때

A How are you doing?
안녕하세요?

B Good, thanks. How about you?
예. 안녕하세요?

A Great.
그럼요.

좋은 아침입니다.

Good morning.

Tip '밤새 안녕히 주무셨어요?'를 직역하면 Did you sleep well last night?인데, 이 말은 상대방이 피곤해 보이거나, 집에 온 손님이 다음날 일어났을 때 안부를 물을 때 쓰인다. 아침 인사는 Good morning.이 자연스럽다.

월요일 아침 직장에서

A Good morning, Gina. How was your weekend?
안녕하세요, 지나 씨. 주말 어땠어요?

B It was pretty good, Mr. Lee. Thanks for asking. My family and I went camping.
좋았습니다. 가족과 캠핑 갔었거든요.

A That's nice.
좋았겠군요.

Tip 대화의 한쪽만 Mr.를 붙인 것은 상사인 경우이다. Thanks for asking.은 상사가 관심을 가져 준 것에 대한 감사의 표시로 보면 된다.

안녕하세요! (저녁 인사)	**Good evening.**

Good night!

안녕히 주무세요!

> Tip 밤에 헤어질 때도 쓴다.

다녀왔습니다.

I'm home.

> Tip 한국에서는 아이들이 부모님이 출퇴근하실 때 문 앞까지 나와서 인사를 하도록 가르치지만, 서양에서는 집안 어디서 있든 그냥 인사를 하는 것이 보통이다.

아이가 집에 돌아왔을 때

A Mom, I'm home.
엄마, 다녀왔습니다.

B How was your day?
오늘 하루 어땠니?

직장에서 저녁에 퇴근할 때

A Looks like it's time to go.
저, 가보겠습니다.

B See you tomorrow!
내일 봐요.

03 오랜만에 만났을 때(1)_묻는 표현

MP3 1-03 ▶

PART 1 매일 쓰는 인사말

오랜만입니다! 정말 오랜만이야!	**It's been a long time!** **Long time no see!** Tip 편한 사이에서 쓰인다.

A Hi, Una. Long time no see! How have you been?
은아야. 오랜만이야. 어떻게 지냈어?

B Terrific! Thanks! I went back to the U.S. and traveled around.
끝내줬지. 미국에 돌아가서 여행했어.

A Cool.
멋진데.

(그동안) 어떻게 지냈어요?	**How have you been (doing)?**

A Hi, Sue. What brings you here? It's been 2 years since you moved to L.A. How have you been doing?
수. 여긴 어쩐 일이야? 네가 LA로 이사간 후 2년 만이야. 어떻게 지냈어?

B Couldn't be better. As a matter of fact, I'm here to see you.
아주 좋아. 사실 너 만나러 왔어.

A What's the occasion? I guess something very important.
무슨 일이야? 아주 중요한 일 같은데.

B Well, I'm getting married this April. I want you to be my maid of honor.
있잖아. 이번 4월에 결혼하기로 했어. 네가 내 신부 들러리가 돼줬으면 좋겠어.

Tip 사실 as a matter of fact, actually, in fact

17

What have you been up to?

Tip 편한 사이에서 쓰인다.

A Look who's here? I haven't seen you for ages. What have you been up to?
이게 누구야? 만난 지 한참 됐구나. 어떻게 지냈어?

B I've been very busy starting my own business.
내 사업 시작하느라 바빴어.

A Really? Good for you!
정말? 대단한데.

B You know what? I'm already late for my meeting. I'll catch up with you soon. I'll call you. Bye.
그런데 있지. 회의에 벌써 늦었거든. 나중에 밀린 얘기 하자. 내가 전화할게.

Tip ~하느라 바쁘다 be busy ~ing

Is everything OK?
Is everything alright?

Tip 상대방이 뭔가 어려운 일을 겪었거나 겪고 있을 거라는 전제가 깔려 있다.

A Hi, how are you?
안녕, 어떻게 지내?

B Good. Is everything all right?
좋아, 별일 없지?

A What do you mean?
무슨 뜻이야?

B I heard your dad was sick, so he was in the hospital.
너희 아빠가 아프셔서 병원에 계신다고 들었어.

A He is doing great now. Actually my family will go camping next week.
지금은 괜찮으셔. 사실 다음 주에 가족 캠핑 갈 거야.

B That's great.
잘됐구나.

사업은 어때요?	**How's business?** Tip 좋아요. Great. | 괜찮아요. OK. | 별로 좋지 않아요. Not so good. | 묻지도 마세요. / 말도 마세요. Don't ask.
하는 일들은 어때요?	**How have things been?**
여긴 무슨 일로 왔어요?	**What brings you here?**
바쁘시죠?	**Have you been busy?**
요즘 어때요?	**How are you these days?**
다시 만나 반가워요.	**Happy to see you again.**
다시 만나서 무척 반갑군요!	**How nice to see you again!**
지낼 만하십니까?	**How are you doing?** **Are you doing all right?** Tip '~할 만하다, ~할 가치가 있다'는 'be worth ~ing / 명사구'로 쓰인다. 하지만 '지낼 만하십니까?'를 'be worth ~ing / 명사구'로 쓰지는 않는다. 예 여기 음식은 먹을 만해요? Is the food here worth eating? | 이 음식점 음식은 기다릴 만해요. The food at this restaurant is worth the wait. | 그 보상은 위험을 무릅쓸 만해요. The reward is worth the risk.
식구들 모두 안녕하세요?	**How's your family?** **How's your family been?**

04 오랜만에 만났을 때(2)_대답 표현

아주 좋아요	**Couldn't be better.** Tip 직역하면 '더 이상 좋을 수가 없다' 즉 '최고'라는 뜻이다.
잘 지냅니다.	**I've been alright.** **(I'm) good.** **(I'm) doing fine.** **(I'm) very well.**
다 잘돼갑니다.	**Things have been fine.** **It's going well.**
그럭저럭 지냅니다. 그런대로 괜찮아요.	**So so.** **OK.**
버틸 만해요.	**I've been getting by.**
별일 없어요	**Nothing special.**
별로 좋지 않아요	**Not so good.**
묻지 마세요	**Don't ask.** Tip 나쁘니까 묻지도 말라는 뜻이다.

여전하죠

The same as always.
The same as before.
Same old thing.

A It's been a long time.
오랜만이네요.

B How are things these days?
요즘 어떠세요?

A The same as always. How's your family been?
늘 그렇죠. 참 식구들 모두 안녕하시구요?

B They are great. Thanks.
그럼요.

하나도 변하지 않았구나.

You haven't changed a bit.

A You haven't changed a bit.
넌 예전 모습과 똑같구나. 하나도 변하지 않았네.

B Neither have you!
너는 안 그러니? 너도 예전과 똑같은데!

좋아 보이시네요.	**You look good.**

You're looking well.

좋아 보이는데요. | **You look like you're been doing well.**

> **Tip** 속뜻은 하는 일이 잘 되거나 돈을 많이 벌었을 거라고 짐작하고 건네는 인사말이다. 직역하여 It looks like you've made a lot of money. 라고 하면 안 된다. 돈이라는 말이 직접적으로 나오면 어쩐지 '속물'이라는 느낌을 주기 쉽다.

A It's been a long time! You look great!
오랜만이에요! 아주 좋아 보이네요.

B Really? Thanks. I've been working out every day.
그래요? 고마워요. 매일 운동하거든요.

A Good for you!
대단하시네요.

> **Tip** 운동하다 work out, exercise

예전보다 살이 좀 찌셨네요.	**You've put on some weight.** (Culture Note 참고)

야위셨네요.	**You've lost weight.**

A Have you lost some weight?
살이 빠졌니?

B No. I haven't. Same as always.
아니, 그대론데.

키가 컸구나.	**You've grown!**

You've gotten taller!

You're taller than you used to be.

You're all grown-up.

예전보다 키가 컸구나.

다 컸구나. 이제 어른이네.

A Hey, Joe. Long time no see. I couldn't recognize you. When was the last time I saw you?
조, 오랜만이구나. 널 몰라볼 뻔했다. 널 마지막 본 게 언제였지?

B It was 5 years ago, Mr. Miller. I go to college now.
5년 전이었어요. 밀러 선생님. 전 지금 대학 다녀요.

A Wow, you're all grown-up!
우와. 다 컸구나. 어른이네.

Tip 알아보다 recognize

우연히 만났을 때

세상 참 좁군요!

What a small world!

뜻밖에 여기서 만나다니!

I'm glad I ran into you!

Tip 우연히 마주치다 run into, bump into

우연이네요!

What a coincidence!

Tip 우연 coincidence

기분 좋은 우연인데요!

This is a nice surprise!

A Hey, what a small world!
세상 정말 좁군!

B How are you doing? What brings you here?
잘 있었어? 여기 웬일이야?

A Pretty good. I just moved last month.
좋아. 지난달에 이사 왔어.

B We should have a cup of coffee to catch up.
밀린 얘기도 할 겸 커피라도 한잔 해야지.

A You bet.
당연하지.

Tip 밀린 얘기(일)를 하다 catch up

환자에게 하는 인사

좀 나아지셨나요?

Are you feeling better?

A I heard you were in the hospital last week. How are you doing? Are you feeling better?
지난 주에 입원하셨다면서요. 지금은 좀 어떠세요? 괜찮으세요?

B Good. I'm much better. Thank you for asking.
좋아요. 많이 나았어요. 고마워요.

지금은 좀 어떠십니까?

How are you doing?

Tip '안녕하세요?'나 '좀 어떠세요?'의 의미로 쓰이는 말이다.

예 많이 좋아졌어요. I'm much better. | 예전에 비해 많이 좋아졌어요. I feel much better.

회복이 되셨습니까?

Have you recovered (completely)?

A Have you recovered?
좀 나아지셨어요?

B Much better.
많이 좋아졌어요.

Tip 회복하다 recover

빠른 쾌유를 빕니다.

I hope you feel better soon.

I hope you get well soon.

Tip 좋아지다 get well

get-well card

문병을 가야 하는데, 가지 못하는 경우에는 환자에게 카드를 보내게 된다. 이런 문안 카드를 **get-well card**라고 한다.

입원을 영어로 뭐라고 하나?

hospitalization이라는 말이 있지만 잘 쓰이지 않는다. 그냥 **I was in the hospital for 3 days.**(병원에 3일간 있었어.) 하고 말하면 된다.

07 멀리서 오신 손님에게 하는 인사

편안한 여행이었습니까?	**How was your trip?** **How was your flight?** (비행기 여행인 경우)
오시느라 고생하셨습니다.	**Thank you for coming.**

> Tip ◀ '오시느라 고생하셨습니다.'를 You had a difficult time to come here.와 같이 직역해서는 쓰지 않는다.

A How was your trip?
여행은 어떠셨어요?

B It was fine.
편안했습니다.

A Thanks for coming.
오시느라 고생하셨어요.

B Not at all.
별말씀을요.

A How was your flight?
여행은 어떠셨어요?

B It was a little bit long, but tolerable.
좀 길었지만 견딜 만했어요.

A You must be tired. Why don't you take a rest before dinner?
피곤하시겠네요. 저녁 식사 전에 좀 쉬세요.

> Tip ◀ 견딜 만한 tolerable

27

부모님께 안부 전해 주세요	**Please give my regards to your parents.** **Say 'hello' to your parents for me.**

A Long time no see. How are you doing?
오랜만이야. 어떻게 지내고 있어?

B Pretty good. How about you?
아주 좋아. 너는 어때?

A I'm doing just fine. I've got to go. Say hello to your husband for me.
나야 잘 지내고 있지. 가야겠어. 남편한테 안부 전해 줘.

B I will. Bye!
알았어. 안녕!

저 대신 사장님께 안부 전해 주세요	**Please give my regards to the president.** Tip ◀ 편한 사이라면 Say hello to (person) for me.라고 해도 된다.

잭한테 안부 전해 줘.	**Say 'hello' to Jack.** (편한 말투)

나 대신 한번 안아 줘.	**Please give him / her a big hug for me.** Tip ◀ 친한 사이에 아이들의 안부를 묻는 경우에 쓸 수 있다.

A How are your kids?
네 아이들은 어때?

B They are great.
잘 지내지.

A Please give them a big hug for me.
나 대신 한번 안아 줘.

09 자주 보는 친구나 이웃에게

MP3 1-09 ▶

출근하십니까?

Are you going to work?

어디 가세요?

Are you going somewhere?

외출하세요?

Where are you off to?

> Tip '어디 가세요?'의 의미로 이웃에게 건네는 인사말이다.
> **Are you going to the market?**과 같은 직접적인 표현은 사생활을 침해하는 것 같은 느낌을 주므로 '어디 가시나 봐요?' 정도의 표현으로 끝내는 것이 무난하다.

A You look nice today. Where are you off to?
오늘 멋지네요. 외출하세요?

B Thank you. I'm going to a wedding.
고마워요. 결혼식에 가요.

> Tip '식사하셨어요?' 하고 인사하고 싶을 때 **Have you eaten yet?**이라고 하면 '식사 안 하셨으면 저와 같이 하실래요?(Would you like to eat together?)'라는 느낌을 준다. 그냥 인사로 하는 말이라면 **How are you doing?** 정도가 무난하다.

잘 다녀오셨습니까!

Welcome back!

Welcome home!

> Tip **Welcome home!**은 여행을 다녀온 사람에게 하는 인사이고, 학교나 직장에 다녀온 경우에는 **Hi.** 또는 **Hello.**가 적당하다.

29

서양에서 가장 중요한 개념 중의 하나가 사생활 보호(privacy)이다. 한국인이 관심의 표현이라 여기고 이것저것 물어보면 대개의 경우 부담스러워한다. 드라마에서 이것저것 주책없이 참견하는 중년 아주머니의 대사를 보면 Where are you going?이나 Are you going shopping? 등이 나오는데, 이것은 지나치게 개인적인 질문들이다.

미국에서는 어떻게 이웃을 사귈까?

이웃을 만나면 Hello나 How are you doing? 정도로 가볍게 인사를 하는 것이 좋다.
처음 본 이웃이라면 간단히 자기 소개를 하고, 행사 등에 참여하면서 이웃 주민들을 사귄다. 그들은 철저하게 가족 중심의 생활을 하기 때문에 학교나 자원 봉사, 직장의 경우를 제외하고 동네 사람들과 어울려 다니는 경우가 많지 않다. 그래서 한국 가족이 영어권 나라로 이민가면 남편들이 회식이 없어서 일찍 집에 와서 가족과 시간을 보내는 경우가 많아진다.
이사온 동네 사람들과 적극적으로 사귀기 위해 간단한 바베큐 파티나 집들이를 하는 경우도 있다. 바로 옆집에 집에서 만든 스낵 등을 가져가서 인사를 해도 좋다.

A Hello, I'm Kelly Scott. I just moved in next door.
안녕하세요. 전 켈리 스콧이에요. 옆집에 이사왔어요.

B Nice to meet you. I'm Theresa Golden.
반가워요. 전 테레사 골든이에요.

A This is a pie I made for you.
좀 드시라고 파이를 만들어 봤어요.

B Thank you!
고마워요.

10 헤어질 때

실례하겠습니다. 먼저 가보겠습니다.	**Sorry, but I have to go + (excuse).** **Tip** 뒤에 변명, 이유 등을 더하면 자연스럽다. **예** I have to get up early tomorrow. 내일 빨리 일어나야 해요. ┃ I have to catch a flight in the morning. 아침에 비행기를 타야 해요. ┃ I have to put my children to bed. 아이들을 재워야 해요.
죄송합니다, 먼저 가보겠습니다.	**Sorry, but I've got to go.** A Are you going so soon? 이렇게 빨리 가는 거야? B Yeah. I've got to get to the airport early tomorrow morning. I've got a morning flight to Boston. 응. 내일 아침 일찍 공항에 가야 돼. 보스톤행 아침 비행기 타야 하거든.
집에 가야겠군요	**I have to go home.** **Tip** '해야 한다'를 'must + 동사'로 나타내는 경우가 많다. 그러나 실생활에서는 'have to + 동사'가 더 많이 쓰인다. must는 주로 격식을 차린 자리나 위급한 상황에서 쓰인다.
이젠 가야겠군요	**I have to go now.**
갈 시간이에요	**Time to go.** A Are you going already? 이렇게 빨리 가시려고요? B I've got some work to do so I have to go. 일이 좀 있어서 먼저 가봐야겠습니다.

오후에 갈 데가 있어서 먼저 가겠습니다.	I've got somewhere to go this afternoon, so I think I have to go.
오늘 일이 좀 있어서 가야 할 것 같습니다.	I've got some work to do, so I think I'll go first.
안녕히 가세요!	Bye.
잘 가.	So long.
좀 있다 뵙죠!	See you soon.
다음에 만나요.	See you later. Catch you later.
다음에 뵙겠습니다.	See you next time.
내일 봅시다.	See you tomorrow.
좋은 하루 되세요.	Have a nice day!
다음 주 언제 점심이나 하죠.	Let's have lunch sometime next week.
잘 자고, 좋은 꿈 꿔!	Good night and sweet dreams.
안녕. 나중에 연락하자.	Bye. Let's keep in touch.

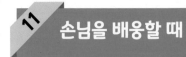

11 손님을 배웅할 때

MP3 1-11▶

조심해서 가세요	**Good bye.** Tip 한국에서 흔히 쓰는 표현이지만 영어로 손님을 배웅할 때는 **Good bye.** 정도가 무난하다. 만약 손님이 자기 나라로 돌아가거나 먼 길을 간다면 **Have a good trip. Have a good flight.**(비행), **Drive safely.**(운전)라고 하면 된다. Tip 집에 초대한 손님을 배웅할 때는, 일반적으로 **I'm glad you could come.**나 **Thank you for coming.**과 같이 말하는 것이 무난하다.
편히 가세요	**Take care of yourself.**
몸조심하세요	**Take care.**
안전한 귀향길 되세요	**Have a safe trip home.**
만나서 반가웠어요	**It was nice meeting you.**
얘기해서 즐거웠어요	**It was nice talking to you.**
그간 못했던 얘기를 해서 즐거웠어요	**It was nice to catch up.**

A It was nice having you, Ed.
와줘서 고마웠어, 에드.

B I had a great time Tucker. It was nice to catch up. (To Tucker's wife) Thanks a lot, Jennifer. It's always a pleasure.
아주 멋진 시간이었어, 터커. 그간 미뤘던 얘기를 나눠서 즐거웠고. (터커의 부인에게) 제니퍼, 고마워요. 아주 좋았어요.

33

메리 크리스마스!	**Merry Christmas!** **Happy Holidays!** A Merry Christmas! 　메리 크리스마스! B Thanks. Merry Christmas to you too. 　고마워. 너도.
추석 잘 지내세요!	**Happy Thanksgiving!**
새해 복 많이 받으세요!	**Happy New Year!**
휴가 잘 보내세요!	**Have a good holiday.** **Enjoy your holiday.**
발렌타인데이 잘 보내!	**Happy Valentine's Day!**
할로윈 잘 보내!	**Happy Halloween!**

CultureNote

크리스마스에 가족끼리 모여서 저녁 만찬을 하고 선물을 주고 받는 것은 서양 전통이지만, 크리스마스 케이크는 개개인의 취향일 뿐 전통은 아니다. 크리스마스 케이크는 한국에서 만들어낸 것이다. Valentine's Day에 여자가 남자한테 초콜릿을 주는 것도 마찬가지이다. 미국에서는 보통 Valentine's Day에 친구들이나 가족 등 주위 사람들에게 카드나 선물을 한다.

파티의 종류

· 집들이 housewarming party
· 승진파티 promotion party
· 송별회 farewell / going away party
· 망년회 end-of-year party
· 총각파티 bachelor party
· 결혼식 피로연 wedding reception

· 돌잔치 first birthday party
· 졸업파티 graduation party
· 환영회 welcome / welcoming party
· 신년파티 New Year's party
· 신부파티 bridal / wedding shower
· 베이비샤워 baby shower

Tip 파티를 열다 have a party, give a party, throw a party

다른 사람을 축원할 때

가정이 화목하시기 바랍니다!	I hope everything is well with your family.
만사형통하시기 바랍니다!	I hope everything is going well.
즐거운 생활이 되시기를 바랍니다!	Have a great day!
생일 축하드려요!	Happy Birthday!
성공하기를 바랍니다!	I wish you success.
사업이 성공하시기를 바랍니다!	I wish you luck on your new business.
뜻하시는 일이 이루어지길 바랍니다!	I wish you great success.
큰 꿈을 펼치길 바랍니다!	I wish you success beyond your wildest dreams.
잘해 봐!	Good luck!
행운을 빌어!	I wish you luck!
네가 잘되길 빌게.	I'll cross my fingers for you.

Tip 말 대신 둘째, 셋째 손가락을 꼬아서 보이기도 한다.

Culture Note

축원할 때 하는 인사는 한국어에 비해 다양하지 않다. 지나친 개인적인 관심은 사생활 침해라고 생각하기 때문이다. 특히 신혼부부에게 '자식 많이 낳으세요, 부모님 모시고 행복하세요.'라고 하거나 어른에게 '만수무강 하세요.'라고 하지 않는다.

• 손녀의 탄생 축하 •

A
very precious
congratulations
to you!

Congratulations
on the birth of
your baby girl.

Love,
Mom and Dad

손녀딸의 탄생을 축하하며, 엄마 아빠가

• 졸업 축하 •

Congratulations
Graduate!

The future is in your hands!
We're very proud of you.

Love,
Mom and Dad

미래는 네 손에 달렸어. 우린 네가 자랑스럽다.
사랑하는 엄마 아빠가

결혼식과 장례식장에서

MP3 1-14▶

결혼식에서

행복한 신혼이 되기를 바랍니다!	**Have a good honeymoon.**
두 분 정말 잘 어울려요.	**You look good together.**
두 분 천생연분같이 보여요	**You look like you're meant for each other.**
축하합니다!	**Congratulations!**

Tip congratulation 뒤에 반드시 's'를 넣어야 한다.

건강과 행복을 기원합니다.	**I wish you health and happiness.**

A Sarah, I heard you're getting married.
새라, 결혼한다며?

B Yes. The wedding is next week.
응. 다음 주에 해.

A That's great. Congratulations!
축하해.

B Thanks.
고마워.

A Who's the lucky guy?
그 행운의 남자가 누구야?

B His name is Jim. He works for IBM.
짐이라고 해. IBM 다녀.

Tip ~에 다니다 work for ~

장례식에서

매우 유감입니다.	I'm very sorry.
아버님께서 돌아가셨다는 말씀을 들었습니다.	I heard your father passed away. Tip 돌아가시다 pass away(die보다 존중하는 뜻이다.)
제 조의를 받아 주십시오.	Please accept my sympathies. Please accept my condolences.
상심이 크시겠습니다.	I'm sorry for your loss.
당신의 슬픔을 나누고 싶습니다.	My thoughts are with you.
할아버님에 관한 건 정말 유감이에요. 정말 특별한 분이셨는데.	I'm sorry to hear about your grandfather. He was a very special man.
제가 도울 일이 있으면 알려 주세요.	Let me know if there's anything I can do.
생전에 많은 도움을 주셔서 감사합니다.	Thank you for all your kindness while he was alive. (상주가 조문객에게)

Culture Note

서양에서는 장례식에 조의금을 보내지 않고 주로 꽃을 보낸다. 이때 꽃이 꼭 하얀색일 필요는 없다. 문상객들은 주로 검은 예복을 입고, 고인의 생전에 대한 이야기를 한다. 집안에 따라 관 뚜껑을 열고 고인에게 마지막 인사를 하는 경우도 있다. 대부분의 사람들이 침울하고 우는 소리가 끊이지 않는 한국의 장례식과 달리 서양에서는 서로 격려하고 가급적 우는 모습을 보이지 않으려고 한다. 고인에 대해서도 즐거웠던 일, 감명 깊었던 일들을 주로 얘기한다.

memo

PART 2

회화 달인의 장

더 이상 간단한 인사말만 하는 영어는 No!
나의 생각과 감정을 자유롭게 표현하자!
내 마음을 솔직하게 전할 수 있도록!

01 고마운 마음을 전하고 싶을 때

MP3 2-01 ▶

감사합니다.	**Thank you!**
	`Tip` Thanks.나 Thanks a lot.보다 정중한 표현이다.
	A Thank you for your help. 도와 주셔서 감사합니다. B Don't mention it. 아뇨. 그런 말씀 마세요.
나중에 보답하겠습니다.	**I'll return the favor.** `Tip` 돌려 주다, 갚다 return
제게 베풀어 주신 이 은혜 잊지 않겠습니다.	**I really appreciate all you've done for me.**
당신의 충고에 진심으로 감사드립니다.	**I really appreciate your advice.** `Tip` '감사합니다. 당신을 잊지 않겠습니다.'를 우리말대로 I will never forget you.로 하면 너무 드라마틱하게 들린다. 영화 '바람과 함께 사라지다'에서나 들을 것 같은 느낌이다.
다시 한번 고마워.	**Thanks again.**
당신의 친절은 잊지 않겠습니다.	**I won't forget your kindness.**
정말 친절하시군요.	**It's very kind of you.** **How kind of you!**

42

	You're so kind.
당신의 친절에 깊이 감사드립니다.	I deeply appreciate your kindness.
	Tip 깊게 deeply
어떻게 감사를 드려야 할지 모르겠어요.	I can't thank you enough.
	I don't know how to thank you.
	I can never thank you enough.

A Congratulations! I'm glad you got the job you wanted.
축하해요! 원하던 직장을 갖게 되었다니 기쁘군요.

B Thank you for your recommendation. It helped a lot. I don't know how to thank you.
추천서 써 주신 거 감사해요. 정말 많은 도움이 됐어요. 어떻게 감사를 드려야 할지 모르겠어요.

A It was not a big deal.
별거 아니었는데요.

Tip 추천서 recommendation

진심으로 감사드립니다.	I thank you from the bottom of my heart.
신세졌네요.	I owe you.
여러모로 감사합니다.	Thank you for everything.
대단히 감사합니다.	Thank you very much.
	I appreciate it very much.
	I'm really grateful.
정말 고마워.	Thanks. / Thanks a million.
	Thanks a lot. / Many thanks.

고맙다는 말을 들었을 때

괜찮습니다.	You're welcome.
별 말씀을.	No problem. Don't worry about it. That's alright.
별거 아니에요.	It's not a big deal.
보잘 것 없지만 답례의 표시입니다.	This is a small token of my appreciation.
조그만 일인데요.	It was nothing.

A Thank you for your help. This is for you.
도와주셔서 감사해요. 이거 받으세요.

B Oh! Thank you. You didn't have to do this.
고맙습니다. 이러지 않아도 돼요.

A It's nothing.
조그만 거예요.

Culture Note

본인에 대한 칭찬의 말에 대해 '아니에요, 별거 아닌데요.'라는 겸손의 말은 영어에서 별로 쓰이지 않는다. 예를 들면 상대방이 You look very nice today.(오늘 아주 근사한데요.) 라고 칭찬했을 때 No, not really.(아니에요.)라고 대답하면 굉장히 어색한 침묵이 따르게 된다. 칭찬에 대해서는 Thank you.라고 대답하는 것이 가장 무난하다.

미안한 마음을 전하고 싶을 때

고의가 아니에요.	**I didn't mean it.**

일부러 그런 거 아니에요.	**I didn't do it on purpose.**

Tip ◀ 일부러 on purpose

Tip ◀ 영어에 서툴러서 말실수를 한 경우에는 가능한 빨리 사과를 하는 것이 좋다. 사과하는 도중에 이유를 말하기 어렵다면, Sorry.를 여러 번 반복하는 것도 좋다.

Tip ◀ 영어가 서툴러서 잘못 말한 경우에 하는 말들
정말 미안해요. 그런 뜻이 아니었어요. I'm very sorry. I didn't mean it that way. | 미안해요. 말이 잘못 나왔어요. Sorry, that came out wrong. | 화내지 마세요. 제 뜻은 …. Please don't be upset. What I meant was ... | 미안해요. 영어가 서툴러서요. I'm sorry. My English is not so good.

귀찮게 해서 미안합니다.	**I'm sorry to bother you.**

A I'm sorry to bother you.
귀찮게 해서 미안해요

B That's alright. How can I help you?
괜찮아요. 뭘 도와 줄까요?

기다리게 해서 미안합니다.	**I'm sorry for making you wait.** **I'm sorry to make you wait so long.**

이렇게 오랫동안 기다리게 해서 정말 죄송합니다.	**I apologize for making you wait so long.**

Tip ◀ '죄송합니다.'의 정중한 표현 I apologize ~.

(누구)에게 사과드립니다. I owe (someone) an apology.

기분 상하게 하려던 건 아니었어요.	**I didn't mean to hurt you.**

기분 상하게 해드렸다면 사과드리겠습니다.	**I apologize if I have offended you.** `Tip` 공격하다, 기분 나쁘게 하다 offend

---

기분 상하게 했다면 미안합니다.	**I'm sorry if I offended you.** A I'm sorry if I offended you. I didn't mean it that way. 기분 상하게 했다면 미안해요. 그런 뜻이 아니었어요. B That's alright. I understand. 괜찮아요. 이해해요.

널리 이해해 주시기를 바랍니다.	**Please understand.** `Tip` 이해하다 understand

늦어서 미안해.	**I'm sorry I'm late.** A I'm sorry I'm late. 늦어서 미안해. B That's OK. Please have a seat. 괜찮아. 얼른 앉아.

다시는 안 그러겠습니다.	**I won't do it again.** 사무실에서 A My computer doesn't work. I don't get it. It was fine before I went to the meeting. 내 컴퓨터가 작동이 안 되네. 이상하군. 회의 가기 전엔 괜찮았는데. B As a matter of fact, I used it to print and the screen froze for some reason. I tried to fix it and it stopped working completely. 사실, 제가 프린트하려고 사용했어요. 어쩐 일인지 화면이 멈춰서 고치려고 했는데 완전히 멈춰버렸어요. A What? Are you out of your mind? 뭐라고? 제정신인가?

B I'm very sorry. I won't do it again.
정말 죄송해요. 다신 안 그럴게요.

무례했다면 미안합니다.	I'm sorry. I was blunt.
바쁘신데 방해해서 죄송합니다.	I'm sorry to disturb you while you are busy.
불편을 끼쳐 드려 죄송합니다.	I'm sorry I caused you so much trouble.
어떻게 사과를 드려야 할지 모르겠습니다.	I don't quite know how to apologize.
오해해서 미안해요.	I'm sorry. I misunderstood you.
오해하지 마세요.	Please don't misunderstand.
한번만 기회를 더 주세요.	Please give me a second chance.
용서해 주세요.	Please forgive me. I'm sorry. Please accept my apology.
용서해 주시겠어요?	Could you forgive me?
이거 어떻게 설명을 해야 할지…	I don't know how to say this ... I don't know how to explain this ...
일을 그렇게 만든 건 제 탓입니다.	It was hasty of me to do such a thing.

잘 하려고 한 건데.	**My intentions were good.**
	Tip ◀ 의도 intention
정말 죄송합니다.	**I'm terribly / awfully sorry.**
제가 다 망쳐놨어요.	**I screwed up.**
제가 말실수를 했군요.	**I'm sorry about what I said.**
	Tip ◀ '말실수를 하다'의 관용적인 표현으로 I put my foot in my mouth. 도 있다.
~가 당연하다. / ~이 이상할 것 없다.	**Of course ~.**
	No wonder ~.
	A Did you see Michel in the morning? I've never seen him so angry. 마이클 아침에 봤어? 그렇게 화난 거 처음 봐.
	B No wonder he was so angry. Somebody stole his car. 누군가 그의 차를 훔쳐 갔으니 그가 화난 것은 당연하지.
제가 부족한 탓이에요.	**I'm to blame for it.**
	Tip ◀ 한국에서는 본인이 하지도 않은 일에 대해 부모라서, 상사라서 등의 이유로 인해 '제 탓이에요.'라고 말하는 경우가 많다. 하지만 영어로는 자신이 저지른 일이 아니라면 이렇게 말해서는 안 된다. 자책을 하는 경우에는 이유를 설명해야 한다. 그렇지 않으면 남이 저지른 실수에 대한 대가를 치룰 수도 있다.
제가 경솔했습니다.	**I was careless.**
	It was careless of me.
제가 생각이 짧았습니다.	**I didn't think very carefully.**

거기까지는 미처 생각지 못했어요.	I couldn't imagine that.
죄송합니다. 제가 더 주의했어야 했는데.	I'm sorry. I should have been more careful.
제 잘못이에요.	It's my fault.

A Sorry about the presentation. We had some technical problems with the beam projector.
프리젠테이션 중 빔 프로젝터에 문제가 있었습니다. 죄송합니다.

B It's my fault, not yours. I should have checked the condition of the equipment.
이건 당신 잘못이 아니라 제 잘못입니다. 어제 장비 상태를 체크했어야 했는데.

Tip 회의실 meeting room

ex It's my fault that he's upset.
그가 화난 것은 제 잘못입니다.

ex I'm sorry you got sick. It's my fault. I feel terrible.
당신이 아픈 것은 제 탓입니다. 정말 속상하네요.

A You ought to fire that man who's working in your department. He screwed up big time on our joint project.
자네 부서에서 일하는 그 남자 해고하도록 하게. 그가 이번 공동 프로젝트를 크게 망쳐 버렸어.

B It's not his fault. It's my fault. I didn't explain the problem accurately. I'll take responsibility.
그건 그 사람 탓이 아닙니다. 제 탓이에요. 제가 정확하게 설명하지 않았습니다. 제가 책임지겠습니다.

죄송해요. / 미안해요.	I'm sorry.

A I'm sorry. I didn't mean it.
죄송합니다. 고의가 아니었습니다.

B That's alright.
괜찮아요.

Please forgive me.

Give me a break.

Tip Give me a break는 상황에 따라 '한번만 봐 주라, 웃기지 마, 말도 안 돼' 등 여러 가지 뜻으로 쓰인다.

A You know what? I saw Tom Cruise on the street yesterday.
너 그거 아니? 어제 길거리에서 탐 크루즈를 봤어.

B Give me a break.
말도 안 돼.

A When will you finish the paper? The deadline is today.
서류 언제 다 끝낼 거야? 오늘이 마감이야.

B Please, give me a break. I'm doing my best.
한번 봐 줘. 최선을 다하고 있는 중이야.

Tip 마감 deadline | 최선을 다하다 do one's best

도로에서

A Excuse me. Could you show me your ID?
실례합니다. 신분증을 보여 주시겠습니까?

B What's wrong?
뭐가 잘못됐나요?

A You were speeding.
속도위반하셨습니다.

B Really? I didn't know that. Could you give me a break?
정말이요? 몰랐습니다. 한번만 봐 주세요.

Tip 신분증 ID | 속도 위반 speeding

---

face

save face

ex The supervisor allowed her subordinate to save face by taking blame for the computer bug herself.

그 관리자는 컴퓨터 바이러스의 책임을 자신에게 돌려 부하들의 체면을 살려줬다.

체면을 잃다 / 망신당하다

lose face

ex He is afraid of losing face in public.

그는 공식적인 자리에서 망신당하지 않을까 걱정한다.

Tip 전반적으로 체면에 대해서는 한국이 훨씬 엄격하다. 북미에서는 체면을 잃는 것은 그리 큰 문제가 아니고 쉽게 명예를 회복할 수도 있다고 생각하는 반면, 한국에서는 한번 잃으면 끝이라는 생각을 많이 하는 것 같다. 그렇다고 해서 북미인들이 실수하는 것을 쉽게 생각한다는 것은 아니다. 그들은 얼른 실수를 정정하여 더 나은 일을 하는 것이 더 현명하다고 생각하는 것이다.

Culture Note

서양에서 가장 많이 쓰는 표현은?

I'm sorry., Thank you., Excuse me.이다. 조그만 일에도 Thank you.를 날리고, 길거리에서 조금 부딪치거나 길을 막는 경우가 생기면 누구라도 즉시 I'm sorry.나 Excuse me.를 연발한다.

외국인들이 한국에 대한 불평 중의 하나가 길거리에서 흔히 벌어지는 작은 실수에 대해 사과를 하지 않는다는 것이다. 물론 외국인이 말하는 이 표현들에 대해 Yes라고 응답하는 것은 실례이므로 주의!!

괜찮아(요).	That's alright. That's OK.
괜찮습니다.	It's OK / alright.
괜찮아. / 됐어. / 상관 안 해.	**Enough / Stop it / Cut it out / I don't care ~.**

> **Tip** 상대방의 사과에 대해 '괜찮다'라는 표현이다. 하지만 실수한 사람이 사과하는 대신 사용하면 '내 잘못이 아니다' 또는 사과 안 하겠다는 무례한 표현이 된다. ⑩ **That's enough. Nobody's perfect.** 됐어요. 누구는 실수 안 합니까? | **I don't care whether she likes it or not.** 그녀가 좋아하든지 말든지 상관 안 해요.

A I'm very sorry. It was hasty of me to do such a thing.
정말 죄송합니다. 일을 그렇게 만든 제 탓입니다.

B It's OK. Nobody's perfect.
괜찮아요. 누구는 실수 안 합니까?

A Sorry. I didn't know that.
미안해요. 몰랐어요.

B This is not the first time. What are you talking about?
이번이 첫번째가 아니에요. 무슨 말을 하고 있는 거예요?

A Enough already. Nobody's perfect.
됐어요. 누구는 실수 안 합니까? (나만 그러는 게 아니잖아요.)

걱정하지 마.	**Don't worry about it.**
사과할 필요 없어요.	**You don't need to apologize.**

별거 아니야.	Not a big deal.
용서할게요.	You're forgiven.

A I'm so sorry. Would you forgive me?
정말 미안해요. 용서해 주시겠어요?

B Don't cry. You're forgiven.
울지 말아요. 용서할게요.

그럴 수도 있지.	It can happen to anyone. These things happen.

A Sorry. I didn't mean it.
미안해요. 그런 뜻이 아니었어요.

B That's all right. It can happen to anyone.
괜찮아요. 그럴 수도 있지요.

이번엔 봐줄게.	I'll give you a break this time.
변명의 여지가 없다.	There is no excuse.
변명하지 마.	Don't give me any excuses.

Tip 매우 화가 나서 용서하지 않겠다는 뜻으로 쓰인다.

A I'm sorry. I can explain everything.
미안해요. 하지만 모두 설명할 수 있어요.

B Don't give me any excuses.
변명하지 마.

너무 기뻐요	**I'm so happy.**
	A Did I tell you my wife is pregnant? 우리 와이프가 임신했다고 얘기했나요?
	B No. I'm so happy to hear that news. Congratulations! 아뇨. 그 소식을 들어서 너무 기뻐요. 축하해요.
너무 멋져요	**Fabulous.** **Great.**
	Tip 이 밖에도 good, nice, amazing, fantastic, gorgeous 등을 쓸 수 있다.
너무 좋아요	**I love it.**
좋아요	**I like it.**
	A Honey, I got something small for you. Open it. Do you like it? 자기를 위해 자그마한 것 하나 샀어. 열어 봐. 마음에 들어?
	B Like it? I love it. 마음에 드냐구요? 너무 좋아요.
	A I'm glad you like it. 마음에 든다니 다행이야.
좋아서 어쩔 줄 모르겠어요	**I'm so happy I could cry.**
너무 기뻐 뭐라고 말할 수 없어요	**I'm so happy I can't even speak.**

꿈에도 생각하지 못했어요.	## Not even in my wildest dreams.

A Did you know you'd get into Yale?
예일대학에 들어갈 줄 알았나요?

B Not even in my wildest dreams did I think I would attend Yale.
내가 예일 대학에 입학하리라곤 꿈에도 생각지 못했어요.

뜻밖의 기쁨	## unexpected surprise

A What did you do with your Christmas bonus?
성탄절 보너스로 뭐 했어?

B We had a nice dinner. The Christmas bonus was an unexpected surprise for the staff.
근사한 저녁을 먹었지. 성탄절 보너스는 직원들에게 뜻밖의 기쁨이었어.

사람을 행복하게 하는	## to make someone happy

A You make me so happy. Will you marry me?
당신은 정말 날 행복하게 해줘요. 저랑 결혼해 주실래요?

B Really? Of course! I'm so happy I can't even speak.
정말이요? 물론이죠. 너무 행복해서 말을 못하겠어요.

Culture Note

한국어에서는 기쁜 마음을 표현할 때 영어보다 다양한 드라마틱한 문장을 사용한다. 한국어에 비하면 영어는 비교적 간단하고 단조로워 외국인에게 선물을 주고 그 반응이 별로라고 실망하는 경우도 있지만 표현의 차이일 뿐이다.

06 놀라운 얘기를 들었을 때

MP3 2-06▶

놀라운 얘기는 좋은 소식이나 나쁜 소식을 모두 포함하므로 아래 표현들은 나쁜 경우에만 쓰는 That's terrible.과 I was cared to death.를 제외하고 좋은 일과 나쁜 일 모두에 쓸 수 있다.

깜짝 놀랐어.	**I was really surprised.**

A I heard your little sister is getting married. After I heard the news, I was really surprised. I still remember her in pig tails.
네 여동생이 결혼한다고 들었어. 그 소식을 듣고 너무 깜짝 놀랐어. 아직도 양갈래로 머리 묶은 모습을 기억하는데.

B She's twenty eight years old.
걔 벌써 28살이야.

Tip◁ 양갈래로 묶은 머리 스타일 pig tails

날벼락이야!	**That's terrible / horrible!**

A That's terrible! He got hit by a car on the way home.
이게 웬 날벼락이야! 그가 집에 오는 길에 차 사고를 당하다니.

B Now he's in the hospital with a broken leg.
지금 다리가 부러져서 병원에 있어.

Tip◁ 집에 오는 길에 on the way home

너무 놀라워! / 대단한데!	**Amazing!** **Fantastic!** **Wonderful!**

Tip◁ 뉴스, 사물, 결과 등에 대단한 만족감을 표시할 때 쓴다.

농담하는 거지? / 뻥이지?	**You're kidding me!** **You must be joking.**

56

You're pulling my leg! (관용적인 표현)

A Do you remember David from high school? He married a model.
너 고등학교 같이 다닌 데이비드라고 기억나? 모델이랑 결혼했대.

B That geek? You're pulling my leg!
그 공부벌레가? 너 뻥치는 거지?

Tip 인기 없고 어리버리한 사람(공부벌레가 많다) geek, nerd, egghead

뜻밖이야! / 놀랄 일이야!

What a surprise!

A Did you hear that Liz and Dave are engaged?
리즈와 데이브가 약혼한 거 들었니?

B What a surprise! They're engaged, but it's only been a week since they met!
이건 너무 뜻밖이야! 만난 지 일주일 만에 약혼하다니.

맙소사!

Oh my God!

Oh Gosh!

Tip 어떤 종교인들은 신을 모욕한다고 여겨 God이란 말을 쓰지 않고, 대신 Gosh라는 표현을 쓴다.

A Are you OK?
괜찮아?

B Oh my God! I almost got hit by that car.
맙소사! 하마터면 저 차에 치일 뻔했어.

A The waitress spilled hot coffee on my pants and didn't even apologize. God!
종업원이 내 바지에 커피를 쏟고서 사과조차 않는군. 맙소사!

B Let's talk to the manager.
매니저한테 얘기하자.

Tip 흘리다, 쏟다 spill | 사과하다 apologize

무서워서 죽을 뻔했잖아!

I was scared to death.

뭐라고요?	# What? ## What did you say?

Tip 상대방의 말을 몰라서 되묻는 경우와 놀라움을 표시하는 경우 모두에 쓸 수 있다.

A Our company announced yesterday that they would lay off five thousand workers.
어제 저희 회사는 5,000명을 감축한다고 발표했어요.

B What? Did that really happen?
뭐라고요? 진짜 그런 일이 있었어요?

Tip 발표하다 announce | 해고하다 lay off

믿을 수가 없어.	# I can't believe it!

A I can't believe they are getting divorced! They seemed so perfect for each other.
이게 정말 무슨 일이야! 잉꼬부부가 이혼을 하다니.

B I never would have guessed it either.
나도 짐작도 못 했어.

세상에!	# Unbelievable!

A How is your friend Joe doing? I heard he was attacked by a gang.
네 친구 조는 어때? 갱한테 공격당했다고 들었는데.

B He's in a coma.
지금 의식 불명이야.

B Unbelievable! How is it possible to beat someone so badly?
세상에나! 어떻게 사람을 이 지경까지 때릴 수 있지?

Tip 때리다 beat | 의식 불명 in a coma

아니, 이런!	# Oh, no!

Tip 주로 좋지 않은 일로 놀랐을 때 쓴다.

A Oh, no! You're all wet. You'll catch a cold.
이런! 몸이 다 젖어서 감기 걸리겠다!

B I'm OK. Just give me a towel.
괜찮아. 타올이나 줘.

아 참나!

Oh man!

Tip 뜻밖의 일로 놀랐을 때, 화가 났을 때 쓴다.

A Oh man! I can't believe it. I failed my physics test.
아 참나! 믿을 수가 없네. 물리 시험에 떨어지다니.

B Sorry to hear that.
정말 안됐구나.

A Oh man! Why did this happen?
아 참나! 일이 왜 이렇게 돼 버렸지?

B Sorry to hear that.
정말 안됐구나.

A Kevin, I'm afraid I won't be able to go downtown this weekend. I have to go to New York to meet my grandma with my family.
캐빈. 이번 주말에 시내 못 나갈 것 같아. 가족들과 할머니 만나러 뉴욕에 가야 돼.

B Oh man! What am I going to do? You promised!
아 참나! 난 어떡하라고? 약속했잖아.

어떻게 된 거야?

What happened?

A Heather, aren't you coming in to work today?
헤더. 오늘 일하러 안 와?

B Something terrible happened to my brother Gary.
게리 오빠에게 매우 안 좋은 일이 생겨서요.

A What happened? Why didn't you tell me?
어떻게 된 거야? 왜 말을 하지 않는 거지?

A What happened? What's going on here?
어떻게 된 거야? 무슨 일 생겼어?

B Nobody knows. Mr. Miller told us to stay for an emergency meeting.
아무도 몰라. 밀러 씨가 비상 회의하게 모두 남으라고 했어.

> Tip 비상 회의 emergency meeting

어떻게 이럴 수가!

How could that happen?

How on earth could this happen?

어머! / 이런! / 에구!

Oops!

Shoot!

A Oops! I dropped my ice cream.
이런! 아이스크림을 떨어뜨렸잖아.

B Don't worry. I'll get you another one.
걱정 마. 다른 거 사 줄게.

A Shoot! I'm going to be late.
이런! 늦겠네.

B Relax. You still have some time.
진정해. 아직 시간 있어.

우와!

Wow!

> Tip 생각지도 않은 좋은 일이 생겨 놀랐을 때 쓴다.

A Wow! You made so much food. What's the occasion?
와! 맛있는 음식을 이렇게 많이 만들다니. 오늘 무슨 일이야?

B Nothing special. I just felt like it.
특별한 이유 없어. 그냥 그러고 싶었어.

A Wow! When did you buy this car?
와! 언제 이런 차를 다 샀어?

B I just got it yesterday.
어제 샀어.

정말입니까?

Really?
Is that true?
Are you serious?

A **My fiance called me last night. She wants to call off the wedding.**
내 약혼자가 어젯밤에 전화해서 결혼식을 취소하재.

B **Is that true? I don't believe it.**
정말이야? 난 믿을 수가 없어.

Tip 취소하다 call off, cancel

A **Is it true that you're getting married?**
결혼한다던데 정말이에요?

B **Yes. He proposed last week.**
예. 그가 지난주에 프로포즈했어요.

A **I'm so happy for you!**
정말 잘 됐네요.

07 후회가 될 때 터져 나오는 한 마디

MP3 2-07 ▶

그러지 말았어야 했는데.

I shouldn't have done that!

> **Tip** shouldn't have + p.p. ~하지 말았어야 했는데 (결국 ~했다는 뜻)

> **ex** I shouldn't have told you that.
> 너에게 그 말을 하지 말았어야 했는데.

A Isn't that the new 80 gigabite MP3 player? I thought you already had a 30 gigabite model.
그거 새로 나온 80기가바이트 MP3 아니야? 너 이미 30기가바이트 MP3 있는 줄 알았는데.

B You're right. I shouldn't have bought it.
맞아. 사지 말았어야 했는데.

안타깝다. / 유감스럽다.

That's too bad.

A That's too bad. I missed my chance again.
안타깝다. 또 기회를 놓쳤어.

B Don't worry. You'll get it next time.
걱정하지 마. 다음번엔 잘 될 거야.

A I went to New York last week. It was a very exciting city.
지난주에 뉴욕에 다녀왔어요. 아주 멋진 도시더군요.

B Did you go to Central Park?
센트럴 파크에 가셨나요?

A No, I didn't have time.
아뇨, 시간이 없었어요.

B That's too bad. Central Park is beautiful.
저런, 아깝네요. 정말 멋진 곳인데.

A Maybe next time.
다음에 가야겠네요.

62

Tip 다음번 next time

이게 어떻게 된 거야?	**What happened?** **What's going on now?**

이미 엎질러진 물이야.	**It's water under the bridge.** **Don't cry over spilled milk.** Tip 위의 표현은 직역하면 각각 다리 아래로 흘러간 물, 엎질러진 우유라는 의미로 다시 돌이킬 수 없는 일을 뜻하는 관용적인 표현

진작 알았으면 ~했을 텐데	**If I knew ... (before), I would have + p.p.** Tip 가정법 ex If I knew he was coming, I would have prepared dinner. 그가 오는 줄 알았으면 저녁을 준비했을 텐데. A If I knew you had eaten dinner, I wouldn't have prepared so much food. 저녁을 먹었다는 것을 진작 알았으면 이렇게 많은 음식을 준비하지 않았을 텐데. B Sorry. I had an unexpected meeting. 미안. 갑자기 회의가 있어서.

후회스러운	**I regret ~.** **I feel bad ~.** **I wish I would have + p.p.** A I regret not entering that university. 그 대학에 가지 않은 것이 너무 후회스러워. B It's not too late to get into the school. 아직 학교에 가는 것 늦진 않았어.

A I feel bad I couldn't spend any time with my kids on the weekend.
주말에 아이들과 시간을 보내지 않은 게 후회스러워.

B I know exactly how you feel.
나도 무슨 뜻인지 알아.

A I wish I would have studied harder for my test.
시험 때 좀 더 공부를 열심히 안 한 것이 후회스러워.

B That's what you say every time.
너 맨날 그 소리 하잖아.

후회해도 소용없어.

It's no use worrying about now.

It's water under the bridge.

A Oh man! I think I miscalculated the waitresses tip. I should have given her five dollars instead of twenty.
이런! 내가 팁 계산 잘못했어. 20달러가 아니라 5달러를 줬어야 했는데.

B It's no use worrying about now.
이제 후회해도 소용없어.

A I shouldn't have given that homeless man money. He'll just buy liquor or cigarettes.
그 노숙자에게 돈을 주지 말걸. 담배나 술을 살 텐데.

B It's water under the bridge. Besides, I think that guy needs any help he can get.
이미 끝난 일이야. 또 그 남자는 어떤 도움이라도 필요할 거야.

08 화가 났을 때

MP3 2-08▶

마음이 복잡해.

I've got a lot on my mind.

A What's the matter?
뭐가 문제야?

B I don't feel like talking. I've got a lot on my mind.
아무 말도 하고 싶지 않아. 마음이 너무 복잡해.

믿을 수가 없어!

I can't believe it!

Tip 놀라움과 화가 약간 났을 때 쓴다.

A The Chicago Bears lost the Super Bowl. I can't believe it!
시카고 베어즈가 슈퍼볼에서 졌어. 믿을 수가 없어!

B Tell me about it.
누가 아니래.

사람을 화나게 하는

make someone angry / crazy / mad

ex This news really makes me angry.
이 소식은 날 정말 화나게 한다.

ex Stupid questions really made Professor Jones angry.
바보 같은 질문들이 존슨 교수를 정말 화나게 했다.

스트레스 받았어.

I'm stressed (out).

A I'm so stressed because of my new boss.
새로운 상사 때문에 스트레스 받아 죽겠어.

B Do you want to talk about it?
나한테 얘기할래?

아무데도 가고 싶지 않아, 그럴 기분이 아냐.	**I'm not going anywhere. I'm not in the mood.**

A Do you want to see a movie tonight?
오늘밤 영화 볼래?

B No. I'm not in the mood.
싫어. 그럴 기분이 아냐.

참고 I'm in the mood for pizza.
피자가 당기는데(먹고 싶은데).

의욕이 없어. / 기분이 꿀꿀해.	**I'm not feeling well.** **I'm feeling under the weather.** (관용적 표현) **I don't feel like it.**

이런 터무니없는 일이!	**This is ridiculous!**

A I'm afraid your reservation has been canceled sir. There are no empty rooms at the moment.
예약이 취소된 것 같은데요 손님. 지금 빈 방이 없습니다.

B This is ridiculous! I reserved that room a week ago!
이런 터무니없는 일이! 난 그 방을 1주일 전에 예약했어요!

Tip 좀 더 강한 표현으로 This is bullshit.이 있다. shit은 '제기랄'의 뜻으로, 함부로 쓰면 저속해 보인다. 좀 약한 어조로 shoot로 쓰는 것이 안전하다.

재수없어! / 젠장!	**Man, Damn it.**

A Damn it. I was late today because my car broke down.
젠장! 내 차가 고장이 나서 오늘 지각했어.

B You should have repaired it.
그러게 진작 수리했어야지.

66

참을 수 없는 /
견딜 수 없는

can't stand it

can't put up with

ex I can't stand it when I lock my keys in my car.
차에 열쇠를 놓고 잠그면 정말 참을 수가 없어.

A Why are you so angry today?
오늘 왜 그렇게 화가 나 있어?

B My boss blamed me for someone else's mistake. I can't stand it. I can't put up with this situation.
내 상사가 다른 사람이 실수한 걸 가지고 나를 나무라잖아. 이 상황을 참을 수 없어.

A Do you know what the hell you're just done? What is wrong with you?
자네가 지금 막 무슨 짓을 했는지 알아? 도대체 뭐가 문제야?

B I didn't know that. It was a stupid mistake. Please forgive me. I promise to take care of it.
몰랐어요. 정말 바보 같은 짓이었어요. 제발 용서해주세요. 제가 잘 해결한다고 약속드릴게요.

A That's it. I can't stand it anymore. You're fired.
그만해. 더 이상은 참을 수가 없군. 자넨 해고야!

Tip 처리하다 take care of

Tip [Who, How, What, Why, Where, When] + the hell ...? 도대체.

the hell이란 말을 붙일 때는 상대가 편한 상대이거나 자기보다 하급자인 경우이다. hell 대신 heck을 사용하면 보다 약한 표현이 된다.

예 도대체 무슨 짓을 하고 있는 거야? 내 차에서 떨어져! What the hell are you doing? Get away from my car!

A Sanchez, why the hell are you late again? It's the third time this week.
산체스, 도대체 왜 또 늦은 거야? 이번 주에 세 번째야.

B Sorry boss. It won't happen again. I promise.
미안해요. 다신 이런 일 없을 거예요. 맹세해요.

Culture Note

외국어를 배울 때 가장 쉽게 배울 수 있는 말은?

욕이다. 특히 외국 드라마와 영화의 영향으로 대부분의 사람들이 영어로 욕 한두 개는 알고 있다. 또한 외국인을 만났을 때 빨리 떠오르는 말이기도 하다. 영어의 욕을 한국말로 정확히 옮기는 것은 불가능하다. 한국말로 옮겨진 뜻보다 훨씬 나쁜 뜻인 경우도 많고 경우에 따라 느낌이 달라지기도 한다. 정말로 누군가와 싸우려는 뜻이 아니라면, 아무리 흔한 욕(특히 F로 시작하는 말)이라도 욕은 안 쓰는 것이 좋다.

09 실망할 때

MP3 2-09 ▶

| 가슴이 먹먹해졌다. | **It broke my heart.** |

A When my best friend married my ex-boy-friend, it broke my heart.
절친한 친구가 예전 남자 친구와 결혼했을 때 가슴이 찢어졌어.

B I hear you.
무슨 말인지 알지.

| 고통스러워서 살고 싶지 않다. | **I would rather die than live like this.** |

| 뒤통수치다 | **stab one in the back** |

Tip 찌르다 **stab**

ex My best friend stabbed me in the back to get the promotion.
절친한 친구가 승진하기 위해 날 잔인하게 배신했다.

Tip 배신하다 **betray** | 배신자 **traitor**

| 상처받다 / 고통스럽다 | **have a broken heart** |

A We broke up and then I had a broken heart.
그와 헤어진 후 난 너무 고통스러워.

B Time heals all wounds. (관용적 표현)
시간이 약이야.

Tip 치료하다 **heal** | 상처 **wound**

| 실망이야. | **Bummer.** |

69

A I didn't get into the art program I wanted to at the university.
내가 가고 싶은 대학교의 아트프로그램에 들어가지 못하게 됐어.

B Bummer. That's too bad.
말도 안 돼. 안됐구나.

A Bummer! I've been passed over for a promotion again!
정말 실망이야. 진급에서 또 미끄러지다니.

B That's too bad. You'll get it next time.
안됐다. 다음엔 잘 될 거야.

실망하다

be disappointed

A I'm disappointed in you. How could you lose at tennis to Bob?
너한테 실망했어. 어떻게 밥한테 테니스를 지니?

B I don't know what happened.
어떻게 된 건지 나도 모르겠어.

A I'm disappointed at my test results.
시험 결과에 실망했어.

B Cheer up! You'll do better next time.
기운 내! 다음번엔 더 잘하면 되지!

A I'm disappointed in you. How could you come home drunk? You're only 16!
너한테 실망했어. 술에 취해 오다니! 16살인 주제에!

B It won't happen again, Mom.
엄마, 다신 이런 일 없을 거예요.

ex Not you too! I can't believe this. I'm really disappointed.
너마저 그렇게 말하다니! 믿을 수가 없어. 정말 실망이다.

(실망이 커서) 충격을 받다

be shocked

A How could you crash the car? I'm shocked at your behavior.
어쩜 그렇게 차를 망가뜨릴 수가 있니? 네 행동에 정말 충격받았어.

B It wasn't my fault. I swear.
그건 내 잘못이 아니었어요. 맹세해요.

Tip 맹세하다 swear

이런, 뭐라구?

Huh?

Tip 맥이 빠질 때 나오는 말.

A Hey, good news. The test has been canceled.
좋은 소식이야. 시험이 취소됐어.

B Huh? Damn! I stayed up all night studying.
뭐? 젠장. 괜히 밤샜네.

좌절하다 / 절망하다

be frustrated

be devastated

A I was frustrated after I heard my favorite team lost again.
내가 제일 좋아하는 팀이 또 졌다는 소식을 들은 후에 나는 정말 상심했어.

B They'll get better soon.
더 나아지겠지.

ex I was frustrated because of the traffic.
이 교통 체증에 좌절했다.

희망이 물거품이 되다

have been burst

A Sarah, are you OK? You look pretty disappointed.
새라, 괜찮아? 실망스러워 보이는데.

B I've been waiting for a promotion for three years. And I heard Paul got it. My bubble has been burst.
3년 동안이나 승진하길 기다렸는데. 폴이 됐대. 내 희망이 물거품이 돼 버렸어.

걱정되거나 두려울 때

감히 ~하지 못하다	**not to dare to do something**

A I did not dare go to the cemetery at night.
난 밤에는 도저히 공동묘지에 가지 못하겠더라.

B Neither did I.
나도 그래.

Tip ◀ 공동묘지 cemetery

공포	**fear**
	horror

공포심을 유발하다	**cause fear**

Tip ◀ 공포증(이유없이 두려워하는 병) phobia

예 acrophobia : fear of heights 고소 공포증 | claustrophobia:fear of small crowded places 밀실 공포증 | arachnophobia : fear of spiders 거미 공포증

기분 나쁜	**freaky**

ex ◀ I think that the sound of cats crying at night is freaky.
밤에 고양이 우는 소리는 기분 나쁘다.

두려워하다	**fear**

ex ◀ Babies fear loud noises.
아기들은 큰 소리를 무서워한다.

Tip ◀ 두려워하는 be scared of / be afraid of

두렵게 하다	**scare**

ex Don't scare me.
날 겁주지 마.

등골이 오싹하다	**have a chill going down one's spine**

A There is a creepy house in my neighborhood. And I can hear something at night.
우리 이웃에 음산한 집이 있는데, 밤에 이상한 소리가 들려.

B Stop it. You're freaking me out. I already have a chill going down my spine.
그만 해. 너 날 무섭게 하고 있잖아. 벌써 등골이 오싹해.

마음이 놓이지 않는다.	**I feel uneasy.**

ex I feel uneasy about the test.
시험 때문에 마음이 놓이지 않아.

A What's wrong?
무슨 문제야?

B I'm feeling uneasy because I'm worried about my mother. She's ninety years old. But she insists on living by herself.
어머니가 걱정돼서 마음이 놓이지 않아. 90세이신데 혼자 살겠다고 우기셔서.

무서워하다	**be scary**
	be scared of

Tip 무서운 영화 scary movie

A I'm scared of speaking in public. What are you scared of?
난 대중 앞에서 연설하는 것이 두려워. 넌 뭐가 무섭니?

B I'm scared of losing my job.
난 잘리는 게 무서워.

	A I'm afraid of snakes. 난 뱀을 무서워 해.
	B Join the club. 나도 마찬가지야.
	 Tip 우리는 같은 부류 / 과야. **Join the club.** (관용적 표현)
무서워서 혼비백산하다	**freak out** ex I freaked out when somebody grabbed my shoulders while I was walking home last night. 어젯밤에 집에 걸어가고 있는데 누군가 내 어깨를 잡았을 때 무서워서 혼비백산했다.
(무서워서) 벌벌 떨다	**have the shivers** **shake** ex Watching a scary movie alone at night gives me the shivers. 밤에 혼자서 공포 영화를 보는 것은 날 벌벌 떨게 한다. ex She started to shake in fear when she picked up the phone and heard his voice. 그의 전화를 받자마자 그녀는 무서워서 벌벌 떨었다.
엄청나게 걱정하다	**freak out** Tip '매우 화내다'라는 뜻으로도 쓰인다. **A** I'm really freaked out about my test. If I don't get a 'B', I'll fail the class. 시험 때문에 걱정돼서 죽겠어. B학점 못 받으면 낙제야. **B** Don't worry about it. Just study all night and you'll get an 'A'. 걱정하지 마. 밤새 공부하면 A학점 받을 거야.
염려스럽다 / 걱정스럽다	**worry** ex I'm worried about you. 네가 걱정된다.

A I'm worried about the weather. It might rain. But I didn't bring an umbrella with me today.
비가 올 것 같아 걱정이야. 오늘 우산도 가져오지 않았는데.

B Don't worry. I'll lend you one.
걱정 마. 내가 빌려 줄게.

A Are you ready for the concert? It begins in 30 minutes.
콘서트할 준비됐나요? 30분 후에 시작됩니다.

B I have butterflies in my stomach. I'm worried that I might make a mistake during my solo.
긴장돼 죽겠어. 내 솔로 부분에서 실수할까 봐 걱정돼.

Tip 긴장되다 I have butterflies in my stomach. (관용적 표현)

A Did you get your SAT results yet?
SAT 결과 받았니?

B No. I'm still waiting. I can feel my heart pounding in my chest. I'm so worried.
아니 아직도 기다리는 중이야. 너무 긴장돼서 심장소리가 들려. 너무 걱정돼.

Tip '긴장하다'는 I can feel my heart pounding in my chest.(관용적 표현)로도 나타낼 수 있다.

(~로) 조마조마하다

I'm anxious about ~

A How did your test, go?
시험 어땠어?

B I'm anxious about the test results. I don't know how it will turn out.
나는 시험 결과 때문에 조마조마해. 어떻게 결과가 나올지 모르겠어.

Tip (결과가) 나오다 turn out

칭찬할 때

경치가 정말 아름다워요	**The view is really beautiful.**
당신은 믿을 수 없을 만큼 너무 근사해.	**You are too good to be true.** Tip 못 믿을 만큼 근사하다는 뜻.
당신의 컴퓨터 제품에 정말 감명받았습니다.	**I'm really impressed by your computer products.** Tip 감명받다 be impressed
~로 유명하다	**be famous for ~** A New York is famous for pizza. 뉴욕은 피자로 유명해. B Really? I hope to try it someday. 정말? 나도 언제 맛봐야지.
비교할 수 없다	**be incomparable** **It is impossible to compare.** A Nothing compares to you. 너와 비교할 수 있는 것은 없어. B You're so sweet. 넌 정말 다정하구나.
비아냥거리는 칭찬	**backhanded compliment** Tip 겉으로는 칭찬 같지만, 순수한 칭찬이 아니라 비아냥거리는 말을 의미한다.

A You're a good basketball player even though you are fat.
넌 뚱뚱하지만 좋은 농구 선수야.

B That sounds like a backhanded compliment.
비아냥거리는 것처럼 들리는데.

어쩌면 이렇게 ~할 수가!

What a ~!

A Look at Kate! What a beautiful woman she is!
케이트 좀 봐! 어쩌면 이렇게 아름다울 수가!

B I've never seen her look so good.
저렇게 멋진 모습을 본 적이 없어.

오늘 정말 멋지시군요.

You look very nice today.

우와!

Wow! (칭찬할 때 쓰는 감탄사)

A Wow! These clothes fit just right!
와! 이 옷이 꼭 맞네!

B You think so?
그렇게 생각해?

A Wow! You're a really good dancer!
와! 춤을 정말 잘 추시네요!

B Thanks. You're pretty good yourself.
고마워요. 당신도 잘 추시네요.

~을 능가하다

surpass

be better than

A Because she was very bright, Sarah was able to surpass several senior employees for promotion.
새라는 총명하기 때문에 진급에서 선배 여러 명을 능가했어.

B I'm so proud of her.
난 그녀가 너무 자랑스러워.

~을 잘하다	**be good at ~** **A** You're very good at speaking English. 영어를 정말 잘하는구나. **B** I try as hard as I can. 할 수 있는 한 최선을 다하는 거예요.
칭찬	**compliment** **praise** **A** I like my daughter's kindergarten teacher. She always praises the students for doing a good job. 우리 딸 유치원 선생님 참 좋아. 언제나 잘한다고 칭찬하시거든. **B** Praise is very important for young children. 칭찬은 아이들에게 중요하지.

Culture Note

여성을 칭찬할 때

직장에서 여성을 칭찬할 때 외모에 관한 칭찬은 남녀차별주의(sexism)로 인식될 수도 있으니 주의해야 한다. 여자는 외모로, 남자는 능력으로 인정하는 것처럼 보일 수 있기 때문이다. 여자아이에게 '예쁘네.'라고 하는 것과 남자아이에게 '똑똑하네.'라고 칭찬하는 것도 마찬가지이다.

12 비난하거나 질책할 때

MP3 2-12▶

감히 ~	**How dare you ~**
	A How dare you speak that way to your father! 아버지한테 감히 그런 식으로 얘기하다니!
	B No. You misunderstood what I meant. 제가 말하는 뜻을 잘못 이해하신 거예요.
그런 말 하는 거 아니야.	**That's not the way we speak.**
	A I don't like this food. Can't we just order a pizza? 이 음식 싫어요. 피자나 시켜 먹으면 안 돼요?
	B That's not the way we speak in front of grandma. 할머니 앞에서 그런 말 하는 거 아니야.
그렇게 말하지 마.	**Don't speak like that.**
넌 도대체 뭐가 문제야?	**What's wrong with you?** **What's the matter with you?** **What's your problem?**
넌 왜 이렇게 고집스럽지?	**How could you be so stubborn?**
	Tip 고집스러운 stubborn
누가 그런 말 가르쳐줬어?	**Who taught you that word?**

누가 그렇게 말하든?	**Who told you that?**
	Tip 아이가 욕을 하거나 건방진 말을 했을 때 꾸짖는 말이다.
도대체 나한테 왜 이러는 거야?	**How could you do this to me?**
	Tip to me 대신 for me로 하면 '날 위해서'라는 뜻으로, 고마움의 표현이 된다.
도대체 왜 이러는 거야?	**How could you do this?**
말도 안 돼.	**No way!** **Get out of here!**
	Tip '나가라'는 뜻이지만, 상대방의 말을 믿지 못할 때 쓰게 되면 '에이~ 말도 안 돼. 너 뻥이지?'라는 뜻이 된다.
먼저 한번 생각해 봐.	**Think about it first.**

A Dad, I'm going to change my major. Chemistry is so boring. I don't want to work with chemicals for forty years.
아빠, 전공을 바꿀 거예요. 화학은 너무 지루해요. 40년간 화학품들을 가지고 일하고 싶지 않거든요.

B Think about it first. You're only in your first year of college. There's still plenty of time.
먼저 한번 생각해 봐라. 넌 이제 겨우 1학년이잖니. 아직 시간은 많아.

Tip 지루한 boring

생각도 하지 마. / 절대 안 돼.	**Don't even think about it!**

A Can I borrow a hundred dollars?
100달러 좀 빌려줄래?

B I said no! Don't even think about it!
내가 안 된다고 했지! 생각도 하지 마라!

세상에 / 도대체	**what on earth**

A What on earth are you wearing? Go to your room and change it right now!
세상에 무슨 옷을 입은 거니? 어서 방에 가서 옷 갈아입어!

B But mom, this is the style these days.
하지만 엄마, 이게 요즘 유행이라구요.

어떻게 그렇게 말할 수 있어요?

How could you say that?

왜 이렇게 예의가 없니?

Don't you have any manners?

창피한 줄 알아라!

Shame on you!

허접한 / 유치한

lame

A Sorry. I'm late. My mom didn't wake me up.
늦어서 미안해. 엄마가 안 깨워줬어.

B You know, that's such a lame excuse.
무슨 그런 말도 안 되는 변명을.

Tip 네가 아는 것처럼, 너도 알겠지만 **as you know**

13 어쩔 수 없을 때

MP3 2-13▶

그냥.

Just because.

A You love pepperoni pizza. Why did you order a sandwich?
너 페페로니 피자 무지 좋아하잖아. 근데 왜 샌드위치 시켰어?

B Just because.
그냥.

> **Tip** 특별한 이유없는 행동의 이유에 대해서 '몰라(I don't know.)'라고 답하는 것보다 '그냥(Just because.)'이 훨씬 자연스럽다.

무슨 방법이 있겠어?

What else can we do?

A Are you just going to just sit there and do nothing?
그냥 이렇게 가만히 앉아 있을 거야?

B Yes. What else can I do?
그럼 무슨 방법이 있겠어?

> **Tip** 아무 것도 하지 않고 있다 sit there and do nothing

무슨 이유에선지

for some reason

A Did you hear about Anne? For some reason, she suddenly quit her job.
앤에 대해 들었어? 무슨 이유에선지 갑자기 직장을 관뒀대.

B There must be a reason.
사정이 있겠지.

방법이 없다.

There is no way ~.

A Have you finished your homework yet? The due date is tomorrow.
숙제 다 했니? 내일이 제출일이야.

B There is no way that I can finish this homework on time.
이 숙제를 제 시간에 끝낼 방법이 없어.

Tip 제 시간에 on time | 제출일 due date

손들다 / 포기하다

give up

quit

Tip quit은 '포기하다' 또는 '멈추다, 끊다(stop)'의 뜻이 있다.

A How's your new project going?
새로운 프로젝트 어떻게 돼 가?

B You know what? You were right. I give up! I couldn't find enough references.
그거 알아? 네 말이 맞았어. 난 두 손 들었어. 충분한 자료를 찾을 수가 없었거든.

Tip 자료 reference

손을 놓고 있다 / 주의를 기울이지 않다

not pay attention

ignore

ex The government did not pay attention to the housing industry until the housing market collapsed.
정부는 주택 시장이 붕괴되기 전까지 주택 산업에 손을 놓고 있었다.

Tip 주택 산업 housing industry | 무너지다, 붕괴하다 collapse

어쩔 수 없다

can't help but ~

be unavoidable

ex I can't help but do it.
이걸 할 수밖에 없어.

ex Getting older is an unavoidable part of life.
나이 먹는 건 어쩔 수 없는 삶의 부분이다.

A Is it true that you are going to move to the US?

미국으로 간다는 말이 정말이야?

B Yes. It's true. We can't help but do it. It's for our kids.

응. 맞아. 아이들 때문에 어쩔 수가 없어.

A I hear what you're saying.

무슨 뜻인지 이해해.

맞장구를 칠 때

MP3 2-14 ▶

그건 그렇죠

That's true.

A Funk is the coolest music. It's perfect to dance to.
펑크는 가장 멋진 음악이에요. 춤추기도 최고죠.

B That's true. But I prefer hip hop.
그건 그렇죠. 그러나 난 힙합이 더 좋아요.

Tip 더 좋아하다 **prefer**

그렇게 해요

OK. Let's do it that way.

A I think it will be better if we buy extra just in case.
제 생각엔 우리 만약을 대비해서 여유분을 사는 게 좋을 것 같아요.

B OK. Let's do it that way.
좋아요. 그렇게 하죠.

Tip 여유분 **extra**

그야 안 될 이유가 없죠.

I don't see why not.

A I think we should move the table next to the couch.
제 생각에는 탁자를 소파 옆으로 옮기는 게 좋을 것 같아요.

B I don't see why not.
그야 안 될 이유가 없죠.

Tip 옆에 **next to**

누가 아니래.

Tell me about it.

A I heard the coffee shop on the corner is looking for new employees.

모퉁이에 있는 커피전문점에서 새로운 점원을 모집한다고 들었어요.

B Again? They hired two new employees last month.

또요? 지난달에 새로운 점원을 뽑았잖아요?

A I know. I think the owner should pay more. Otherwise, he has to find new employees every month.

글쎄 말이에요. 그 주인이 월급을 더 줘야 할 것 같아요. 아니면 매달 새로운 점원을 뽑아야 할 걸요.

B Tell me about it.

누가 아니래요.

Tip 점원 employee | 채용하다 hire | 월급 pay, salary | 그렇지 않으면 otherwise

---

당신 말이 맞아요

You're right.

I know what you mean.

Tip 상대방의 뜻을 이해한다는 뜻.

당연하지!

You bet!

Tip 정중한 표현이라기보다는 속어적 표현.

- -

A If I buy this car today, will you give me a road atlas for free?

오늘 이 차를 사면 지도책을 공짜로 주나요?

B You bet!

당연하죠.

Tip atlas 유명한 지도책 이름 | 공짜로 for free

동의합니다.

I'm with you.

I think so, too.

- -

A I think this is a good chance for our company.

이번이 우리 회사에게는 아주 좋은 기회라고 생각합니다.

B I'm with you.
동의합니다.

말이 되네요

That makes sense.

맞아요!

You bet. I can hear you.

물론이지요!

Of course.

Absolutely.

Exactly.

A Can I ask you a question?
제가 질문하나 해도 될까요?

B Of course.
물론이죠.

아, 그렇구나. 알았어요.

I got it. I see.

A What I mean is that I want a yellow cake with chocolate frosting and a chocolate cake with vanilla frosting.
내가 원하는 것은 초콜릿 프로스팅의 노란색 케이크와 바닐라 프로스팅의 초콜릿케이크예요.

B I got it. I didn't understand the first time.
아, 예. 알았어요. 처음에는 이해 못했어요.

제가 말하려는 게 바로 그거예요

That's exactly what I want to say.

A Our boss has been too strict. Someone needs to tell him to relax.
우리 상사는 너무 엄격해요. 누군가 마음을 느긋하게 가지라고 말해 줘야 해요.

B That's exactly what I want to say.
제가 말하려는 게 바로 그거예요.

좋은 생각이에요.	# That's a good idea.
	# That sounds great / good.
	A Why don't we get more data before we submit our proposal?
	우리 제안서를 제출하기 전에 좀 더 데이타를 받는 게 어떨까요?
	B That's a good idea.
	좋은 의견이군요.
	Tip 제출하다 submit ㅣ 제안서 proposal
찬성합니다.	# I agree.
	A Kids these days don't get enough exercise.
	요즘 아이들은 운동을 충분히 안 해요.
	B I totally agree with you.
	저는 당신의 의견에 전적으로 찬성해요
	Tip 전적으로 totally
	ex I couldn't agree with you more.
	저는 당신의 의견에 전적으로 동감해요.

Culture Note

맞장구를 칠 때는 몇 가지 긍정의 표현을 외워 바꿔서 사용하는 것이 자연스럽다. 정확한 표현보다 중요한 것은 상대방의 눈을 쳐다보며 고개를 끄덕여 주는 것이다.

반대 의견을 말하고 싶을 때

MP3 2-15▶

회화 달인의 장

말도 안 돼.	**It doesn't make sense.** **It doesn't hold water.** (관용적 표현) A I have to take a rest to reduce my stress. 난 스트레스를 줄이기 위해 좀 쉬어야 해. B What? It doesn't make sense. You don't even have a job. 뭐라고? 그건 말도 안 돼. 넌 직업도 없잖아. Tip 줄이다 reduce
설득력이 좀 떨어지네요.	**It's not entirely convincing.** Tip 설득하다 convince ǀ 완전하게 entirely
유감이지만 동의할 수 없어요.	**I'm afraid I can't agree with you.** Tip afraid는 '두려운'의 뜻으로 I'm afraid of spiders.(난 거미가 무서워.)라고 쓰이지만, 반대 의견을 낼 때는 '유감스럽지만'의 뜻으로 쓰인다.
저는 반대합니다.	**I'm against it.** **I disagree.** A What do you think about gay marriage? 게이 결혼을 어떻게 생각하세요? B I'm against it. 저는 반대해요.
저는 그렇게 생각하지 않아요.	**I don't think so.** **I'm afraid not.**

	I don't believe so.
	I disagree with it.
저는 (당신의 의견이) 이해가 잘 되지 않는데요.	That doesn't make sense to me.
제 생각은 전혀 다릅니다.	I have a completely different idea.
	Tip 전혀 completely
제 생각은 좀 다릅니다.	I'm afraid my opinion is a little different.
확신이 서지 않습니다.	I'm not so sure about that.

완곡하게 반대의 뜻을 전하는 한마디

· 아닐걸.	Guess not.
· 글쎄. 그럴까?	Well, you think so?
· 이 문제는 다시 한 번 연구해 봐야겠는걸.	I'll have to look into one more time.
· 한 번 더 생각해 봐야겠습니다.	I have to think again.
· 네 생각이 잘못됐을 수도 있어.	You could be wrong.
· 다들 괜찮다면 몰라도.	Unless everybody is OK with that.
· 그렇게 간단하지 않아.	It's not that simple.

16 화제를 바꾸고 싶을 때

MP3 2-16▶

PART 2

회화 달인의 장

그런데 말야, 그건 그렇고

by the way

Tip 대화를 바꾸고 싶을 때 좀더 부드럽게 대화를 이끌어주는 한마디.

A Are you here for the concert?
여기 콘서트 보러 왔어요?

B Of course. I love his music. How about you?
당연하죠. 음악이 너무 좋아요. 그쪽은요?

A He's my favorite singer. By the way, I'm Jason.
내가 제일 좋아하는 가수예요. 그건 그렇고 난 제이슨이에요.

B I'm Tina. Nice to meet you.
전 티나예요. 만나서 반가워요.

당신의 뜻은 알겠지만 ~

I see your point, but ~

Tip 의견, 뜻 point

A So, what do you think?
자, 어떻게 생각하세요?

B I see your point, but I won't do it. It's too risky.
뜻은 알겠지만, 하지 않을래요. 너무 위험해요.

~(에 대한) 말이 나와서 말인데요,

Speaking of ~,

A I've been working a lot of nights lately. I'm really stressed out.
최근에 야근을 자주 했더니. 정말 스트레스받고 있어.

B Speaking of working nights, haven't you heard that our company is going to cut back on working late?
야근 얘기가 나와서 말인데, 우리 회사가 늦게까지 일하는 걸 줄일 거라는 것 듣지 않았어?

91

Tip 야근 work nights | 스트레스를 받다 be stressed out | 줄이다 cut back on

A I went to a department store to buy a dress for prom yesterday. You know what? I couldn't find anything I like.
어제 졸업파티 때 입을 드레스를 사기 위해 백화점에 갔었어. 근데 말이지. 맘에 드는 걸 찾지 못하겠더라고.

B Speaking of dresses, I can tell you the best place to rent a fabulous dress.
드레스 얘기가 나와서 말인데, 멋진 드레스 빌려주는 데를 알고 있어.

A Really? That would be great.
정말? 잘됐다.

뭔가를 생각나게 하네요.

It reminds me of something.

A Let me show you the picture I bought.
내가 산 그림 보여 줄게요.

B Nice. It reminds me of something.
좋은데요. 뭔가를 생각나게 하네요.

본론으로 들어가다

get to the point

본론으로 들어갈게요.

Let's get to the point.

Let's get to business.

A We think your product is good. But ...
우리는 귀사의 제품이 좋다고 생각합니다만….

B Get to the point please, Jack. Are you going to buy our product or not?
제발 본론으로 들어갑시다. 잭. 우리 제품 살 거요 말 거요?

우리 다른 이야기해요.

Let's talk about something else.

A How's your son doing?
아들은 어때요?

B Let's talk about something else.
다른 이야기해요.

92

이건 다른 얘긴데요,	**It's a different story but ~,**

A I don't know what to do with my son. He doesn't want to go to school anymore.
내 아들을 어떻게 해야 할지 모르겠어. 더 이상 학교 가기 싫대.

B It's a different story, but Josh's son dropped out of school last month.
이런 다른 얘긴데. 죠슈 아들이 지난달에 학교 중퇴했대.

Tip 중퇴하다 drop out of school

이 일은 조금 있다 다시 하고, 먼저 ~에 관해 이야기합시다.	**Let's do this a little later. Why don't we talk about ~ first?**

A Let's do this a little later. Why don't we talk about the presentation tomorrow first.
이건 좀 있다 다시 하고, 먼저 내일 프리젠테이션에 관해 이야기합시다.

B Sure. Let's take a look at this chart now then.
예. 그럼 이 챠트를 보시죠.

있잖아요	**You know what?**

A I was getting gas the other day and ...
일전에 기름을 넣고 있었어요. 그리고 ….

B (interrupts A) You know what? That reminds me that I have to get gas.
(끼어들며) 있잖아요. 제가 깜빡 잊고 있었는데 생각이 나네요. 차에 기름 넣어야 해요.

Tip 일전에 the other day

제가 ~을 얘기했었나요?	**Did I tell you that ~?**

A Did you see Thompson's new car?
탐슨 씨의 새로운 차 봤어요?

B Yes, I did.
예. 봤어요.

A Isn't it beautiful?
멋지지 않나요?

93

B I guess so. Did I tell you that I got a new bag?
그런 것 같아요. 제가 새로운 가방을 샀다고 이야기했던가요?

| 참 그 얘기 들었어요? | **Have you heard about this?** |

| 한 가지 잊은 게 있어요 | I forgot one thing. |
| 하나 빠뜨린 얘기가 있어요 | I forgot to tell you one thing. |

A I have to go to the library to study for the test tomorrow.
내일 시험 준비하러 도서관에 가야 해요.

B Oh, I forgot to tell you one thing. Your girlfriend called while you were out.
하나 빠뜨린 얘기가 있는데, 네가 없는 동안 여자 친구가 전화했어.

'~하라'고 명령하거나 권할 때

MP3 2-17 ▶

갑시다! / 나가자!	Let's go. Let's get out of here!
가! 가버려!	Go! Beat it! Get out of here! Scram!
꺼져!	**Get lost!** **Tip** 누가 자꾸 치근거리면 화가 나서 '꺼져 (버려)'라고 할 때 쓰는 표현. 같은 상황에서 좀 약한 표현으로는 Take a hike.를 쓴다.
나가!	**Get out of here!** **Tip** 상황에 따라 '너, 농담이지?'라는 뜻으로도 쓰인다.
내가 말했지.	I told you!
내가 ~하라고 했지.	**I told you to ~.** ex I told you to do your homework! 내가 숙제 먼저 하라고 했지. ex I told you to brush your teeth before watching TV! 텔레비전 보기 전에 양치질 먼저 하라고 했지! ex I told you to go first. 먼저 가 있으라고 했지.

95

말을 해요! 울지 말고	**Stop crying. Just talk to me.**
뭐라고 말 좀 해봐.	**Tell me something.**

A What happened? Tell me something.
어떻게 된 거야? 뭐라고 말 좀 해봐!

B I don't know what to say.
뭐라고 말해야 할지 모르겠어.

빨리! / 서둘러!	**Hurry up!**

A Hurry up! We'll be late for the exam.
서둘러! 우리 시험에 늦을 거야!

B I think we'll make it if we run.
뛰면 안 늦을 거야.

> Tip 해내다, 성공하다 make it ᓀ I made it. '내가 그것을 만들었다.'라고 해석될 수 있고, 관용적 표현으로는 '내가 드디어 해냈어.'라는 표현이 될 수 있다.

A Hurry up! The bus is leaving in a minute.
서둘러. 버스가 금방 떠날 거야!

B Don't worry. We'll be there on time.
걱정 마! 우리는 제시간에 도착할 거야.

손 올려!	**Put your hands up.**
	Raise your hands.
시끄러워(조용히 해)!	**Be quiet!**
앉아!	**Sit down!**
이리 와!	**Come here!**
이야기 좀 해봐!	**Tell me!**

Talk to me!

ex Tell me! I have to know!
얘기 좀 해봐! 난 알아야겠어.

입 다물어!

Shut up!

저쪽에 차를 대!

Pull over!

Tip 차를 세우다 pull over

Tip Let me off. 저기 내려주세요. (택시 안에서 하는 말)

조금만 마셔!

Don't drink so much!

조금만 먹어! ·

Don't eat so much!

차 세워!

Stop the car!

~하길 바래요

I hope ~.

ex I hope you can take care of yourself.
난, 네가 스스로를 잘 돌보길 바래.

ex I hope you can make decisions by yourself.
난, 네가 자신의 일은 스스로 결정할 수 있기를 바란다.

A I hope you study harder for your next exam.
다음 시험엔 좀더 열심히 공부하길 바란다.

B I will Mr. Johnson.
열심히 할 거예요. 존슨 선생님.

Tip wish vs hope

둘 다 '바라다, 기원하다'의 뜻이지만 사용법은 매우 다르니 주의해서 사용해
야 한다.

hope는 말 그대로 '바라다'는 뜻이다. ⓔ 좋은 시간을 갖길 바란다. I hope
you have a good time.

wish는 뒤에 문장(주어 + 동사)이 오면 현실은 반대라는 뜻을 나타낸다.

ⓔ I wish you have a good time은 '네가 좋은 시간을 가졌으면 좋았을

텐데.' 즉 현재 '네가 좋은 시간을 갖지 않고 있다'라는 뜻이다.
만일 비즈니스에서 '귀사의 성공을 빕니다.'의 뜻으로 We wish your
company succeed.라고 하면 현재 상태가 안 좋다는 뉘앙스가 깔려 있
기 때문에 매우 무례한 표현이 되므로 주의해서 사용해야 한다.

| ~하길 요청합니다 | **request that ~** |

Tip⟨ 정중한 표현으로, 주로 안내 방송에 많이 쓰인다.

ex⟨ We request that you refrain from using a flash
when taking pictures of the animals in the
zoo.
동물원 안의 동물을 사진 찍으실 때는 플래시 사용을 자제해 주시길
요청합니다.

Tip⟨ ~을 삼가하다 refrain from ~ | 사진을 찍다 take pictures

ex⟨ We request that you remain seated until the
airplane makes a complete stop. (announcement)
비행기가 완전히 멈출 때까지 의자에 앉아 계시길 바랍니다.

Tip⟨ 남아 있다 remain | 완전히 complete

| (당신이) ~하는 것이
어떻겠습니까? / ~하지
그러니? | **Why don't you ~?** |

ex⟨ Why don't you tell me about it?
제게 말씀해 주시겠어요?

| (우리가) ~하는 것이
어떻습니까? | **Why don't we ~?**

What do you think about ~ing? |

A I can't do this. It's impossible.
이거 못 하겠어요. 불가능해요.

B Why don't we do it together?
우리 같이 하는 게 어떨까요?

A Why don't we go out for coffee?
커피 한잔 하러 가는 게 어때요?

B That's a good idea!
좋은 생각이에요.

A Since it is hard for everyone to meet, why don't we eat a meal together?
이렇게 모이기도 어려운데, 다 같이 식사라도 하는 것이 어떻습니까?

B Sounds great!
네, 좋아요. 그렇게 해요.

A What do you think about doing some shopping?
쇼핑하는 게 어때요?

B That sounds great. I need to buy a few things for dinner tonight.
좋지요. 오늘 밤 저녁 준비하러 몇 가지 사야 해요.

~하세요

Please ~.

ex Please sit. / Please have a seat.
앉으세요.

A Please have a seat. Dr. Phil will be with you shortly.
앉으세요. 필 박사님이 금방 오실 거예요.

B Thanks.
고맙습니다.

ex Please have some tea.
차 드세요.

ex Please have a drink.
음료수 드세요.

ex Please wait.
기다리세요.

Tip 무언가를 부탁할 때는 please를 붙이면 무난하다. 영어가 능숙한 경우는 조동사 could, would를 쓰면 보다 정중한 표현이 된다. 그러나 can, will을 쓴다고 해서 무조건 반말은 아니다.

~해도 상관없습니까?

Would / Do you mind ~?

A Do you mind if I smoke?
담배 좀 피워도 상관없나요?

B Sorry, but there is no smoking in the bar. There's been a smoking ban in New York City for the past few years.
죄송하지만, 바에서는 금연입니다. 지난 몇 년간 뉴욕에서는 흡연 금지입니다.

Tip 금지(하다) ban

ex Do you mind if I go with you?
제가 동행해도 상관없을까요?

A Excuse me. Do you mind if I sit here?
저기요. 여기 앉아도 될까요?

B No. Please go ahead.
예. 앉으세요.

Tip mind가 들어간 질문에 긍정의 대답은 No.(I don't mind)이고 부정의 대답은 Yes.(I mind)이다. Do you mind if I sit here?(여기 앉아도 상관없습니까?) No.(예, 앉으세요.), Yes.(안 돼요. 앉지 마세요.)

~해도 괜찮겠습니까?

Can / May I ~?

A Can I try on this jacket?
이 재킷을 입어 봐도 될까요?

B Sure. What size do you wear?
물론이죠. 사이즈가 어떻게 되죠?

Tip 입어 보다 try on

제가 ~하도록 허락해
주세요.

Please allow me to ~.

Tip 정중한 표현

ex Please allow me to visit there.
제가 그곳에 가도록 허락해 주세요.

A Please allow me to help you carry that heavy box.

그 무거운 상자 옮기시는 걸 도와드리고 싶어요.

B Thank you. I really appreciate it.

정말 감사합니다.

건드리지 마!	Don't touch me! Don't bother me!
금하다	prohibit forbid

A Smoking is prohibited in this building.
이 빌딩에서는 흡연을 금합니다.

B Is that right?
아, 그래요?

ex In Korea, the possession of guns is forbidden by law.
한국에서는 총기 소지를 법으로 금하고 있다.

꾸물대지 마!	Move!

ex Everybody is waiting for us. Move!
모두가 기다리고 있으니 꾸물거리지 마!

Tip 기다리다 wait for

A What's wrong? Move! We don't have time. Let's get out of here!
뭐하고 있어? 꾸물대지 마! 시간이 없어. 나가야지!

B Got it.
알았어.

내가 ~하지 말라고 말했지.	I told you not to ~.

A I told you not to use my mp3 player.
내 MP3 쓰지 말라고 했지.

B I just wanted to listen to one song.
한 곡만 듣고 싶었어.

ex I told you not to move.
내가 움직이지 말라고 했지.

ex I told you not to play soccer in the house.
내가 집에서 축구하지 말라고 했지.

너는 ~할 수 없다.

You are not allowed to ~.

A May I see your ID?
신분증 보여 주시겠습니까?

B Here it is.
여기요.

A You're not allowed to come in here. You have to be twenty one to enter a bar in this state.
여기 들어가실 수 없습니다. 저희 주에서는 21세 이상이 되어야 바에 들어갈 수 있습니다.

B I'm from out of state. Sorry. I'll be on my way then.
제가 다른 주에서 와서요. 죄송합니다. 갈게요.

Tip 미국에서 술 마시는 연령은 주마다 차이가 있다.

말할 필요가 없다.

I don't need to talk.

There's no need to say anything.

ex I don't need to talk to you any more.
너와 더 이상 말할 필요가 없다.

A Honey, I can explain everything. Please listen to me.
여보, 다 설명할 수 있어. 제발 내 말 좀 들어 줘.

B I have nothing more to say to you. (화가 났을 때)
당신과는 더 이상 할 말이 없어.

변명하지 마!	**Don't make excuses.**

~ 안 해도 된다	**don't have to ~**

A Wow. This is a lot of food.
우와! 음식이 정말 많네.

B You don't have to eat everything.
그거 다 안 먹어도 돼.

A Should we write down everything on the screen?
화면에 있는 거 다 써놔야 돼?

B You don't have to write down everything. You can download anything on the screen.
그거 일일이 안 써도 돼. 화면에 있는 거 다 다운로드할 수 있어.

꼼짝 마!	**Freeze!**
	Don't move!

참견하지 마!	**Mind your business!**

Tip '네 일에나 신경 써.'라는 뜻.

~하도록 놔두지 않다	**not let someone ~**

A The teacher didn't let Tom bother his classmates.
선생님은 탐이 반 친구들을 괴롭히도록 놔두지 않았어.

B What did she do? Tom is pretty obnoxious.
어떻게 하셨어? 탐은 무지 말썽꾸러기잖아.

A She gave him one hour of detention whenever he bothered other students.
다른 학생을 괴롭힐 때마다 방과 후에 한 시간씩 남아 있게 하셨어.

Tip 말썽부리는 obnoxious | 구류, 벌로서 방과 후 학교에 남아 있는 것 detention

~하지 마라.	Don't ~.

ex Don't interrupt.
끼어들지 마라.

ex Don't talk to me, like that.
나한테 그렇게 말하지 마.

A Don't cry. Tell me, what's wrong?
울지 마라. 뭐가 문제야?

B Steve was mean to me. He said I was fat.
스티브가 괴롭혔어. 내가 뚱뚱하대.

~할 수 없다	can't ~

A Excuse me, you can't go in there.
죄송합니다만 거기에 들어갈 수 없어요.

B Why not?
왜 안 되나요?

A That section of the video store has adult videos. You have to be eighteen to go in there.
거기는 성인 영화 섹션이에요. 거기 들어가려면 18세 이상이어야 돼요.

B Sorry. Where are the action movies?
죄송해요. 액션 영화는 어디에 있죠?

ex Children under 15 can't watch this movie.
15세 미만 청소년은 이 영화를 볼 수 없습니다.

ex Children under 16 must be accompanied by an adult.
16세 미만은 보호자 동반에 한해 입장 가능합니다.

Tip 동반한 be accompanied

~할 필요가 없다.	Don't need to ~.
	There is no need to ~.

ex You don't need to go.
넌 갈 필요가 없다.

A You don't need to show me that.
그걸 나에게 보여줄 필요가 없어.

B But I just wanted to explain it to you.
하지만 네게 그걸 설명해 주고 싶었어.

A There is no need to worry.
조급해할 필요가 없어.

B Are you sure?
정말?

~해서는 안 된다

shouldn't ~

not supposed to ~

A You shouldn't do that.
그렇게 하면 안 돼.

B Don't tell me what to do.
나한테 이래라 저래라 하지 마.

ex You shouldn't smoke because it is bad for your health.
건강에 좋지 않으니 담배를 피워서는 안 된다.

A It's OK to tell a joke, but you are not supposed to bother other people.
농담은 할 수 있으나, 다른 사람을 괴롭혀서는 안 된다.

B Sorry. Did I offend someone?
죄송해요. 제가 누구 기분을 상하게 했나요?

Tip 흔히 아이들에게 혼낼 때, '그러면 못써.'라고 하는데, 이 말은 영어로 **Don't do that!**이라고 한다.

~하는 것을 허락하지 않다

not allow someone to ~

Tip 허락하다 allow

A Excuse me sir. You are not allowed to use your cell phone here. Our theater has a "No cell phone" policy.
손님 죄송합니다만 여기서 핸드폰을 쓰실 수 없습니다. 저희 영화관은 핸드폰 금지입니다.

106

B I'm sorry. I'll turn off my phone right away.
죄송해요. 금방 끌게요.

직접 '~하지 말라'고 말할 때

Most Direct (직접적)

· 하지 마.	Don't do that.
· 하면 안 돼.	You can't do that.
· 하지 않는 게 좋아.	You shouldn't do that.
· 그건 못 하게 되어 있어.	You aren't allowed to do that.
· 그걸 안 하면 좋겠구나.	I would appreciate it if you didn't do that.

Most Indirect (간접적)

위기 상황에 필요한 말

경찰을 불러 주세요!	**Call the police!**
구급차 좀 불러 줘요.	**Call an ambulance!**

> A Call an ambulance! There's been an accident!
> 구급차 좀 불러 줘요. 사고 났어요!
>
> B I'll call 911 on my cell phone. What's the address here?
> 제가 911에 전화할게요. 여기 주소가 뭐지요?

날 내려줘.	**Put me down.**
내려놔!	**Put it down.**
도둑이야!	**Thief!**
도망가자!	**Run away!**
무릎 꿇어!	**Kneel down!**
불이야!	**Fire!**
사람 살려!	**Help!** **Save me!**
소방차 불러 주세요!	**Call the fire department!**

108

손들어!	Raise your hands! Put your hands up!
아무것도 만지지 마!	Don't touch anything!

A Oh my God! All our stuff is gone. It must have been stolen by a thief.
이런 세상에! 우리 짐이 없어졌어. 누가 훔쳐 간 거야.

B Don't touch anything! Let's call the police right now.
아무것도 만지지 마. 얼른 경찰을 부르자.

엎드려!	Get down (on your stomach)!
여기서 나가자!	Let's get out of here!
움직이지 마!	Don't move! Stay still! Freeze!
의사 좀 불러 줘요!	Call a doctor!
잡아라!	Stop him!

Tip '그를 잡아라' 또는 '그를 막아라'라는 뜻으로 쓴다. Go get him.은 싸움하다가 도망친 사람 등을 '가서 붙잡아 와'라는 뜻이다.

조심해!	Watch out! Be careful!

PART 2

회화 달인의 길

109

눈에 자주 띄는 생활 속의 경고문

공사 중. 접근 금지.	Construction zone. Do not enter.
당기시오.	Pull.
동물들에게 먹이를 주지 마시오.	Don't feed the animals. Tip 동물원에서 쓰는 말.
막힌 길	Dead end
만지지 마세요	Don't touch.
머리 조심.	Watch your head.
먹지 마시오.	Do not eat.
미끄럼 주의	Slippery (when wet)
미시오	Push. ex Push the red handle in case of emergency. 응급 상황에서 빨간색 손잡이를 미시오. Tip 응급 상황 in case of emergency
발 조심.	Watch your step.

순찰중	**Law enforcement** Tip 한국은 길가에 순찰중이라는 팻말 아래 POLICE ENFORCEMENT 라고 쓰여 있지만, 미국에서는 **Law enforcement**라고 쓰여 있다.
신호등 지키기.	**Obey the signal.**
쓰레기 투기 금지.	**No littering.** Tip 쓰레기를 버리다 litter
알림	**Notice** **Warning**
양보 (차도에서)	**Yield**
어린이의 손에 닿지 않게 하세요	**Keep out of reach of small children.**
주차 금지	**No parking.**
출입 금지	**Do not enter.** ex Do not enter. Employees only. 관계자 외 출입 금지
촬영 금지	**Do not take pictures.**
취급 주의	**Extreme Caution**
파손 주의	**Fragile**
함부로 쓰레기를 버리지 마세요	**Don't litter.**

함부로 침이나 가래를 뱉지 마세요	Don't spit.
흡연 금지 / 금연	No smoking.
	Smoke free.

Tip 면세점은 duty free shop이라고 하는데, 이때 free는 금지의 의미다. 이와 마찬가지로 smoke free는 흡연 금지의 뜻이다.

옷 택(tag)에 있는 내용

· MADE IN BOLIVIA	볼리비아 산
· 100% COTTON	순면
· CARE ON REVERSE / REVERSE FOR CARE	
	취급 주의 사항은 뒷면에
· MACHINE WASH WARM	세탁기 사용시 따뜻한 물
· MACHINE WASH COLD	세탁기 사용시 차가운 물
· WASH WITH LIKE COLORS	비슷한 색깔 옷과 세탁
· INSIDE OUT WITH LIKE COLORS	뒤집어서 비슷한 색깔 옷과 세탁
· ONLY NON-CHLORINE BLEACH WHEN NEEDED	
	염소 표백 금지
· TUMBLE DRY LOW	건조시 약하게
· WARM IRON IF NEEDED	필요시 다림질은 따뜻한 온도
· COOL IRON ON REVERSE SIDE IF NEEDED	
	필요시 다림질은 뒤집어서 서늘한 온도
· LAY FLAT TO DRY	눕혀서 말릴 것
· HAND WASH COLD SEPARATELY	분리해서 찬물로 손세탁
· DO NOT BLEACH	표백 금지
· DO NOT TUMBLE DRY	건조기 사용 금지
· DO NOT WRING	비틀어 짜기 금지

- DO NOT IRON
- DRY CLEANABLE

다림질 금지
드라이클리닝할 것

PART 2

회화 담아의 장

memo

PART 3
비즈니스 회화의 장

비즈니스 영어,
나도 이젠 당당히 그들과 이야기한다.
회사 내 일상 회화나 상담이 가능해진다.

CEO(최고 경영 책임자)	**chief executive officer**

A What does CEO stand for?
CEO는 무엇의 약자인가요?

B CEO stands for chief executive officer.
CEO는 최고 경영자를 나타내는 약자예요.

> ex A CEO represents a company and is responsible for its management.
> CEO는 기업을 대표하며 기업 경영에 책임을 진다.

CFO(재무 담당 최고 책임자)	**chief financial officer**
CIO(정보 통신 담당 최고 책임자)	**chief information officer**
감사관	**supervisor**
공장장	**factory manager**
공사장 감독	**foreman**
국장	**chief of office** **the director of a bureau**
계장	**section chief**

| 과장 | the head |
| | the chief of the section |

| 관리자 | supervisor |

A How's your new boss?
새로 온 상사 어때?

B She is a good listener and her advice is very helpful.
우리의 말을 잘 경청해 주고 조언도 아주 도움이 돼.

A That's great.
잘 됐네.

B But she is strict about certain things such as coming to work on time and dressing appropriately.
그런데 출근 시간이나 옷차림 같은 것에 대해서는 엄격해.

Tip 상대방의 말을 경청하는 사람 a good listener | 엄격한 strict

| 대리 | assistant manager |

동료	coworker
	colleague
	associate

| 모회사 | parent company |
| 자회사 | subsidiary |

| 본사 | headquarters |

Tip headquarters의 s는 복수가 아니다.

117

ex Our headquarters is located in Mapo.
저희 본사는 마포에 위치하고 있습니다.

Tip 위치하다 be located in

| 부사장 | vice president |

| 부장 / 과장 | the head of a department |
| | manager |

Tip manager는 과장, 부장 등으로 쓰인다. 그러나 한국처럼 '김 과장', '이 부장님' 등 직함으로 부르지 않는다. 정중하게 부를 때는 Mr., Ms. 뒤에 성으로 부르면 된다. 박사 학위 소지자나 의사의 경우 Dr.를 붙이기도 한다.

| 비서 | secretary |

| 사장 | president |
| | chairman |

A I was surprised by the president yesterday.
어제 사장님한테 놀랐어.

B Do you mean his remarks from the meeting?
회의에서 사장님이 말씀하신 거 말하는 거야?

A Yes. His comments about the issue were very accurate. Honestly, I've never met anyone as charismatic as him.
응. 그 문제에 관한 코멘트가 정확하셨어. 솔직히 그분이 그렇게 카리스마가 있으신 분인지 몰랐거든.

Tip ~에 놀라다 surprised of ~ | 솔직히 honestly | 카리스마 있는 charismatic

---

| 상무이사 | executive director |
| | managing director |

| 상사 | superior |

	boss
	Tip 소개할 때는 이렇게 말하지만, 직접 부를 때는 보통 이름을 말한다.
선임자	**predecessor**
후임자	**successor**
신입 사원	**new employees**
	newcomers
	A Should we have a party to welcome new employees? 오늘 우리 신입 사원도 왔는데 축하 파티라도 할까? B Sounds great! 좋은 생각이야.
이사장	**the chief director** **the chairman of the board of directors** **the director general**
이사회	**the board of directors** **executive board** **a council**
이사	**executive** A How is the proposal I suggested from the last meeting going? 지난 회의 때 내가 올린 제안은 어떻게 돼가나? B It's in the final stages. I just need approval from the board of directors. 마지막 단계만 남았어. 이사회 승인 말이야. A Do you think it will go through? 잘 될 것 같은가?

PART 3

비즈니스 회화의 정

	B I'm positive. 난 그럴 거라고 생각해. **Tip** 제안 proposal | 승인 approval
임시의	**acting** **ex** I'm acting in place of the manager. 저는 과장 대리입니다.
장관	**minister** **ex** The minister of health and welfare resigned due to a scandal. 보건복지부 장관이 스캔들로 인해 사임했다. **Tip** 사임하다 resign | ~때문에 due to
정부 내각	**cabinet** **the ministry**
정부 부처	**division of the government**
주임	**the chief**
지사	**branch** **A** So, which branch of the bank did you work at? 어느 지사에서 일하세요? **B** I worked at a branch office in Dallas for three years. Then I was transferred to headquarters in New York. 달라스 지사에서 3년 동안 일했어요. 그 후에 뉴욕 본사에 전근됐어요. **Tip** 전근하다 transfer
직원	**employee**

	worker ex I had a drink with my employees yesterday. 어제 우리 직원들과 한잔 했어.
차관	**vice minister**
처장	**superintendent**
청장	**director (of a government office)**
팀장	**team manager** A What does she do? 그녀는 무슨 일을 해요? B She is working as a design team manager. 그녀는 디자인 팀장을 맡고 있어요.
회계사	**accountant**
공인회계사	**CPA : a certified public accountant**

가게를 하나 하고 있어요.	**I run a store.** Tip 운영하다 run ex I run a publishing business. 출판사를 경영하고 있어요.
가족이야말로 내가 살아 가는 이유지.	**Everything I do is for my family.**
간부	**executive member** ex My dream is to be an executive member. 내 꿈은 회사 간부가 되는 거야.
강등되다	**get demoted** A Did you hear about James? 제임스에 관해 들었어? B What about him? 뭐? A He got demoted because he lost one of the company's major accounts. 강등됐대. 회사의 주요 고객을 놓쳐서. Tip 주요 고객 major account
건물 관리인 / 수위	**security guard**
경리부	**the general accounting department**

122

경영직	**management position**

A I heard there were 100 applicants for the opening in the management position at our company.
우리 회사에서 경영직 자리에 100명의 지원자가 몰렸대.

B No wonder. The salary and working conditions are really great.
이상할 것도 없지. 월급과 근로 조건이 정말 좋잖아.

Tip 지원자 applicant | (취직)자리, 공석 opening | 월급 salary | 근로 조건 working conditions | 놀라울 것 없다, 당연하다 no wonder

계약	**contract**
계약 조건 / 약정	**stipulation**
	conditions
	terms

ex I can't agree with the terms of this contract.
저는 이 계약 조건에 동의할 수 없습니다.

계약을 체결하다	**sign a contract**

ex I'm glad to finally sign a contract.
드디어 계약을 체결하게 되어 기쁘군요.

고객 서비스 센터	**customer service center**
고객 지원부	**customer**
고객 지원 업무	**customer affairs**

고용 보험	**unemployment insurance**

교대 (근무)	**shift**
근무 시간 자유 선택 제도	**flexible time**

근무 조	working unit
주간 근무	day shift
야간 근무	night shift

A You look tired. What's going on?
너 피곤해 보여. 무슨 일이야?

B Nothing much. I work the night shift these days.
별거 아니야. 요새 야간 근무하거든.

관리직	administrative position
기술직	technical work

그는 퇴근 시간만 기다리는 사람이야.	He is a clock watcher.

> ex She always leaves work right on time. / She's a clock watcher.
> 그녀는 언제나 칼퇴근을 한다.

노동자	laborer
	worker
노동절	Labor Day
노동조합	labor union
노조 간부	staff of labor union

A Does your company have any labor unions?
당신 회사에는 노동조합이 있나요?

B No. We never have. Our company is famous for treating our employees well.
아니요. 있었던 적이 없어요. 하지만 저희 회사는 사원들을 잘 대우하기로 유명해요.

Tip 유명하다 be famous for | 대우하다 treat

당직을 서다	**be on night duty**

A Who's on night duty this Saturday?
이번 주 토요일은 누가 당직이야?

B It's me.
나야.

딩크족 / 아이 없는 맞벌이 부부	**DINK** **Double Income No Kids**

무슨 일을 하세요?	**What do you do?**
어느 회사에 근무하세요?	**Which company do you work for?**

물건을 싸게 사려면 어디로 가나요?	**Where do you go for bargains?**

A Where do you go for computer bargains?
컴퓨터를 싸게 사려면 어디로 가야 해?

B You should go to ABC Electronics Market.
ABC 전자 상가에 가봐.

Tip 컴퓨터 살 때 어디로 가나요? **Where do you go shop-ping for computers?**

병가를 내다	**take a sick day** **take sick leave**

ex I'd like to take a sick day.
병가를 내고 싶습니다.

월차(연차)를 내다	**take a day off**

A There's Tom?
탐 어딨어요?

B He took a day off for personal reasons.
개인 사정으로 월차 냈어요.

Tip 개인 사정 **personal reasons**

복리 후생	**welfare**
부품 제조업자	**supplier**
사규	**company regulation**

A I heard James got a warning for having a second job.
내가 들었는데, 제임스가 투잡하다가 경고받았대.

B Really? That's against company regulations.
정말? 그건 사규에 어긋나는 거잖아.

> Tip ◀ 경고 **warning**

사내 연수	**in-house training**

> Tip ◀ 경우에 따라 세미나(seminar)를 하거나, **leadership training** 등 다른 이름의 연수를 하기도 한다.

사무직	**office worker**
생산직	**production worker**

> Tip ◀ **blue collar**는 주로 공장 직공들을 가리키는 말로, 낮은 사회 계층을 지칭한다. **white collar**는 사무직을 지칭한다.

사직	**resignation**

> Tip ◀ 사직서 **resignation letter**

퇴직	**retirement**

A How long have you been with this company?
이 회사에서 얼마 동안 일하셨습니까?

B Thirty five years. I am due to retire next year.
35년이요. 내년에 정년입니다.

산업 재해	**industrial disaster**

성희롱	**sexual harassment**

A Did you see Kira today? She looks so hot.
오늘 키라 봤어? 정말 섹시해 보이던데.

B Be careful! You don't want to get fired for sexual harassment.
조심해. 성희롱으로 잘리지 않으려면.

수습 기간 중이다	**be on probation**

승진하다	**get a promotion**
	be / get promoted

A I got promoted.
승진했어.

B Congratulations. You deserve it.
축하해. 당연한 일이야(너는 충분히 그럴 자격이 있어).

A Congratulations! I heard you got promoted.
축하해. 자네 승진했다는 거 들었어.

B Thanks.
고마워.

A You deserve it. I know how hard you have worked.
자네는 그럴 자격이 있어. 난 자네가 얼마나 열심히 일했는지 알아.

A Hey honey, guess what?
여보, 할 말이 있는 데, 뭔지 알아?

B What? Were you fired?
뭐야? 잘렸어?

A No silly. I just got a promotion. I'm the new manager of sales!
아니야. 막 승진했어. 판매부 과장이야.

B Wow! that's great!
우와! 대단해!

A I know. I'm getting a big raise and one more week of vacation!

맞아. 월급도 많이 오르고 휴가도 1주일 더 받을 거야.

B Wow! Great job honey.
우와~ 잘했어. 여보!

Tip 해고당하다 be fired

실습생 / 연수생	**trainee**
실업 수당	**an unemployment allowance**
업무 수행 / 인사 고과 성적	**performance** ex He was happy to get a good performance review. 그는 인사 고과 성적이 좋게 나와서 신이 났다.
연금	**pension** ex He lives on his pension. 그는 연금으로 생활하고 있다.
국민 연금	**social security** Tip 미국에서 연금은 pension이라고 하지만, 국민 연금은 national pension이라는 말 대신 social security라고 한다. 모든 직장인들은 국민 연금을 내야 하며, 일정 나이에 다다르면 소득 수준, 일한 기간 등에 따라 매달 연금을 받는다. IRA(Individual retirement account)는 개인 퇴직 연금을 지칭하며, 원하는 사람만 가입한다.
연줄로 취직하다	**get a job through a connection** ex After all, connections matter. 결국 연줄이 중요합니다. / 결국은 연줄이 관건입니다.
이력서	**resume** **CV(curriculum vitae)** Tip CV는 상세하게 경력을 서술한 이력서를 말한다.

A I'm going to work on my CV tomorrow. Do you have any tips?
나 내일 이력서 쓸 거야. 조언 좀 해 줄래?

B You should tailor your CV to fit the job description.
직무 내용에 맞게 이력서를 조정하는 게 좋아.

> Tip 조정하다 **tailor** | 직무 내용 **job description**

인사 이동

personnel changes

> ex Due to corporate restructuring, my department is undergoing personnel changes.
> 구조 조정으로 인해 우리 부서에는 인사 이동이 진행중입니다.

일을 그만두다

quit

> ex I'm thinking of quitting my job.
> 나는 일을 그만둘까 생각 중이야.

임시직 노동자

temporary

temp

재취업

relocation

전근하다

transfer

> ex I may be transferred next year.
> 내년에 전근될지도 몰라요.

전 자영업을 해요.

I'm self-employed.

정규직

full-time

정규직 노동자

regular worker

full-time worker

비정규직	part-time
비정규직 노동자	non regular worker
	part-time worker
기간제	fixed-term

ex The Korea Herald reports the National Assembly overwhelmingly voted in favor of the non regular workers bills despite fierce opposition from the major Democratic Labor Party.
민주노동당의 격렬한 반대에도 불구하고, 국회는 비정규직 근로자 법안을 압도적으로 통과시켰다고 코리아 헤럴드가 보도했다.

ex The government-proposed bills, which have been pending for two years, require companies to turn non regular workers they have hired for more than two years into regular workers.
정부가 제출하고 2년 동안 계류중이었던 이 법안은, 기업이 비정규직 근로자를 2년 이상 고용하면 정규직으로 전환하도록 규정하고 있다.

ex The three bill package will take effect as early as July 2007.
3개 관련 법안이 2007년 7월부터 효력이 발생한다.

Tip 법안 bill | ~에도 불구하고 despite | 제안(제출)하다 propose | 계류하다, 미결인 채로 있다 pend | 효력이 발생하다 take effect

정년 퇴직하다	retire because of the age limit
정리 휴직 / 일시 해고	lay off
제조 공장	manufacturing plant

A Hey, Bob, did you read the newspaper this morning?
안녕. 밥. 오늘 아침 신문 읽었어?

B No. Why?
아니. 왜?

A Didn't you hear about Victoria Automotive? They're closing their main manufacturing plant in Detroit and moving down to Mexico to cut costs.

빅토리아 자동차회사가 디트로이트의 본사 제조 공장을 닫고 비용 절감을 위해 멕시코로 옮긴다는 것 못 들었어?

B You don't think our company would do the same thing, do you?

우리 회사도 같은 일을 하리라고 생각하진 않겠지? 그렇지?

A Are you kidding? Of course they would. The bottom line is corporations will do anything to improve their profits.

지금 농담해? 당연히 하겠지. 기본적으로 회사란 이익을 올리기 위해 무엇이라도 하는 거야.

B I don't like the sound of this.

좋은 말로는 안 들리는데.

Tip 비용을 절감하다 cut costs

주문하다 | **order**

A Confirm the delivery schedule that we ordered.

업체에 주문한 것 납품 일정을 확인해 보세요.

B OK. I will.

네, 알겠습니다.

Tip 확인하다 confirm

출산 휴직 | **maternity leave**

ex She returned to work after a 3 month maternity leave.

그녀는 3개월의 출산 휴직을 마치고 직장에 복귀했다.

퇴직금 | **retirement grants**

파업 | **strike**

프리랜서	**freelancer**
하청업체 / 협력업체	**subcontractor**

> **ex** A subcontractor is hired by a general contractor to perform a specific task as part of the overall project.
> 하청업체는 전반적인 프로젝트의 일정 부분의 특정한 업무를 수행하기 위해 주계약자에게 고용된 것이다.
>
> **Tip** 주계약자 general contractor

해고되다	**get fired**
회계	**accounts**
회계사	**accountant**
일반 회계	**general accounts**
특별 회계	**special accounts**
회계 감사	**financial audit**
회사를 옮기다	**find / get a new job**

> **Tip** '회사를 옮기다'를 move a company라고 쓰면 본인 소유의 회사를 다른 곳으로 옮긴다는 뜻이 된다.

A How are you doing?
어떻게 지내?

B I'm very busy since I got a new job.
회사를 옮겨서 아주 바빠.

휴가를 내다	**get a vacation**
	take time off

· 부서	department / division
· 대외협력부	external cooperation / international cooperation / foreign cooperation
· 마케팅부	marketing department
· 영업부	the sales division / department
· 구매부	a purchasing department

A Who do you work for?
어느 회사 다니세요?

B I work for A Engineering.
A엔지니어링에서 일하고 있어요

A What exactly do you do at A?
A에서 하는 일이 정확히 뭐예요?

B I'm in charge of purchasing.
구매 업무를 담당하고 있어요.

Tip 담당하다 in charge of

· 인사관리부	personnel management department
· 인적자원부	human resources department
· 영업부	sales department
· 홍보부	PR(public relations) department
· 연구개발부	R&D(research & development)
· 기술부서	engineering department
· 경리부	payroll department
· 회계부	accounting department
· 디자인실	design department
· 비서실	secretary office

고장났어요	**It's out of order.** **It's broken.** ex◀ The fax machine is out of order. 팩스가 고장났어요.
복사가 흐리군요	**This copy is blurry.** Tip◀ 흐릿한 blurry A This copy is blurry. What's wrong? I can't read anything. 복사가 너무 흐려. 뭐가 문제지? 아무 것도 읽을 수가 없어. B Really? Let me see. It's just out of toner. 정말? 내가 볼게. 토너가 떨어진 것뿐이야. A I don't know how to put toner in the copy machine. 난 복사기에 토너 넣을 줄 모르는데.
복사기에 종이가 걸렸어요	**The copy machine has a paper jam.** **The copier is jammed.**
복사하다	**copy** **make copies** A Please make five copies of each page. 페이지 당 5부씩 복사해 주세요. B Coming right up. 예, 금방 해드릴게요.

사무실	**office**
사무용품	**office supplies**

Tip 거울 mirror | 복사기 copy machine / Xerox | 쓰레기통 trash / garbage can | 액자 picture | 도장 stamp | 스테플러 stapler | 스테 플러 심 staples | 스카치테이프 scotch tape | 우표 stamp | 자 ruler | 전자계산기 calculator | 지우개 eraser | 클립 paper clip | 펀치 punch | 편지봉투 envelop | 편지지 letter paper | 풀 glue | 프린터 용지 printing paper | 형광펜 highlighter | 화이트 white out

A We need to buy more office supplies.
사무용품을 좀더 사야겠어요.

B Again? We just bought them a month ago. We should tell people to use them more carefully.
또? 겨우 한 달 전에 구입했는데. 사람들에게 좀더 주의해서 사용하라고 말해야겠군.

사무용품 수납장	**office supply closet**
서류	**paperwork**
	documents

ex Please put the papers in order.
이 서류들을 정돈해 주세요.

ex Could you put these documents into a file?
이 문서들은 파일에 철해 주시겠어요?

Tip 상사로서 명령할 때 Could you ~나 Would you ~를 사용하면 보다 정중하게 들린다.

A Leslie, have you put the papers in order and taken them to accounts receivable?
레슬리. 서류 정리해서 수취 계정에 가져 갔나요?

B Oh! I'm on my way.
어머나! 지금 바로 하겠습니다.

Tip 수취 계정 accounts receivable

135

어떤 버튼을 눌러야 해요?	**What button should I press?**
어떤 아이콘을 클릭해야 해요?	**What icon should I click?**
인터넷이 안 돼요.	**The internet is not working.**
칸막이	**partition** **cubicle** **A** I can't concentrate. It's too noisy. 집중할 수가 없어요. 너무 시끄럽군요. **B** I know. I ordered some cubicles. That will give you some privacy and make it easier to work. 알겠어요. 칸막이를 주문했어요. 그럼 프라이버시도 가질 수 있고, 일하기가 더 편할 거예요.
컴퓨터	**computer** ex My computer crashed. 컴퓨터가 고장났어요. ex My computer is making a funny sound. 컴퓨터에서 이상한 소리가 나요. ex I have to get my computer fixed. 컴퓨터를 고쳐야겠어요. **A** Kevin, did you get my e-mail about meeting in room 301 at 1:30? 케빈, 1시 30분에 301호에서 하는 회의에 관한 내 이메일 받았나? **B** My computer is down. I have to get it fixed. 제 컴퓨터가 다운돼서 고쳐야 하는데요. **A** Alright. I'll send someone right away. We'll make sure your computer is working right away. 알겠네. 곧장 사람을 보내서 자네 컴퓨터가 곧바로 작동하게 해두지.

키보드가 안 돼요.	The keyboard does not work.
토너가 떨어졌어요.	It's out of toner.

Tip 다 떨어지다 It's out of ~ ⑩ 종이가 다 떨어졌어요. It's out of paper.

팩스를 받다	receive a fax
팩스를 보내다	send a fax

A I sent you a fax. Did you receive it?
팩스 보내 드렸는데, 받아 보셨습니까?

B Yes, I received it.
예, 받았습니다.

프린터	printer
회의실	meeting room

급여·돈에 관한 말

급여를 받다	**get paid**
대출 대출 이자	**loan** **loan interest**

A I couldn't pay my loan interest this month. What shall I do?
이번 달 이자를 못 냈어. 어떻게 하지?

B You will be in deep trouble if you don't pay.
그러면 큰일날 텐데.

담보 대출 이자	**mortgage interest**
대출 상환	**loan repayment**
대출을 받다	**make a loan at a bank**

Tip 미국에서는 집을 마련하기 위해 20년, 30년 상환 담보 대출을 받는 경우가 대부분이다.

돈세탁	**money laundering**

ex He has been charged with drug smuggling and money laundering.
그는 마약 밀수와 돈세탁 혐의로 기소되었다.

봉급(급여)	**salary** **paycheck**

봉급날	pay day
봉급 명세서	salary slip pay slip

봉급이 인상됐어. **I got a raise.**

A How about going out for a drink after work tonight? It's on me.
오늘 밤 일 끝나고 한잔 어때? 내가 살게.

B Sounds great. What's the special occasion?
그거 좋지. 무슨 일 있어?

A I got a raise.
월급이 인상됐어.

> Tip 한잔 a drink | 내가 살게. It's on me.

봉급이 깎였어. **I got a pay cut.**

부수입 **extra money**

extra income

A I heard you got another job after work. How come?
퇴근 후에 또 다른 일을 한다며? 왜 그러는 건가?

B I need extra money for my kids.
애들 때문에 부수입이 필요해서.

A I know what you mean. Maybe I should find another job as well.
무슨 말인지 알지. 나도 다른 일 좀 알아봐야 될까봐.

부자 **rich person**

the rich

> Tip a rich로는 쓸 수 없다.

> ex They struck it rich overnight.
> 그들은 벼락부자가 되었다.

빚 / 부채	debt
	loan
빚을 졌다.	I'm in debt.
	I owe ~.
	ex I owe $100,000.
	1억의 부채를 안고 있다.

A We are in deep trouble because we can't pay back the loan from the bank.
은행 빚을 갚지 못해 큰일이에요.

B We better do something soon since the interest rates are going up.
대출 이자도 계속 올라간다는데, 대책을 세워야겠어.

| 상환하다 | repay |
| 상환금 | repayment |

| 샐러리맨 / 회사원 | office worker |
| | salaried man |

세금을 공제하다	deduct taxes
	ex Taxes are deducted from the monthly salary.
	월급에서 세금이 공제된다.

수당 / 보조금	allowance
	bonus
수당을 주다	give an allowance
	ex You'll get paid extra for overtime.
	시간 외 근무에는 초과 수당을 받을 거예요.

순이익	**net revenue**
	net profit
	ex The bank broke its record last year for its highest ever net revenue.
	작년도 은행권 영업 순이익이 사상 최대치를 경신했다고 한다.
연봉	**annual salary**
	A Well, we're at the end of another fiscal year.
	자, 이번 회계 연도도 거의 끝나가는군.
	B Yeah. Too bad profits were down this year though.
	그래. 올해 이익이 내려가서 안됐지만 말야.
	A Do you think our annual salary will increase?
	우리 연봉이 인상될 것 같나?
	B As far as I know, the chances are slim.
	내가 알기로는 가능성이 희박하지.
	Tip 이익 profit | 오르다 increase | 내 생각으로는 as far as I know | 가능성이 희박하다 the chances are slim
	Tip 가능성이 높다 chances are good | 가능성이 있다 chances are fair | 가능성이 반반 a fifty-fifty chance
연봉제	**system of an annual salary**
용돈	**pocket money**
	allowance
이자	**interest**
단리	**simple interest**
복리	**compound interest**
일급	**daily wages**
	paycheck

주급	weekly wages paycheck
임금 인상 임금 협상 임금 협정 연봉 협상	wage increase the negotiation of wage wage agreement negotiations for annual salary
유급 휴가 무급 휴가	paid vacation leave without pay
자산 관리	asset management
지불 기한이 지나다	be overdue ex The rent is two months overdue. 집세가 두 달이나 밀렸다.
투자하다	invest A How do you invest your money? 넌 어떻게 돈을 투자하니? B I go for long term investments, not short term. 단기가 아니라 장기 투자를 해. Tip 장기 투자 long term investment | 분산 투자 diversified investing Tip 영어에는 우리가 자주 쓰는 '재테크'라는 말은 없다. 특히 돈에 관해서는 서로 묻지 않는 경우가 많다. 비슷한 표현을 정리하자면, '돈을 어떻게 관리하니?'(How do you handle your money? / What do you do with your money?)'나 '돈을 어떻게 투자하니?'(How do you invest your savings?)' 정도의 표현을 쓴다.

주식 투자하다	**invest in the stock market** **buy stocks**
	A Are you still investing in the stock market? 주식 투자하고 있어? B Yes. But these days I'm investing in mutual funds instead of buying individual stocks. 응. 요즘은 직접 투자보단 펀드를 들고 있어.
포상 / 혜택	**perk**

수당에 관한 말

· 특별 수당	special allowance
· 초과 근무 수당	overtime allowance
· 실직 수당	unemployment benefit
· 퇴직 수당	retirement / severance allowance
· 연말 수당	year-end allowance / bonus
· 피복 수당	clothing allowance

PART 3 비즈니스 회화의 정

오전

물을 끓이다	**boil water**

Tip '커피를 타다'는 make coffee라고 한다.

A I'm so tired.
너무 피곤하다.
B Just wait I'll boil some water for coffee.
잠깐 기다려. 내가 커피 물 끓일게.

서랍을 정리하다 **straighten the drawer**

Tip 서랍 a drawer

책상 정리를 하다 **straighten**

organize one's desk.

차를 우려내다 **soak the tea**

차를 따르다 **pour tea into a cup**

차를 타다 **make tea**

커피를 드릴까요? **Would you like some coffee?**

커피 잔을 씻다 **wash a coffee cup**

출근 기록 카드 **time card**

출근 기록 카드를 찍다 **punch one's time card**

Tip 출근 to clock in | 퇴근 to clock out

점심

각자 계산하는 게 어때?	Why don't we go Dutch?
더치페이로 하다	go Dutch
	pay separately
	separate checks
구내 식당	cafeteria
	dining hall
도시락	lunch box

A 12:00. Time for lunch. How about Burger Barn?
12시 점심 시간이네. 반버거 어때?

B I brought my lunch box today. I decided to bring my lunch everyday to save money.
난 오늘 점심 싸 왔어. 돈 아끼려고 매일 도시락 가져 오기로 했어.

A Alright. Well, see you in a bit.
알았어. 그럼, 좀 있다가 보자구.

ex He brings a lunch box everyday.
그는 매일 도시락을 싸 온다.

자동판매기에서 커피를 뽑다	to get coffee from the vending machine.

Tip 자판기 | vending machine

잘 먹었다.	That was good. I enjoyed it.
점심 시간	lunch time
점심 뭐 먹을까요?	What shall we have for lunch?
전화로 점심 시켜 먹을까요?	Do you feel like calling out for lunch?

오후

간식을 먹다	**have a snack**

ex I decided not to have snacks to lose some weight.

살을 빼려고 간식을 먹지 않기로 결정했어요.

할 일이 산더미다.

My hands are full.

A You look so exhausted. Are you hands full?
너 정말 지쳐 보인다. 일이 많아?

B I know. I can't help it. I'm overwhelmed by my heavy workload.
나도 알아. 어쩔 수가 없어. 과중한 업무에 치였어.

A You should talk to the manager.
매니저에게 얘기해 봐.

Tip 어쩔 수 없다 I can't help it. | 압도하다 overwhelm

A Would you like to check out that bar that just opened?
이번에 새로 오픈한 술집에 안 갈래?

B I'm love to, but I have to work late because I have a lot of work to catch up on.
가고는 싶은데, 밀린 일이 많아서 야근해야 돼.

A You look very stressed. You need to take a rest.
자네 요즘에 너무 스트레스 받는 거 같아. 좀 쉬어야 해.

B I know. But my hands are full these days.
나도 알아. 그런데 요새는 일이 너무 많아.

Tip 쉬다 take a rest

When is the deadline?

When is it due?

Tip 기한 deadline, due

더 이상은 못 하겠다.	This is the last straw.
더 이상은 못 해.	This is the straw that broke the camels back.

Tip 관용어적인 표현으로 이것보다 더 많은 일을 할 수 없다는 뜻이다.

일에 매여 있다.	I'm tied up with work.

업무를 마무리하다	finish work / a task

ex I have to finish work before lunch time.
점심 시간 전까지 마무리해야 된다.

저녁

귀가 길에	on the way home

ex I stop by the health club and work out for an hour every day on the way home.
귀가 길에 헬스클럽에 들러서 매일 한 시간씩 운동하고 있다.

Tip 들르다 stop by | 운동하다 work out

귀가하다	go home

A Hello? Could I speak to Mr. Park?
여보세요? 박 과장님 좀 부탁합니다.

B Mr. Park? He's gone home.
과장님. 귀가하셨는데요.

A Alright. I'll try his cell phone.
아, 네. 제가 핸드폰으로 할게요.

Tip '박 과장님'은 Mr. Park으로 표현하는 게 자연스럽다.

야근하다	work late

ex I have to work late because I have a lot of work to catch up on.
일이 밀려서 야근해야 한다.

오늘은 내가 살게. 내가 쏜다.	I'll pay.
	It's on me.
	It's my treat.

A I just finished my biggest project. Let's go to a bar to celebrate. It's my treat.
지금 막 제일 큰 프로젝트 끝냈어. 축하하러 바에 가자구. 내가 쏠게.

B I'll be there.
가야지.

> Tip 북미에서는 회식이 흔치 않다. 1년에 한 번 정도 회사 야유회(company picnic)를 간다. 필요에 따라 비정기적으로 단합회(company retreat)를 가기도 하는데, 한국의 MT와 비슷하다. 회사에 따라 성탄절 디너를 마련하여 직원들과 직원 가족들을 초대하기도 한다.

술에 관한 말

| 그는 술고래야. /
무지 잘 마셔. | He drinks like a fish. |

> Tip 고래(whale) 대신 fish를 써야 한다.

술고래	heavy drinker
	alcoholic
	bad drunk

> Tip 중독 - holic ⓔ 일 중독 workaholic / 쇼핑 중독 shopaholic

| 숙취 | hangover |

A How are you doing after last night?
어젯밤 이후에 어때?

B I have a terrible hangover. My head hurts.
숙취가 심해. 머리가 아파.

A How about ordering a pizza?
피자 시켜 먹을까?

B Please don't talk about eating. I feel like I'm going to barf.

먹는 얘기 하지도 마. 토할 거 같으니까.

Tip 아프다 hurt

술을 끊다	quit drinking stop drinking
술 취한 사람	a drunk person
안주	bar food
원샷!	Bottoms up! Tip '원샷'을 외치면 같이 마시는 것은 주로 한국 문화이다. 북미에서는 담소를 하면서 음주를 즐기는 문화이다. 지나치게 술 마시는 것에 집착하는 모습을 보이거나 같이 마시자고 계속 강요하면 알코올 중독자(alcoholic)라는 의심을 사기 쉽다.
저는 술은 사교를 위해서 약간 합니다.	I just drink socially.
전 술에 약해요	I get drunk easily.
전 술을 마시면 말이 많아져요	I become very talkative when I drink.
전 술을 전혀 안 마셔요	I don't drink at all.
토하다	throw up barf
토할 것 같아.	I feel like throwing up.
필름이 끊기다	have a black out

Tip 술에 취하는 단계 : ① buzzed(기분이 좋은) → ② tipsy(어지러운, 조금 취기가 오른) → ③ drunk(술 취한)

A You were pretty drunk last night.
너 어젯밤 많이 취했던데.

B Yeh? I don't remember anything. I must have blacked out.
그래? 기억이 전혀 안 나. 필름이 끊겼어.

ex Since I drank too much yesterday, I blacked out.
어제 술을 너무 많이 마셔서 필름이 끊겼어.

한잔 더 마시다	have another drink
해장국	hangover soup

담배에 관한 말

간접 흡연	second hand smoking

A All this cigarette smoking is making me sick. And it stings my eyes, too.
담배 연기 때문에 짜증나. 눈도 따끔거리고.

B People don't seem to realize how bad second hand smoking is.
사람들은 간접 흡연이 얼마나 나쁜지 깨닫지 못하는 것 같아.

Tip 찌르다, 따끔거리게 하다 sting | 깨닫다 realize

골초	heavy smoker
	chain smoker
금연	no smoking
담배를 피우다	smoke

ex I smoke one pack of cigarettes per day.
나는 하루에 담배 한 갑을 피운다.

A Why don't you quit smoking?
담배 좀 끊지 그래?

B I only smoke one pack of cigarettes per day.
겨우 하루에 한 갑 피우는데.

A Still, you're killing yourself.
그래도 널 죽이고 있는 거라구.

B I know. But it's like food to me.
나도 알아. 근데 이건 나한테 음식 같은 거야.

Tip 담배를 끊다 quit smoking

재떨이	ashtray
흡연실	smoking lounge

06 출퇴근길에 관한 말

MP3 3-06 ▶

| 갈아타다 | transfer |
| 지하철을 타다 | get on the subway |

ex I hate to be jammed / squeezed on the subway everyday.
매일 지하철에서 끼여 가는 거 너무 싫어.

| 택시를 타다 | get / take a taxi |

| 교통 카드 | transportation card |

| 러시아워 | rush hour |

A I wish there were a place to sit. My legs are getting tired.
앉을 자리가 있으면 좋을 텐데. 다리 아프네.

B It is always very crowded on the subway at rush hour.
러시아워에 지하철은 항상 너무 붐비잖아.

| 밀지 마세요. | Don't push me. |

| 버스를 놓치다 | miss the bus |

A I'll be late if I miss this bus.
이번에 오는 버스를 놓치면 지각할 거야.

B Then let's get on!
그럼 타자!

A Here comes the bus!
저기 버스 온다!

Tip The bus comes here.라고 하면 안 된다.

신문을 읽다

read the newspaper

안내 방송

announcement

A Is it Chamshil station? I didn't catch the announcement.
여기가 잠실역이에요? 안내 방송을 못 들어서요.

B That was the last stop. You missed it.
전 정거장이었어요. 놓치셨네요.

A Shoot! I had to transfer.
이런! 갈아탔어야 했는데.

엘리베이터를 타다

get on the elevator

자리를 양보하다

give up a seat

ex I gave up my seat for a pregnant woman on the subway.
지하철에서 임산부에게 자리를 양보했어요.

Tip 지하철 안에서 on the subway : 이때 'in'을 쓰지 않는다.

차가 막힌다.

The traffic is bad.

There is heavy traffic.

Traffic jam.

A Why are you so late?
왜 이렇게 늦은 거야?

B It took 2 hours to come here because the traffic was horribly jammed.
차가 너무 막혀서, 여기까지 오는데 두 시간이나 걸렸어.

car pool

카풀

Tip 에너지 절약을 위해 같은 길을 가는 사람끼리 차를 나눠 타는 것.

A It's getting harder to find a parking space.
점점 주차하기가 힘들어.

B Did you ever think about car pooling? It's much easier.
카풀하는 거 생각해 봤어? 얼마나 좋은데.

Quiz 수영할 수 없는 수영장은? What kind of pool can't you swim in? Answer : car pool

get a ticket

표를 끊다

Tip 매표소 ticket office | 매표구 ticket window | 매표원 ticket agent

어떻게 오셨습니까?	**What does it concern?**
방금까지 여기 계셨는데, 지금 잠깐 나가신 것 같습니다.	**He was here just a minute ago. It looks like he might have stepped out.** Tip 잠깐 나가다 step out
사전에 시간 약속은 하셨나요?	**Do you have an appointment?** Tip 약속 appointment
실례지만, 어떻게 오셨습니까?	**May I help you?** Tip 이것을 직역해서 말할 필요는 없다. 방문객이 온 경우는 **May I help you?** 가 가장 무난하다. A May I help you? 어떻게 오셨습니까? B I'm here to meet Mr. Smith. 스미스 씨를 만나러 왔습니다. A I see. Please have a seat and wait. 아 예. 잠시만 앉아서 기다려 주세요.
안으로 들어오셔서 기다리세요	**Please wait inside.** A Please wait inside. 안으로 들어오셔서 기다리세요. B That's alright. I'll come back in a minute. 괜찮아요. 제가 잠깐 나갔다가 다시 올게요.

어느 분을 찾아오셨습니까?	**Who are you looking for?** Tip 찾다 look for
어디서 오셨습니까?	**Where are you from?**
이런, 방금 나가셨어요.	**He has just gone out.**
저쪽으로 가시면 됩니다.	**Please go that way.**
제가 안내해 드리겠습니다.	**Please follow me.** **Please walk this way.** **Please come with me.**
제가 찾아 보겠습니다.	**I'll find him.**
지금으로서는 몇 시에 돌아오실지 확실히 말씀 드릴 수 없네요	**I don't know when she will be back.** Tip 돌아오다 be back

Culture Note

Keep it simple and make it clear.
비즈니스에서의 회화는 간단하고 명료해야 한다.

이 말은 북미의 기본적인 사고 방식이다. 지나친 부연 설명이나 억지로 번역한 한국식 부연 설명은 대부분 오해를 불러오거나 상대방을 지루하게 한다. 일과후의 리셉션의 자리가 아니라면 공적인 자리에서는 정확하고 단순하게 표현하는 것이 좋다.

08 차 접대

MP3 3-08 ▶

PART 3

비즈니스 회화의 장

따뜻한 음료라도 한 잔 드시겠습니까?	Would you like a cup of hot tea perhaps?
마실 것 좀 드릴까요?	Would you like something to drink?
뭘 좀 드시겠습니까?	What can I get you?
얼른 앉으세요. 제가 커피 타 올게요.	Please sit down. I'll bring you a cup of coffee.
이 정도면 되겠습니까?	Is this enough? Is this much OK?

A Would you like something to drink?
마실 것 좀 드릴까요?

B Coffee, please.
커피 주세요.

A Would you like sugar and cream with your coffee?
크림이나 설탕 넣으십니까?

B Sugar, no cream, please.
크림은 넣지 마시고, 설탕만 넣어주세요.

A Here it is. Is this enough?
여기 있습니다. 이 정도 양이면 될까요?

B Thank you. That's good enough.
고맙습니다. 충분합니다.

157

전 커피는 잘 안 마십니다.	**I don't drink coffee, thank you.** Tip 상대방의 권유를 거절할 경우에는 뒤에 **thank you**(감사합니다만)를 반드시 붙인다. **A** I have diabetes, so I don't drink coffee. Can I just have water? 저는 당뇨가 있어서, 커피를 마시지 않습니다. 그냥 물 한잔 주시겠어요? **B** Certainly. 네, 그러죠.
커피하고 녹차가 있는데 어느 것을 드시겠습니까?	**Which one do you like, coffee or green tea?** Tip 홍차 tea, black tea ｜ 녹차 green tea
커피 괜찮으십니까?	**Is coffee OK?**
크림이나 설탕 넣으십니까?	**Would you like sugar and cream with your coffee?**
크림은 넣지 마시고, 설탕만 넣어 주세요	**Sugar, no cream, please.**

소개와 인사

MP3 3-09 ▶

감사합니다. 아주 맘에 드네요. 멋진데요.	Thank you so much. I love it! It looks great!
걸어오다가 길을 잃었어요.	I got lost while I was walking. **Tip** 길을 잃다 get lost
시간을 내주셔서 감사합니다.	I appreciate you taking the time.
아뇨. 간판이 눈에 확 띄어서 찾기 쉬웠어요.	No. The sign was easy to see, so the office was easy to find. **Tip** 간판 sign
아이구 뭘 이런 걸 다, 안 그러셔도 되는데요.	You shouldn't have! You didn't have to do that. **Tip** 선물을 받을 경우에 감사의 뜻을 표하고 선물을 볼 경우에는 매우 마음에 든다고 말하는 것이 좋은 매너이다.
여기 제 명함입니다.	Here is my business card. **Tip** name card는 명함을 그대로 직역한 Konglish.
이 분이 저희 사장님이십니다.	This is the president of our company.
이쪽으로 앉으세요.	Please sit here. Please have a seat.

159

저는 이미숙이라고 합니다. 그냥 미즈 리라고 불러 주세요.	My name is Mi-sook Lee. Just call me Ms.Lee.
사무실 찾기 힘드셨죠?	Was it hard to find the office? Did you have a hard time finding the office?
저희의 작은 성의입니다.	This is a small token of our gratitude.
제가 동부 지역 업무를 맡고 있습니다.	I'm in charge of the eastern division. Tip ~업무를 맡다 be in charge of ~
제가 황과장의 후임입니다.	I'm taking over for Ms. Hwang. Tip 직업의 호칭은 영어로 정해진 것이 없다. 각 회사마다 규칙에 따라 다르다.
제 소개를 하겠습니다. 제가 김 사장님을 소개하게 되어 영광입니다.	Let me introduce myself. I feel honored to introduce President Kim.
당신이 그를 좀 소개해 주십시오. 본인 소개를 해주십시오.	Please introduce him. Please introduce yourself.
제가 당신을 미스터 김에게 소개해도 되겠습니까?	Shall I introduce you to Mr. Kim?
당신이 절 미스터 김에게 소개해 주십시오	Please introduce me to Mr. Kim

A Laura, hey, how are you?
　　로라, 어떻게 지내?

B I'm good. How have you been? How's business?

잘 지내. 어떻게 지내? 사업은?

A Everything's good. Let me introduce my coworker to you. Laura, this is Elizabeth Johnson. Elizabeth, this is Laura Park. We went to graduate school together.

다 괜찮아. 내 동료를 소개할게. 로라, 이쪽은 엘리자베스 존슨이야. 엘리자베스, 이쪽은 로라 박이야. 대학원을 같이 다녔지.

B It's nice to meet you Elizabeth.

만나서 반가워요, 엘리자베스.

C It's nice to meet you, too, Laura.

저도 만나서 반가워요 로라.

Tip 세 명 이상이 서로 소개하는 경우 '이분은, 이쪽은'이란 표현은 This is라고 해야 한다.

용무가 끝나고 돌아갈 때

MP3 3-10 ▶

곧 다시 만나길 바랍니다.	**I hope we'll be able to get together again soon.** **I hope to see you again.** Tip 친한 사이에는 I can't wait to see you again.(널 빨리 만나고 싶어.)라고 쓴다.
만나서 반가웠습니다.	**It was nice meeting you.** **I was glad to meet you today.**
미국에 가게 되면 꼭 연락 드리겠습니다.	**If I'm in the US, I'll call you.** **I'll get in touch if I'm in the US.**
바쁘실 텐데 일부러 이렇게 찾아와 주셔서 감사합니다.	**Thank you for coming, even though you're busy.**
사장님께 안부 전해 주십시오.	**Please give my regards to the president.**
안녕히 계세요.	**See you later.**
앞으로 자주 연락합시다.	**Let's keep in touch.**

A I've got to go. Let's keep in touch.
그만 가 봐야겠어요. 앞으로 자주 연락합시다.

B Sure. I'll give you a ride to the subway station.
네. 제가 차로 지하철역까지 모셔다 드릴게요.

162

	A That's OK. You don't have to. 아뇨. 죄송해서. 안 그러셔도 돼요. **B** No problem. It's not a big deal. 아니에요. 별것 아닌데요.
와 주셔서 감사했습니다.	**We enjoyed having you.**
저는 이만 가보겠습니다.	**I guess I better go.** **I've got to go now.** **A** How about another drink? 한잔 더 어때요? **B** I've got to go now. 이만 가야죠. **A** Alright. See you next time. 그래요. 그럼 다음에 봐요.
조심해서 가세요.	**Take it easy.** **See you later.** **Have a good one.**
지하철역까지 차로 모셔다 드리겠습니다.	**I'll give you a ride to the subway station.** **A** Where are you going? 어디 가세요? **B** I'm going to Jongno. 종로에 가요. **A** I'll give you a ride to Jongno on the way home. 집에 가는 길에 종로에 모셔다 드릴게요. **B** That would be great. 그럼 너무 감사하죠.

11 전화를 걸고 받을 때

MP3 3-11 ▶

구내 전화 709로 연결해 주세요.	**Connect me to seven zero nine, please.**
기다리시게 해서 죄송합니다.	**I'm sorry to make you wait.** **Tip** 오래 기다리시게 해서 죄송합니다. I'm sorry you had to wait so long.
네, 전화 바꿨습니다.	**Speaking.** **A** Hello. This is Jplus. 안녕하세요. 제이플러스입니다. **B** Could I speak to Sun-hee Lee from editing, please. 편집부 이선희 씨 자리에 계신가요? **A** Speaking. May I ask who's calling? 전데요. 어디시죠? **B** This is Jack from R publisher. 저는 R출판사의 잭입니다. **Tip** 편집부 editorial office : 말할 때는 간단히 editing이라고 한다.
네, 한국무역회사입니다.	**Hello, this is Korea Trading Company.** **Tip** 회사의 종류 무역회사 trading company ｜ 백화점 department store ｜ 은행 bank ｜ 증권사 securities ｜ 주식회사 corporation ｜ 출판사 publisher

164

돌려 드리겠습니다.	**I will transfer your call.**

A Hello, this is Jplus. May I help you?
안녕하세요. 제이플러스입니다. 무엇을 도와 드릴까요?

B Connect me to seven zero nine, please.
구내 전화 709로 연결해 주세요.

A One moment please. I will transfer your call.
잠시 기다려 주세요. 돌려 드리겠습니다.

B Thank you.
고맙습니다.

어디신가요?	**Who's calling, please?** **May I ask your name, please?**

A Hello. Is there a Mr. King there?
킹씨라는 분 계세요?

B May I ask who's calling?
어디신가요?

(교환원) 연결해 드리겠습니다.	**Let me put you through.**

잠시 기다려 주세요.	**One moment, please.** **Hold on, please.**

킹 씨 부탁드립니다.	**May I speak to Mr. King?**

전화를 받을 수 없을 때

MP3 3-12▶

그는 아프다고 전화왔어요.	He called in sick.
새라는 오늘 병가를 냈어요.	Sarah is taking a sick leave. Tip 병가 sick leave
언제쯤 돌아오십니까? 오후 2시쯤 될 것 같네요. 10분 후면 돌아오실 거예요.	When will she be back? It will be this afternoon at about two. He will be back in about 10 minutes. Tip '~후에'라는 말은 after 대신 in을 쓴다.
이미 퇴근하셨습니다.	He left for the day. He's gone home. He went out (for the rest of the day).
잠깐 기다리시겠습니까?	One moment, please. Would you like to wait?
잠깐 외출중이십니다.	She is out. She's stepped out for a moment.
죄송하지만, 좀 있다가 다시 전화 주시겠습니까?	I'm sorry, but would you mind calling back later?

A I'm sorry, but would you mind calling back later?
죄송하지만, 좀 있다가 다시 전화 주시겠습니까?

B No, that's alright.
네, 그럴게요.

Tip mind로 질문하면 '예스'의 뜻은 No.라고 해야 한다.

죄송합니다. 저도 확실히 잘 모르겠네요

I'm sorry. I don't know. I'm not sure when she will be back.

죄송합니다. 지금 안 계시는데요.

I'm sorry. She is not in right now.

지금 외근 중이십니다.

He's working outside his office today.

Tip 외근하다 work outside one's office

지금 출장 중이십니다.

She is on a business trip now.

She is out of town on business.

Tip 출장 a business trip

지금 통화 중이십니다.

She is on the phone.

She is on another line.

죄송합니다. 아직도 통화 중이십니다.

I'm sorry. She's still on the phone.

A Hi. This is Jim Thompson from the bank. Could I speak with Jessica Thompson from accounting, please?
안녕하세요. 은행의 짐 탐슨입니다. 회계과의 제시카 탐슨과 통화할 수 있을까요?

B I'm sorry. Jessica is on the phone now. Would you like to leave a message?
죄송합니다만, 지금 통화중이신데요. 메시지 남기시겠어요?

A No. I'll just try again in a few minutes.
아뇨. 제가 잠시 후에 다시 걸겠습니다.

지금 회의 중이라 전화
받기가 곤란합니다.

He is in a meeting now. So he can't take your call.

A May I talk to Mr. Choi?
미스터 최와 통화하고 싶은데요.

B I'm sorry. He is in a meeting now.
죄송합니다. 회의 중이십니다.

A Still? This is the third time I have called. You told me his meeting would be done twenty minutes ago.
아직도요? 이번이 세 번째 전화예요. 20분 전에 회의가 끝날 거라고 하셨는데요.

B I'm very sorry. But the meeting is taking longer than expected.
대단히 죄송합니다. 회의가 예상보다 길어지고 있어서요.

> Tip 예상보다, 예정보다 than expected

그 밖에 전화를 못 받는 여러 이유들

· 휴가(쉬는 날)입니다.	It's his day off.
· 휴가 중입니다.	On vacation.
· 손님 접대 중입니다.	He is meeting clients.
· 점심 식사하러 갔습니다.	Out to lunch.
· 사직하셨습니다.	He quit.
· 퇴직하셨습니다.	He retired.
· 회사를 떠나셨습니다.	He has left the company.

13 메시지를 받을 때

급한 용건인가요?	**Is it an emergency?** A Hello, I'd like to talk to Mr. Kim, please. 미스터 김이랑 통화하고 싶은데요. B He's out for the rest of the day. 퇴근하셨습니다. A I really need to talk to him. 꼭 통화해야 하는데요. B Is it an emergency call? 급한 용건이신가요? A Yes. It's about our meeting tomorrow. 예, 내일 회의에 관한 거예요. B Then you should call him on his cell phone. 그럼 그분 핸드폰으로 걸어 보세요.
네, 말씀 꼭 전해 드리겠습니다.	**I'll tell him you called.** **I'll be sure to give him your message.**
뭐라고 전해 드릴까요?	**Can / May I take your message?**
사장님께 메시지를 남기시겠습니까?	**Would you like to leave a message for the president?**
성함이 어떻게 되시죠?	**Can I have your name, please?** **What's your name?**
철자가 어떻게 되십니까?	**How do you spell it / your name?**

169

Tip 이름이나 회사명을 물은 뒤에 철자를 확인하는 것이 보통이다. B/
D/V 등은 전화상으로 잘못 알아듣는 경우가 있으므로 B for boy, D for
David, V for victory와 같이 확인하는 것이 좋다.

잠깐만요, 적을 것 좀 찾을게요	**Wait a second. Let me get something to write on.**

Tip 적을 것 something to write ㅣ 먹을 것 something to eat ㅣ 입을 것 something to wear

잠깐만요, 메모 좀 하겠습니다.	**Hold on, I just need to make a note.**

Tip 메모하다 make a note

저희 사장님이 전화 번호를 알고 계십니까?	**Does the president know your phone number?**

혹시 모르니까 전화 번호를 말씀해 주세요.	**Please tell me your phone number just in case.**

Tip 혹시 모르니까, 만약의 경우에 (just) in case

전화 주셔서 감사합니다.	**Thank you for calling.**

14 내가 전화를 걸 때

비즈니스 회화의 장

그가 전화했다고 하던데요	I'm returning his call.
그럼, 김명수한테 전화 왔었다고 전해 주세요.	Then please tell him that Myoung-soo Kim called.
그럼 휴대폰으로 해보겠습니다.	Then I'll try his cell phone.
기다릴까요?	Shall I hold?
네, 그럼 안녕히 계십시오	Thank you. Bye.

A Hello. This is Jason from ABC company. May I speak to Mr. Kim?
안녕하세요. ABC회사의 제이슨인데요. 미스터 김과 통화하고 싶은데요.

B He is in a meeting now. So he can't take your call. May I take a message?
지금 회의 중이라 전화 받기가 곤란합니다. 뭐라고 전해 드릴까요?

A Please tell him I'll call back at two.
2시에 다시 전화한다고 전해 주세요.

B Alright.
알겠습니다.

A Thank you. Bye.
네, 안녕히 계십시오.

(확인하기 위해서) 다 받아 적으셨나요? / 아시겠어요?	Is everything clear?

171

메시지 좀 남겨도 될까요?	May I leave a message?
메시지 좀 남겨 주시겠어요?	Could you take a message?
안녕하세요. 김 과장님 대신 전화 걸었는데요.	I'm calling on behalf of the manager, Mr. Kim.
여보세요? 삼선입니까?	Hello, is this Samsun?
저는 서울무역의 김명수라고 합니다.	This is Myoung-soo Kim from Seoul Trade Company.

Tip 전화상으로 소개할 때는 I'm 대신 This is라고 해야 한다.

전화 부탁 드린다고 전해 주세요.	Please tell him to call me back.
제가 다시 걸겠습니다.	I'll call back.

A Hello. Could I speak to Sheri Yamamoto?
여보세요. 세리 야마모토 씨와 통화할 수 있을까요?

B I'm sorry. Ms. Yamamoto is at lunch.
죄송하지만, 야마모토 씨는 점심 식사 중입니다.

A I see. I'll call back in an hour.
알겠습니다. 1시간 뒤에 다시 전화 드리겠습니다.

15 그 밖에 전화에서 자주 쓰는 말

MP3 3-15▶

국제 전화를 걸려고 합니다.	I want to make an international call.
그런 사람은 없습니다.	There is no one here by that name.
누구시라고요?	What did you say? Who is it?
뉴욕으로 시외(장거리) 전화 걸려고 합니다.	I want to make a long distance call to New York.
몇 번으로 거셨나요?	What number are you trying to call?

A May I talk to Jenny?
제니 좀 바꿔 주세요.

B What number are you trying to call?
몇 번으로 거셨어요?

A 456-8900.
456-8900이요.

B There is no one here by that name.
번호는 맞지만 그런 사람 없어요.

A Oh, I'm sorry.
죄송합니다.

성함을 다시 한번 말씀해 주십시오.	Please tell me your name again.

수신자 부담으로 한국에 국제 전화를 걸려고 합니다.	I'd like to make a collect call to Korea.
아무도 안 받는데요.	No one is answering.
(자동 응답) 없는 국번에 전화를 거셨습니다.	You have dialed / reached a number that has been disconnected. The number you have dialed is no longer in service.
잘 안 들리는데요.	I can't hear you. It's hard to hear you. I can't hear you very well.
전화 잘못 거신 것 같은데요.	You seem to have the wrong number.

A Hello. Could I speak to Ruth Kim?
루스 킴 씨와 통화하고 싶은데요.

B Excuse me?
누구라구요?

A Ruth Kim from sales.
영업부의 루스 킴 씨요.

B You seem to have the wrong number. This is Chick's Pizza.
전화 잘못 거신 것 같은데요. 여기는 칙스 피자입니다.

A Oh, sorry about that.
이런, 죄송합니다.

Tip 영업부는 sales department이지만, 말할 때는 sales라고 한다.

전화 잘못 거셨어요.	You're got the wrong number.

제가 전화한 이유는 ~ 때문입니다.	I'm calling because ~.
	A Hi. I'm calling because this month TC Telecom's offering special savings for new customers. 안녕하세요. 제가 전화한 이유는 이번 달에 TC텔레콤이 새 가입자에게 특별 할인을 해드리기 때문입니다. B No thanks. I'm not interested. 관심없어요. **Tip** 상품 소개 대부분의 전화는 관심이 없다는 말로 끊지만 만약 더 알고 싶은 경우에는 Oh, really? That sounds good.(그래요? 괜찮은 것 같네요.) 등으로 대답하면 보다 자세한 설명이 이어진다.
좀 더 큰 소리로 말해 주시겠습니까?	Could you speak a little louder?
좀 천천히 말해 주시겠습니까?	Could you speak more slowly?
죄송합니다. 잘 안 들리니까 다시 걸어 주시겠습니까?	I'm sorry. I can't hear you. Could you please call me later?
(교환원) 탐슨 씨에게 수신자 부담 전화가 왔습니다. 요금을 부담하시겠습니까?	Collect call from Mr. Thompson, will you accept the charge?

 **16 전화 응대**

MP3 3-16 ▶

다시 걸다	**call back**
메시지를 남기다	**leave a message**
	A I'm sorry, but Ms. Bradshaw is out. Would you like to leave a message? 죄송한데, 브레드쇼 씨는 부재중이신데요. 메시지를 남기시겠습니까?
	B Sure. This is Stephanie Lee from VX Soft-ware. 네. VX 소프트사의 스테파니 리예요.
메시지를 받아 적다	**take a message**
수화기를 들다	**pick up the phone**
연락처를 남길 때	**I can't answer the phone right now. In case of emergency, please call my cell phone at 011-713-2345.** 지금은 전화를 받을 수 없사오니 급하신 분은 휴대폰 011-713-2345로 전화 주시기 바랍니다. Tip 숫자를 부를 때 하나씩 부르는데 '0'은 **zero** 또는 **oh**로 발음한다. Tip 영화 제목의 '007'은 **Double oh seven**이라고 한다.
자동 응답기	**answering machine**
자동 응답기에 메시지를 남길 때	**Hello, this is Simon. I called to tell you something. I'm appreciate it if you would call me back when you get in. It's some**

176

important news about our contract.

안녕하세요? 저는 사이몬인데요. 드릴 말씀이 있어서 전화 드렸습니다. 돌아오신 후 사무실로 전화 주시면 감사하겠습니다. 저희 계약에 관한 중요한 소식입니다.

Hi, Steve Davis here. We were supposed to play golf tomorrow. Sorry, I can't make it. My kid is sick. I'll call you.

스티브 데이비스인데요. 내일 골프 치기로 한 것 있죠? 못할 것 같네요. 아이가 아파서요. 제가 전화할게요.

Hello, this is Simon. I called to change the date and time of our appointment. Please call me back.

안녕하세요. 저 사이몬인데요. 약속 날짜와 시간을 바꾸려고 전화 드렸습니다. 저에게 꼭 전화 주세요.

Hi, Stacey. It's me, Karen. I just called to chat. I'll call you later.

스테이시, 나 케렌인데 그냥 수다 떨려고 전화했어. 나중에 전화할게.

자동 응답기의 녹음 내용

Hello. This is William. Sorry I can't come to the phone right now. Please leave a message and your phone number after the beep. I'll contact you when I get back.

윌리엄입니다. 지금은 외출중이라 전화를 받을 수 없사오니, 신호음이 울린 후 용건이나 전화 번호를 남겨 주세요. 돌아와서 바로 연락 드리겠습니다.

장난 전화하다

make a prank call

ex Many people make prank calls on April Fool's Day.

많은 사람들이 만우절에 장난 전화를 한다.

Tip 만우절 April Fool's Day

전화를 걸다	**call / make a call / phone**
	A Call me when you get to Chicago. 시카고에 오시면 저에게 전화하세요. B Sure. I'll let you know as soon as I get to the airport. 물론이죠. 공항에 도착하자마자 할게요. Tip 하자마자 **as soon as**
전화가 고장났다.	**The phone is out of order.** Tip 전화기가 고장났을 때 잡음이 들려요. **There is a buzzing sound.** | 내 목소리가 상대방에게 들리지 않아요. **I don't think he can hear me.** | 수화기가 잘못 놓여 있는 것 같아요. **The phone seems to be off the hook.**
전화를 끊다	**hang up**
전화를 받다	**answer the phone** **receive the call** **get the call** A Honey, could you answer the phone? I'm in the shower. 여보, 전화 좀 받으세요. 전 지금 샤워 중이에요. B OK. It was your sister. I told her to call back. 처제야. 나중에 전화하라고 했어.
전화를 잘못 걸다	**call the wrong number**
전화벨이 울린다.	**The phone is ringing.**
제가 받을게요.	**I'll get it.**

전화로 약속하기

가능한 빨리 뵙고 싶어요.	I'd like to meet you as soon as possible. Tip 가능한 빨리 as soon as possible
그럼, 그렇게 해요.	Sure. No problem.
그럼, 그때 뵙겠습니다.	OK, see you then.
다음 주는 시간이 어떠세요?	Do you have time next week? ex Do you have time tomorrow? 내일 괜찮아요?
만약 내일 시간이 있으시면 만나 뵙고 싶습니다.	I'd like to meet tomorrow if you have time.
사장님과 내일 약속을 정하고 싶습니다.	I'd like to make an appointment tomorrow with the president. Tip 약속하다 make an appointment
약도를 팩스로 보내 주실 수 있나요?	Could you fax me the map?
저희 홈페이지를 보시면 약도가 있습니다.	If you look at our webpage, you can see the map.
제가 그쪽으로 찾아 뵐까요?	Should I meet you at your office?

한번 방문하고 싶습니다.

I'd like to visit you.
I want to come and see you.

A I'd like to come and introduce our new product.
신상품 소개차 한번 방문하고 싶습니다.

B Sure. I might have time next week.
좋습니다. 다음 주에 시간이 될 거 같네요.

A I'd like to come and see you about the contract.
찾아뵙고 계약 건에 대해 말씀드릴까 합니다.

B Why is there a problem?
왜 무슨 문제 있나요?

A I just have a few questions about the third section.
3항에 대해 몇 가지 질문이 있어서요.

A Would it be alright to visit you on Monday?
다음 주 월요일에 방문해도 괜찮나요?

B I'm sorry but I already have an appointment. How about another day?
죄송하지만 선약이 있어요. 다른 날은 어떠세요?

한번 찾아뵙고 인사 드렸으면 합니다.

I'd like to talk to you in person.
I'd like to meet you.

바이어 접대(1)

MP3 3-18▶

PART 3

비즈니스 회화의 장

만나서 반가웠습니다.	**It was nice meeting you.**
얘기 나눠서 즐거웠습니다.	**It was nice talking to you.**
사업 얘기는 점심 후에 하죠.	**We can talk business after we finish lunch.** Tip 식사 중에 사업 얘기는 금물이다.
시차로 피곤하지 않으십니까?	**Do you have jet lag?** Tip 시차 jet lag
여기 계시는 동안의 일정표입니다. 혹시 변경 사항이 생기면 알려 드리겠습니다.	**Here is your schedule for while you are here. If there is change, I'll let you know.** **Here is the schedule for while you're staying. I'll let you know if there are any changes.**
여행길은 어떠셨습니까?	**How was your trip?**
저희 회사에 오신 걸 환영합니다.	**Welcome to our company.**

A Welcome to our company. Nice to meet you. I'm Jong-shin Lee. I'm a manager.
저희 회사에 오신 걸 환영합니다. 저는 이종신이라고 합니다. 매니저입니다.

B How are you, Mr. Lee? I'm John Pit.
미스터 리, 안녕하십니까? 전 존 핏입니다.

A How was your flight?
여행은 어떠셨습니까?

181

B It was good.
좋았습니다.

A We'll take you to the hotel first, so you can take a rest a little bit. Later I'll see you again for dinner. We prepared traditional Korean food.
먼저 좀 쉬시도록 호텔로 모시겠습니다. 저녁 식사 때 다시 뵙겠습니다. 한국 전통 음식을 준비했습니다.

B Sounds good. I need to unpack.
잘됐네요. 짐을 풀어야겠습니다.

A OK. See you soon then.
좀 있다가 뵙겠습니다.

Tip 짐을 풀다 **to unpack**

저희 회사를 좀 더 아는 기회가 되길 바랍니다.

I hope it will be an opportunity for you to know more about our company.

점심 먹으면서 이 문제를 토론할까요?

Why don't we discuss it over lunch?

접대하다

receive

entertain guests

접대를 잘하다

be hospitable

take good care of

A We're planning on having an important guest from the United States. You will have to take extra special care of him.
이번에 미국에서 중요한 손님이 오실 예정이니. 각별히 접대에 신경을 써야 합니다.

B I got it. I'll book the deluxe suite at the Wilson Hotel.
알았습니다. 윌슨 호텔의 디럭스 스위트 룸을 예약하겠습니다.

Tip 예약하다 **book**

푹 쉬십시오. 내일 뵙겠습니다.	Take a rest. I'll see you tomorrow.
혹시 필요하신 것이 있으면 알려 주십시오	Let me know if you need anything.
더 필요하신 것 있으십니까?	Do you need anything else?
한국 전통 음식을 준비했습니다.	We prepared traditional Korean food.

Culture Note

바이어 접대시 주의할 점

❶ 북미의 바이어를 접대할 때는 우리와는 다른 방식으로 해야 한다. 지나친 관심과 겸손은 오히려 바이어에게 회사가 무엇인가를 속이거나 무엇이 잘못되고 있다는 의심을 갖게 한다.

❷ 지나친 술자리 대접이나 애인·종교·나이 등 사생활에 관한 질문은 상대방을 매우 불편하게 만든다. 접대의 기본은 상대방이 원하는 것을 해주는 것이므로, 상대방을 불편하게 하는 질문은 좋지 않다.

❸ 일정표를 전해 주고 일정에 맞게 진행하는 것이 안도감을 준다.

❹ 일과 후에 개인적인 시간을 갖도록 배려한다.

❺ 영어권의 바이어들도 나라·지역마다 차이가 있다. 보통 미국인들이 영국인보다 격식을 덜 차리지만, 미국 내에서도 동부 사람들은 서부보다 더 격식을 차리는 경우가 많다. 처음 만났을 때는 정중한 표현으로 시작하여 상대방의 응답에 따라 좀더 친근한 표현으로 바꾸는 것이 좋다.

❻ 남을 배려하는 마음으로 추측하여 행동하기보다는 Shall we get down to business?(사업상 얘기로 들어갈까요?)라든가 What should I call you?(어떻게 불러야 하나요?) 등 미리 물어 보는 것이 좋다.

코트 받아드릴까요?	**May I take your coat?**
편히 계세요	**Make yourself at home.**
마실 것 좀 드릴까요?	**Can I get you something (to drink)?**

> Tip 음료수나 술, 와인 등을 식사 전에 간단히 하는 경우가 많다.

식사 준비 다 됐습니다.	**Dinner is ready.** **Dinner is served.**

A Dinner is served.
식사 준비 다 됐어요.

B This looks great. What is it?
근사해 보이는데요. 이게 뭔가요?

A It's a Korean meat dish called bulgogi.
한국 고기 요리인 불고기예요.

B Excellent.
맛있겠군요.

맛있게 드세요.	**Enjoy your meal.**
먼저 드세요.	**Go ahead.** **After you.**

> Tip You first는 콩글리쉬!

맛있는 냄새가 나는군요.	**I smell something delicious.**

이건 제가 제일 좋아하는 요리입니다.	This is my favorite dish.
요리를 참 잘하시는군요.	You are a good cook.
칭찬해 주셔서 감사합니다.	Thank you.
그렇게 말씀해 주시니 감사합니다.	That's very kind of you.
과찬이십니다.	This is very flattering.
이제까지 먹어 본 중에 최고의 저녁 식사였습니다.	It was the best dinner I've ever had. I've never enjoyed dinner so much.

Culture Note

외국 바이어를 집으로 초대할 때

❶ 외국 바이어를 집으로 초대할 때는 먼저 혹시 채식주의자가 아닌지 또는 특별히 안 먹거나 못 먹는 것이 있는지 알아봐야 한다.

❷ 손님이 음식에 대한 칭찬을 할 때 겸손의 뜻으로 No라고 하면 오히려 말한 쪽이 민망해하기 쉽다. 그러므로 고맙다고 말하는 것이 좋다.

❸ 미리 정해진 것이 아니라면 디너시간에 사업 얘기하는 것은 좋지 않다. 사업상 미팅이라도 식사 시간 동안에는 사업 외의 일상적인 얘기를 나누는 것이 좋은 매너이다.

저녁 식사 중에 거론하지 말아야 할 주제들

❶ 상대방 나라의 불행에 동정심을 표한다는 뜻으로 이야기를 꺼내는 것은 좋지 않다.

❷ 결혼, 애인, 특히 미혼인 사람에게 왜 결혼 안 하느냐? 빨리 하는 게 좋다 등 사생활에 관한 이야기나 종교 이야기는 피한다.

❸ 누구나 알 만한 스포츠, 날씨, 예술 등의 화제가 가장 무난하다.

공항에서 절 픽업해 줄
사람을 구해 주시겠어요?

Could you get someone to pick me up at the airport?

Tip 사람을 차로 마중 나가다, 차에 태우다 pick up

그는 출장 준비로 바빠요

He is busy getting ready for a business trip.

다시 만나 뵙기를 바랍니다.

I'm looking forward to seeing you again.

Tip '바란다'의 뜻으로 hope를 써도 되지만 look forward to를 사용하면 '바라다, 학수고대하다' 등의 뜻으로 좀 더 강조하는 것이다.

다음 달에 뉴욕에서 기술
박람회가 개최되어 박람회
참석차 국장님이 출장을
가시게 되었습니다. 이것이
우리가 미국 시장에 진출할
좋은 기회가 될 것입니다.

The technology exhibit is going to be held in New York next month. Our manager will attend the exhibit on a business trip. This would be a chance for us to make inroads into the U.S. market.

Tip 박람회 exhibit | 진출 inroads | 참석하다 attend | 참석자 attendant

이번에 처음으로 해외
출장을 가는 거라 매우
긴장이 됩니다.

I feel nervous because this is my first time to go on a business trip abroad.

Tip 내가 처음 ~하는 것이다. This is my first time to ~. 📗 처음으로 프리젠테이션하는 거예요. This is my first time to give a presentation. | 처음 미국에 방문하는 거예요. This is my first time to visit the U.S.

이렇게 따뜻하게 환대해 주셔서 감사합니다.	**Thank you for your warm welcome.** Tip 따뜻한 환영, 환대 warm welcome
일요일부터 수요일까지 호텔방 좀 예약해 주시겠어요? 이왕이면 하얏트로요.	**Can you book a hotel room for me from Sunday to Wednesday, if possible at the Hyatt?** Tip 이왕이면, 가능하다면 if possible
제가 미국에 다음 주 수요일부터 1주일 동안 출장을 가기로 되어 있습니다.	**I'll be away on a business trip from next Wednesday for one week.**
제게 베풀어 주신 호의에 감사드립니다.	**Thank you for everything you've done for me.** A You helped me a lot while I was in the U.S. Thank you for everything you've done for me. 미국에 있는 동안 제게 많은 도움을 주셨습니다. 베풀어 주신 호의에 감사드립니다. B The pleasure is all mine. 무슨 말씀을요.
참고로	**for your information** **FYI** Tip 이메일을 보낼 때나 문서를 작성할 때 주로 쓰이는 표현이다. ex For your information, the price of your hotel room includes breakfast. 참고로 말씀 드리자면, 호텔 가격에는 조식이 포함되어 있습니다.

감사 편지(Thank you letter)

2009년 8월 13일

제이슨 씨께

제가 미국에 머무는 동안 보여주신 호의에 진심으로 감사 드립니다.

정말 즐거웠고, 회의도 성공적이었습니다.

사업상 파트너와 직접 만나 대화하는 것은 언제나 중요한 일인 것 같습니다.

내년에 서울에 오실 때 다시 만나 뵙기를 기대하겠습니다.

안녕히 계십시오

김영수 드림

August 13, 2009

Dear Jason,

I am writing to thank you for your hospitality during my recent trip to the U.S.

It was very enjoyable and the meetings were successful.

It is always vital to keep contact and to communicate in person with one's business partners.

I look forward to seeing you during your visit to Seoul next year.

Sincerely,

Young-su Kim

Tip 출장을 마치고 본국에 돌아온 후 감사의 편지를 보내는 것이 좋은 매너이다.

188

간단한 감사 메일

힐다 씨에게	Dear Hilda,
당신의 노력과 준비로 인해 프라하 출장이 유익하고 즐거웠습니다.	Due to your efforts and preparation, my business trip to Prague was both productive and exciting.
당신의 헌신과 프로 정신에 감사드립니다.	Thank you for your dedication and your professionalism.
빠른 시일 내에 당신을 프라하에서 다시 만나길 기대합니다.	I look forward to seeing you in Prague again in the near future!
웬디 챙	Wendy Chen
ABC 엔지니어링	ABC Engineering

비즈니스 상담

MP3 3-21 ▶

회의를 시작할 때

시작할까요?	**Shall we begin?**
안녕하십니까, 여러분! 어서 오세요.	**Good morning everyone. Welcome.**
여러분 모두 의사 일정표를 가지고 계십니까?	**Does everyone have a copy of the agenda?** Tip 일정표 agenda
의사 일정의 제1항목은 ….	**The first item on the agenda is … .**
핸드폰을 꺼 주십시오.	**Please make sure to turn off your cell phones.**

진행 사항에 대한 설명

광고대행사와 이야기를 다 마친 상태입니다.	**We finished talking with the advertising agency.**
~ 때문에 차질을 빚고 있습니다.	**There are some problems ~.**

    A What's going on with the ad planning?
       광고 계획은 어떻게 되고 있나?
    B There are some problems due to the delay of
       the new product.
       신제품 출하 시기가 늦어져 차질을 빚고 있습니다.

매상이 조금씩 오르고 있습니다.	**Sales volume is increasing.** Tip◀ 판매액 sales ｜ 총판매액 total sales
보시는 자료에 의하면 매달 2%씩 시장이 성장하고 있음을 알 수 있습니다.	**According to the handout, you can see that there has been a 2% monthly growth rate in the market.**
상황이 점점 좋아지고 있습니다.	**The situation is getting better.**
샘플 제작은 어떻게 되어 가고 있습니까?	**What's going on with making the samples?**
시장 점유율	**market share** ex◀ These figures from last quarter show that our market share has increased. 지난 분기의 수치에 따르면 우리의 시장 점유율이 증가했습니다.
신제품	**newly-launched product**
(제품을) 출시하다	**launch**
아직까지는 ~ / 현재까지는	**so far** ex◀ There haven't been any problems so far. 아직은 별 문제 없습니다.

A How's everything with your team's research going?
팀 리서치는 잘돼 가나요? 문제는 없구요?

B So far so good. But I have to wait and see how it goes.
아직까지는 좋아요. 하지만 어떻게 되는지는 더 기다려 봐야지요.

오늘의 주요 안건은 계약에 관한 것입니다.	Today's main topic is about the contract.
이미 초안을 준비했습니다.	I already have the first draft ready.
자리에 있는 회의 자료를 봐 주시기 바랍니다.	Please look at the handout that is on your chair.
작년에 매상이 50퍼센트 늘었습니다.	We experienced 50 percent growth in sales last year.
잘 되어 갑니까?	Is everything going well?

회의 중에 질문, 제안, 도중에 끼어들기

다음으로 넘어갈까요?	Shall we move on to the next point?
	Tip 다음으로 넘어가다 move on
다음으로 넘어가기 전에, 질문하실 분 계십니까?	Does anyone have any questions before we move on?
잠시 실례를 해도 될까요?	Sorry, could I interrupt for a moment?
	Tip 끼어들다, 실례하다 interrupt
저희에게 답변해 주시겠습니까?	Could you answer that for us?
제가 잠시 얘기해도 될까요?	May I just say something?
	Tip 의문이 생기거나 회의하고 있는 내용이 알고 있는 사실과 다른 경우 즉시 질문하는 것이 좋다.
질문 하나 해도 될까요?	Could I ask a question, please?

한 가지 제안해도 될까요?	**Could I make a suggestion?** Tip 제안하다 make a suggestion

정확히 답변하기 곤란할 때

간단한 다과가 준비되어 있으니 편히 드세요	**Here are some refreshments. Enjoy.**
결정하기가 힘들군요.	**It's hard to decide.** ex It is hard to explain. 설명하기 힘들군요. ex It is hard to understand your point. 요점을 알아듣기가 힘들군요.
귀하의 견해를 인정하지만, ~	**I appreciate your point of view, but ~** A There is no way our factory can finish everything by February. It's impossible I'm afraid. 2월까지 저희 공장이 모든 것을 끝내기는 어렵습니다. 죄송하지만 불가능합니다. B I appreciate your point of view, but we don't have any other choices. 말씀은 충분히 알겠지만, 다른 대안이 없는데요.
귀하의 뜻은 제가 이해하겠습니다만, ~	**Although I know what you mean,~** **Although I can see your point, ~** **Although I understand your situation, ~**
귀하의 말씀은 알겠지만,	**I see what you mean, but ~** A We can not lend you any more money until you pay off your bank loan. 은행 대출을 갚기 전까지는 대출해 드릴 수 없습니다.

B I see what you mean, but isn't there any way to refinance?
말씀은 알겠지만, 재융자받을 방법이 없을까요?

그 부분에 대해서는
동의합니다만, ~

Although I agree with that part, ~

I see your point, but ~

> **Tip** '~입니다만' 뒤에 반대되는 뜻이 나온다는 것을 유념해야 한다. 한국말처럼 맨 뒤가 아니라 문장 앞에 although, even though, although 등의 표현이 나오기 때문에 but(그러나)보다 더 알아듣기 힘들다.

글쎄요, 그건 좀 …

Hmm ...

Well ...

Let's see ...

> **ex** Well, I'm not sure now.
> 글쎄요, 현재로선 확실한 판단이 서지 않는군요.

A When will the factory have the 3,000 units ready to ship?
언제 3000 유닛을 선적 가능하게 만들 수 있을까요?

B Well, I'm not sure exactly now.
글쎄요, 지금 정확히 말씀 드리기가 곤란하군요.

당신의 의견을 참고해
보려고 합니다. 당신이
생각한 것을 말씀해
주십시오

We need your input on this. Please let us know what you think.

말씀이 틀린 것은
아니지만, ~

You're not wrong, but ~.

며칠 더 생각해 보고
결정하죠. 시간을 주세요

I'll decide after I think about it a couple of days more. Give me some / more time.

생각 좀 해보겠습니다.

Let me think about it.

	I'll think it over. I'll sleep on it.
생각할 시간 좀 주세요	Give me some time to consider again. Please allow me enough time to examine it.
어떻게 말해야 좋을지 모르겠군요.	I don't know how to say this. It's hard to say. I'm not sure what to say.
이 문제는 잠시 보류했다가 다음에 의논합시다.	Why don't we delay / put off / hold this issue and discuss it next time? Tip 보류하다 delay, put off, hold
잠시 쉬었다가 10분 후에 회의를 다시 시작하겠습니다.	Let's take a break and resume our meeting in 10 minutes. Tip '10분 후에'는 after 10 minutes가 아니라 in 10 minutes라고 해야 한다.
저 혼자서 결정할 수 있는 일이 아니므로 시간을 좀더 주십시오.	It's not really up to me. I'll need more time.
이 일은 제 마음대로 처리할 수 없습니다.	I can't do this all by myself.
상사에게 얘기해 보겠습니다.	Let me have a word with my boss.

A The price is a little high. Can't you take off ten percent?
가격이 좀 높은 거 같은데, 10% 깎아 주시지 않겠어요?

B It's not really up to me. Let me have a word with my boss.
제가 결정할 수 있는 일이 아닙니다. 제 상사와 얘기해 보죠.

비즈니스 회화의 장

저희가 서류를 좀더 검토해 보고 나서 연락 드려도 되겠습니까?	Is it OK to contact you after we look at the paper work? Tip 검토하다 look at
죄송합니다만, 그 점에 대해서는 아직 생각해 보질 않아서요.	Sorry, but I haven't thought about that yet.
지금 당장 답변하기 곤란하군요.	It's hard to answer right away.
최종 가격을 결정하지 못하겠습니다.	We can't decide the final offer / price.
한마디로 뭐라 분명히 말씀 드리기가 쉽지 않군요.	It's hard to explain. It is hard to give a simple explanation.
한마디로 정리하기가 쉽지 않네요.	It is hard to keep it simple. It's complicated.
이 문제에 대해 한마디로 대답하기가 쉽지 않네요.	It isn't so easy to answer in short ... about this matter.
~한 소식을 전하게 되어 죄송합니다.	I'm sorry to inform you that ~.
현재로선 드릴 말씀이 없군요. 아직 확실히 결정을 내리지 못했습니다.	I have nothing to say now. We haven't made any decision yet.

회의를 이어가는 한마디

가격에 대한 언급이 없으시네요.	You haven't mentioned the price.
한 가지 말씀 드릴 게 있는데, 오픈 시기에 대한 언급이 없으시네요.	I have one thing to say. You haven't mentioned the opening time.
가지고 계신 의견을 말씀해 주세요.	If you have any comments / opinions, please let know us.
그 밖에 또 하실 말씀 있습니까?	Is there anything you want to mention?
질문이 하나 있는데요.	I have a question for you.
당신은 어떻게 보십니까?	What do you think? What's your opinion?
~라고 생각하지 않으십니까?	Don't you think ~?

ex Don't you think the price is a little high?
가격이 좀 비싸다고 생각하지 않으십니까?

A We need to ship the product in May. That's possible, right?
우리는 5월 중에 상품을 선적해야 합니다. 가능하겠지요?

B Here's what I think. We'll have the product ready by June first at the latest.
제 생각은 이렇습니다. 늦어도 6월 1일에는 제품이 준비될 것입니다.

A Don't you think it's a little late?
좀 늦는 거 아닌가요?

B We're doing our best.
저희는 최선을 다하고 있습니다.

197

사실, 문제는 ~입니다.	Actually / As a matter of fact, the problem is ~. ex As a matter of fact, time is the problem. 사실 문제는 시간입니다.
어떻게 생각하십니까?	What are your views? What do you think? Tip 이때의 views는 '의견'을 뜻한다.
오늘은 이쯤에서 마무리 하도록 하겠습니다.	Let's call it a day!
이런 것은 어떻습니까? 가령, ~	How about this? Such as ~ What about this? For example, ~
잠시 쉬었다가 다시 얘기합시다.	Why don't you continue talking after the break? Tip 휴식 break ㅣ 잠시 쉬죠. Let's take a break.
정확히 어떤 의미로 하신 말씀인가요?	What do you mean by that?
죄송합니다만, 그것에 대해 좀더 구체적으로 말씀해 주시겠습니까?	I'm sorry, but could you tell me more about it?
제 뜻은 ~입니다.	What I mean is that ~.
제가 예를 하나 들어 보겠습니다.	Let me give you an example.
예를 들자면,	For example,

제 생각은 이렇습니다.	Here's what I think. Let me give my opinion. I have an opinion about that.
제 의견으로는	in my opinion, According to my point of view,
한 가지 제안을 하고 싶은데요	I'd like to make a suggestion. Tip 제안하다 make a suggestion

거래가 성사됐을 때

거수로 결정합시다.	Let's decide by a show of hands.
계약서에 사인하십시오.	Please sign this contract. Tip 계약서 contract A We suggest a price of fifty dollars for each item. 한 개에 50불씩 드릴 수 있습니다. B We can't accept that. Our costs have gone up since last year. 그렇게 할 수 없습니다. 가격이 작년 이후 올라갔습니다. A Fifty five dollars each is our final offer. 한 개에 55불이 저희 마지막 제안입니다. B It's a deal. Please sign this contract. 좋습니다. 계약서에 사인하십시오.
그 점에 대해서 저는 그렇게 생각하지 않습니다.	I cannot go along with you there.
유감스럽게도 제 의견은 좀 다릅니다.	I'm afraid my opinion is a little different.

그쪽 제안을 받아들일 수가 없습니다.	I can't accept your offer.
저희는 받아들일 수가 없습니다.	We can't accept that.
	Tip 받아들이다, 수용하다 accept
모든 점에서 합의를 봤습니다.	We're in agreement on all points.
	Tip 합의 agreement
방금 말씀하신 것에 대해 찬성합니다.	I agree with what you said.
여러분의 협조와 노력에 감사를 드립니다.	We appreciate your cooperation and effort.
	Tip 협조와 노력 cooperation and efforts
우리 상담이 성공적으로 이루어져서 매우 기쁩니다.	I'm very pleased that our talks turned out to be successful.
저희도 적극 찬성입니다.	We couldn't agree with you more.

회의 마지막에

감사합니다. 여러분.	Thank you very much, everyone.
거의 시간이 다 되었습니다.	We're almost out of time.
결론을 내릴까요?	Could we come to a conclusion?
다음달 23일 오후 2시에 다시 뵙겠습니다.	We'll meet again on the 23rd of next month at 2 o'lock.

| 저희는 ~라고 결론지었습니다. | **What we have decided is ~.** |

22 발주

가격 리스트를 보내 주셨으면 좋겠습니다. 이메일로 보내셔도 괜찮습니다.	I'd like you to send me a price list. If you can e-mail this, that would be fine.
가능한 빨리 계약서 사본을 팩스로 보내 주시겠습니까?	Can you fax me a copy of the contract as soon as you can, please?
귀사에서는 상품을 안정적으로 공급해 주실 수 있습니까?	Could you provide the goods reliably? Tip 안정적으로 reliably
그 점은 샘플을 보고 다시 이야기합시다.	Let's discuss the point again after looking at the sample.
그 점을 반드시 고려하겠습니다.	We'll be sure to consider that. Tip 고려하다 consider
대량 구매시 할인 혜택에 대해 알고 싶은데요	Could I see your discount program for volume purchases? Tip 대량 구매 volume purchases, bulk purchases

A What is the minimum order for TVs?
    텔레비전 최소 주문 단위가 몇 개입니까?
B 1,000.
    1,000개입니다.

A How much is a unit?
단가는 어떻게 되나요?

B It's $200.
200달러입니다.

A Is it possible to get a discount for a bulk purchase?
대량 구매시 할인이 되나요?

B If you order 2,000 or more, you get a 10% discount.
2,000개 이상 주문하시면 10% 할인됩니다.

물건이 예정대로 선적될 수 있겠습니까?

Can I be assured that your shipment will arrive as scheduled?

발주하다

place an order for (goods)

order

> ex I'd like to place an order for 500 MP3 players from the Malaysia manufacturing plant.
> 말레이시아의 제조업자에게 새로운 MP3를 500개 발주하고 싶습니다.

> ex I'll place an order for 100 units.
> 100개 주문하고 싶습니다.

새로 출시한 귀사의 신제품에 대해 좀더 자세히 알고 싶습니다.

I'd like some more details about your newly-launched product.

샘플을 곧바로 보내 주십시오.

Please send a sample immediately.

샘플을 본 후에 주문하겠습니다.

We'll order after we see the sample.

어떤 방식으로 상품 가격을 책정하실 건가요?	**How would you like to set the price of the goods?** Tip 책정하다 set
언제 납품 받을 수 있나요?	**When can we expect the delivery?** **When will you be able to deliver?**
오랜 고객이니까 저희에게 신경 좀 써주시기 바랍니다.	**Since we have been a regular customer for a long time, please look after us.**
우리 회사는 매년 수입도 많이 하는데 할인해 주실 수 있습니까?	**Since we import a lot every year, could you give us a discount?**
제품에 대한 실연을 봤으면 좋겠습니다.	**We'll need a product demonstration.**
좋아요, 명심하죠.	**Alright, we'll keep that in mind.** Tip 명심하다 keep in mind

A **When will you be able to deliver that shipment of shoes?**
언제까지 신발 납품을 받을 수 있나요?

B **It should be in by the end of the month.**
월말까지 가능할 것입니다.

A **The first of the month is a big holiday. We'll need to receive them by the thirty first. Not a day late.**
월 첫째 날이 큰 공휴일이라서 31일까지 필요해요. 하루라도 늦으면 안 돼요.

B **Alright. We'll keep that in mind.**
알았습니다. 명심하겠습니다.

지불 조건은 어떻게
됩니까?

What are your terms of payment?

Tip 지불 조건 terms of payment

품질 확실하고 공급만
확보된다면 가격이야
상관없어요.

The price doesn't matter as long as the quality of the product is good and the supply is settled.

Tip 상관없다 doesn't matter

내일 배송하겠습니다.	I'll ship them tomorrow.
더 이상 가격은 협상할 여지가 없습니다.	There is no room to negotiate the price. Tip 협상하다 negotiate
더 이상 깎을 수는 없습니다.	I can't reduce the price any more.
이것이 저희가 드리는 최저 가격입니다.	This is our (rock) bottom price. This is our best price.
디자인은 가능한 다양하게 준비해 두겠습니다.	We'll prepare as many kinds of designs as we can. Tip 우리가 최대한 / 가능한 할 수 있을 만큼 as many as we can
물건은 돈대로죠.	You get what you pay for.
수주하다	receive accept an order Tip 수주량 the amount of orders received
10월 5일에 선적됐습니다.	They were shipped on October 5th.
요즘 주문이 밀려 있습니다.	We are backlogged these days.

우리나라에서 매우 잘 팔려 늘 품절이에요.	It sells out in our country.
우리 요구 조건이 또 하나 있는데요, 반드시 일정량의 최소 주문량이 보장되어야 한다는 겁니다.	We have one more requirement. A minimum order has to be guaranteed.
주문량이 너무 적으면, 저희로서는 상품의 질을 보장하기 힘들고 가격도 비싸집니다.	If the order is too small, it will be hard to ensure the quality and price.
우리 제품이 이렇게 좋은데 가격만 봐선 안 되죠.	Since our product is very good, you must consider not just the price.
이 제품은 국제시장에서 경쟁력이 있습니다.	This product is very competitive in the international market.
이 제품을 자신 있게 권합니다.	We strongly recommend this product.
저희 제품은 요구하신 모든 면을 다 갖고 있습니다.	Our products have all the features you need. Tip 특징, 기능 feature
저희는 낱개로 팔지 않습니다. 컨테이너로 판매합니다.	The product is sold by the container, not individually. Tip 낱개로, 개별적으로 individually
품질이라면 자신 있습니다.	We're confident of the quality of our products. Tip 의심하지 않다 be confident of

가능한 빨리 신용장을 개설해 주십시오.	I'd like to open a letter of credit as soon as possible.
납품이 1주 늦어질 것 같습니다.	I'm afraid there's going to be a week's delay.
배달 주소	mailing address
선적하는 데 문제가 생겼습니다.	We've had some problems arranging the shipment. Tip 선적 shipment
손상된 상품을 교환해 주시겠습니까?	Would you exchange the damaged goods?
손상된 상품을 반송해 주시겠습니까?	Could you send the damaged goods back to us? Tip 손상된 상품 damaged goods
송장 날짜로부터 60일 이내에 지불해야 합니다.	Payment is due within 60 days of the invoice date.
이달 말 이전에 결제해 드리겠습니다.	We'll settle our account before the end of the month.
저희가 손해를 배상하겠습니다.	We'll compensate you for the loss.

Tip 배상하다 compensate

ex The bank acknowledged its error but refused to compensate the customer for his loss.
은행 측은 과실을 인정하였으나, 고객이 입은 피해에 대해 보상을 거절했다.

저희는 귀사의 클레임에 응할 수 없습니다.

We can't honor your claim.

저희 부담으로 해서 불량품을 반송해 주시겠습니까?

Would you return the defective articles at our expense?

Tip 불량품 defective articles

주문량보다 10세트가 부족합니다.

We're 10 units short of our order.

Tip 부족하다 to be short of

A We're 10 units short of our order.
주문량보다 10세트가 부족하군요.

B Let's see. How many units did you receive?
어디 보죠. 몇 세트 받으셨나요?

A Twenty. We should have received 30.
20세트요. 저희는 30세트 받았어야 하는데요.

B You're right. There's another truck on the way right now. It should arrive in a few minutes.
맞습니다. 트럭 한 대가 지금 오는 중입니다. 몇 분 내로 도착할 거예요.

주문량보다 10개가 더 왔습니다.

We have 10 extra units.

클레임 목록을 보내 드리겠습니다.

We'll send a claim note.

클레임에 관한 일반 조항은 무엇입니까?

What are the common clauses regarding the claim?

클레임의 통지는 화물이
항구에 도착한 뒤 10일
내에 해야 합니다.

The notice of claim must be submitted
within 10 days of the arrival of goods at
their destinations.

PART 4
손님 접대와 쇼핑

외국 손님!
이제 두렵지 않다.
마음껏 팔자!

손님을 맞이할 때

몇 분이십니까?

How many people in your party?

> Tip 식당에서 자리를 찾아 주기 위해 인원수를 물을 때 쓰는 말이다. 여기서 **party**는 그룹, 단체의 의미이다.

A How many people in your party?
안녕하십니까? 모두 몇 분이십니까?

B (We have a party of) Ten.
열 명입니다.

A Would you like a private room?
방으로 하시겠습니까?

B We'd prefer a window table.
방보다는 창가 자리가 좋겠군요.

> Tip 창가 자리 window seat

무엇을 도와 드릴까요?

How can I help you?

May I help you?

A How can I help you?
무엇을 도와 드릴까요?

B Yes, I'm here for a dinner meeting. It should be a party of twelve for Johnston.
예, 디너미팅에 왔습니다. 존스톤 이름으로 12명 예약되어 있을 거예요.

A Everyone else has arrived. I'll take you to the table.
다들 와 계십니다. 자리로 안내해 드리겠습니다.

A May I help you?
무엇을 도와 드릴까요? 뭐 찾으시는 것 있으세요?

B No, thanks. I'm just looking around.

괜찮아요. 그냥 둘러보는 중이에요.

Tip 둘러보다 look around, browse

뭐 (특별하게) 찾으시는 물건이라도 있습니까?	**Is there something (in particular) you're looking for?** Tip 가게에서 손님이 무엇을 찾고 있는지 물어 보고 싶을 때 쓰인다. Tip 특별하게 in particular
(손님이) 더 올 거예요.	**I'm expecting company.** Tip company는 회사뿐 아니라, 친구들 · 동석자들 · 손님이라는 뜻으로 사람을 지칭할 때도 쓴다.
어디로 모실까요?(택시)	**Where to?** **Where can I take you?** **A** Hello. Where can I take you? 안녕하십니까? 어디로 가십니까? **B** To the museum. Is it far from here to the museum? 박물관이요. 여기서 먼가요? **A** No, not really. 멀지 않습니다.
어서 오십시오.	**Welcome.** **A** Welcome to Earl's. Table for one? 어서 오십시오. 한 분이세요? **B** No. I have a reservation for a party of ten at seven o'clock. The name is Evans. Has anyone arrived yet? 아니오. 7시에 10명 예약했어요. 에반스 이름으로요. 누구 온 사람 있나요? **A** No, Ma'am. You're the first. Shall I take you to your table? 아닙니다. 선생님. 제일 처음으로 오셨습니다. 자리로 안내해 드릴까요?

	B No thanks. I'll just wait outside until people start to arrive. 아니, 괜찮아요. 사람들이 도착하기 시작할 때까지 밖에서 기다릴게요.
여기 기입 좀 해 주십시오. 주소를 기입해 주시고 사인해 주십시오.	Please fill it up. Please write your address and signature here.
예약하셨습니까?	Do you have a reservation? **A** Good evening! Welcome to Juliano's restaurant. Do you have a reservation? 어서 오십시오. 줄리아노 레스토랑입니다. 예약하셨습니까? **B** Yes. I have a reservation for 6 pm. 예. 6시에 예약했는데요. **A** Under what name is the reservation? 어느 분 성함으로 예약하셨습니까? **B** Patel. That's spelled P-A-T-E-L. 패텔이요. P-A-T-E-L.
유쾌한 시간 되시길 바랍니다.	Enjoy your time. I hope you'll have a great time.
이쪽으로 앉으세요.	Please sit over here. Please have a seat here.
제가 안내해 드리겠습니다.	Please come with me. Tip 직접 안내해 줄 때, '저를 따라오세요.'란 뜻.
자리로 안내해 드리겠습니다.	I'll show you to your table. I'll take you to the table.

A Welcome to Bob's Crab House. How many in your party?
밥의 크랩식당입니다. 어서 오십시오. 몇 분이세요?

B Two.
두 명이요.

A I'll show you to your table. Walk this way.
제가 자리로 안내해 드리죠. 이쪽으로 오세요.

코트를 받아 드릴까요?

Can / May I take your coat?

Tip 받다 take

Culture Note

메뉴에 나타나지 않는 음식값?

미국에서는 팁(tip)이 필수적이다. 패스트푸드 가게의 경우는 물론 팁이 없지만, 뷔페처럼 그릇을 치워주는 경우는 1~2달러를 탁자 위에 놓고 식당에서는 음식 값의 15% 정도를 내는 것이 일반적이다. 서비스료가 포함되어 있는 경우는 메뉴판에 명시되어 있다. 10달러 스파게티를 먹은 경우 11달러 50센트 정도를 내야 한다.

괜찮습니다.	That's fine.
	That's OK.
	Tip 손님이 미안하다고 할 때의 응답이다.
금방 알아보겠습니다.	Let me check.
	Tip 손님의 요구에 대해 확인하여 알려주겠다는 뜻이다.
금방 오겠습니다.	I'll be right back.
음식을 금방 가져 오겠습니다.	I'll be right back with your food.
문제없습니다.	No problem.
예, 곧바로 가겠습니다.	I'm on my way.
	Tip 손님이 객실에서 전화를 걸어서 와달라고 할 때.
예, 알겠습니다.	I see.
	I got it.
	I understand.
	Tip 손님의 의사나 요구 표현에 대해 알았다는 뜻.
잠깐 실례하겠습니다.	Excuse me.
	Pardon me.

계산은 나가면서 하시면 됩니다.	**You can pay on the way out at the register.** Tip 나가면서 on the way out | 카운터에서 at the register
계산은 자리에서 하시면 됩니다.	**You can pay at the table.**
준비되셨으면 계산해 드리겠습니다.	**If you're ready, I'll check you out.**
영수증 받을 수 있나요?	**Can I get a receipt?** A Here's the check. 여기 계산서입니다. B Can I get a receipt? I need it so I can get reimbursed by my company. 영수증을 받을 수 있을까요? 경비 처리하려구요. A Sure. 네, 됩니다. Tip 쓴 돈을 (회사로부터) 돌려받다, 상환받다 be reimbursed
계산은 따로 해주세요.	**Separate checks, please.** Tip 분리하다 separate Tip 계산서는 check, bill, 영수증은 receipt라고 한다.
남은 음식 좀 싸 주세요.	**Could I get a doggie bag, please?** **Please wrap this up.** Tip 남은 음식을 넣는 봉투를 a doggie bag이라고 한다.

PART 4

손님 접대와 쇼핑

217

드레싱은 따로 주세요.	I'd like to have the dressing on the side.

A What kind of salad dressing would you like?
어떤 샐러드 드레싱을 좋아하세요?

B Thousand Island. Could I get the salad dressing on the side?
사우즌드 아일랜드 드레싱요. 드레싱은 따로 주시겠어요?

뭐랑 같이 나오나요? (추천 받고 싶을 때)	What does it come with?

A What does it come with?
뭐랑 같이 나오나요?

B It comes with soup or salad.
스프 또는 샐러드가 나옵니다.

A Does it come with a salad?
이것은 샐러드와 함께 나오나요?

B Sorry. Salad isn't included.
죄송합니다. 샐러드는 포함되지 않습니다.

양파는 빼 주세요.	Hold the onions, please.

Tip hold는 음식 주문할 때는 '~는 빼주세요'라는 뜻으로 쓰인다.

어느 정도 기다려야 합니까?	How long do we have to wait?
지금 꽉 차서 10분 정도 기다리셔야 합니다.	There are no empty tables. You'll have to wait for about ten minutes.

Tip 빈 자리 empty tables

잠깐만 기다리시면 됩니다.	Please wait a moment.
20분은 지나야 자리가 날 것 같습니다.	It looks like there will be a table available in about 20 minutes.

여기는 뭐가 맛있어요?	What's your specialty?
	What do you recommend?

	A What's your specialty? 여기는 뭐가 맛있어요? B Our specialty is seafood. 저희의 특별 요리는 해산물입니다.
A코스와 B코스 요리를 많이 드십니다.	**A lot of people like the A and B sets.** A What do you recommend? 추천하고 싶은 요리는요? B A lot of people like the A and B sets. A코스와 B코스 요리를 많이 드십니다.
여기 인터넷 되나요?	**Do you have internet access here?**
여기 재떨이 좀 갖다 주세요.	**Could you bring us an ashtray?** Tip 재떨이 ashtray Tip 북미에서는 많은 장소가 금연 지역(Non-smoking area)이기 때문에 들어가기 전에 반드시 확인해야 한다. 특히 공공장소에서의 흡연은 매우 엄격하게 규제되고 있다. 담배 가격은 한국보다 더 비싸다. 한국의 경우 여자 흡연자는 남자의 경우보다 훨씬 차별받는 경우가 많지만 북미에서는 금연 장소에서 피우지만 않는다면, 흡연자에 대한 남녀 차별은 없다.
여기, 리필은 무료인가요?	**Excuse me, are refills free?** Tip 무카페인 커피 decaf (coffee) ㅣ 냉커피 iced coffee
오늘의 특별 요리는 무엇인가요?	**What is today's special?**
오늘의 특별 요리는 훈제 연어입니다.	**Today's special is smoked salmon.**
저기요.(실례하지만 …)	**Excuse me.** Tip 점원을 부를 때 Hey라고 하면 안 된다.

손님 접대와 쇼핑

전 채식주의잔데 이 음식은 고기가 들어가나요?	I'm a vegetarian. Is there meat in this?
	Tip 북미에서 채식주의자들이 매우 많아서 메뉴에 채식주의자용은 따로 설명되어 있는 경우가 많다.
조금 있다가 주문할게요.	We are going to hold off for a few minutes.
	Tip 기다리다 hold off
	A We are going to hold off for a few minutes. 조금 있다가 주문할게요. B Sure, take your time. 예. 천천히 보세요.
조용한 자리로 부탁할게요	Could we get a quiet table, please?
~ 좀 갖다 주세요	Please give me ~. Can I have ~?
	Tip 물수건 wet tissue ｜ 냅킨 napkin ｜ 물 water ｜ 물 한 잔 a glass of water ｜ 얼음물 iced water : ice water와 ice coffee는 잘못된 말이다. ｜ 계산서 check
주문한 음식이 아직 안 나왔어요	The food hasn't come yet.
죄송합니다. 곧 가져오겠습니다.	I'm sorry. I'll come back with your food.
소지품을 저희가 보관해 드리겠습니다.	We'll keep your belongings.
주차해 드리겠습니다.	I'll park your car for you.
	Tip 발레 파킹을 해주는 경우 보통 1달러 정도의 팁을 준다.
키는 맡겨 주십시오.	Please leave your keys here.

주차 확인 도장을 찍어 오세요	**Validate your parking ticket.**

A Shall I just pay when I get back?
제가 돌아올 때 계산해도 되나요?

B You can validate your parking ticket at the restaurant. Parking is free for all restaurant goers.
식당에서 주차 확인 받으실 수 있습니다. 식당 이용자는 주차가 무료입니다.

A Great. I'll be sure to do that.
네, 그렇게 할게요.

Tip 확인하다 validate

포장 주문도 되나요?	**Can I get that to go?**

Tip 포장 주문 to go

창가 쪽에 앉고 싶은데요.	**I'd like a seat by the window.**
죄송합니다만, 그쪽은 예약석입니다.	**Sorry, but that table is reserved.**

Tip 북미에서 음식점은 미리 예약하는 것이 일반적이다. 그렇지 않으면 30분 이상씩 기다리는 경우가 많다.

흡연석으로 바꿔 주세요	**Please change that to smoking.**
금연석으로 해 주세요	**No smoking, please.**

결정하시면 불러 주십시오	Let me know when you're ready to order.
고기는 몇 인분 드릴까요?	How many portions would you like? Tip 몇 인분 portions
더 필요하신 것 있으십니까?	Is there anything else I can get you?
밥으로 하시겠습니까? 빵으로 하시겠습니까?	Would you like rice or bread?
선불입니다.	You need to pay up front.
스테이크는 얼마나 익혀 드릴까요?	How would you like your steak? Tip 완전히 익은 것 well done ㅣ 중간 medium ㅣ 살짝 익힌 것 rare
어떤 걸 드시겠습니까?	What would you like? Tip 남자 손님은 sir, 여자 손님은 mam으로 지칭한다.
여기 메뉴판 있습니다.	Here is your menu. Tip 여기 ~ 있다 Here is ~ 예 여기 물 있습니다. Here is water.

음료는 어떤 것으로 준비할까요?	What would you like to drink?
	Can I get you something to drink?

Tip 북미에서 식사하기 전에 간단한 음료를 마시는 것이 보통이다. 메뉴판을 보기도 전에 '마실 거 뭐 드릴까요?'라고 묻는 경우가 많다.

자, 이제 드셔도 됩니다.	Now it's ready.
주문하시겠습니까?	Are you ready to order?
천천히 보세요.	Please take your time.
후식 드릴까요?	Would you like some dessert?
	Would you care for dessert?
디저트 메뉴 보시겠어요?	Would you like to see our dessert menu?
후식으로는 커피, 차, 녹차가 준비되어 있습니다.	We have coffee, tea, or green tea for dessert.

호텔 조식 뷔페에서 필요한 말

두 분이십니까?	A table for two?
안녕하세요, 선생님. (아침 인사)	Good morning, ma'am / sir.
자, 이쪽으로 오세요.	Please come this way.
커피 드릴까요? 홍차 드릴까요?	Tea or coffee?

A Good evening ma'am. Do you have a reservation?
어서 오세요. 예약하셨습니까?

B1 Yes. I'm Angela Miller.
네. 안젤라 밀러예요.

A (After looking for names in the reserved book) I got it. I'll show you to your table. Please have a seat. May I get you a drink first?
(예약 장부에서 이름을 찾고) 알겠습니다. 테이블로 안내해 드리겠습니다. 앉으십시오. 마실 것 먼저 준비해드릴까요?

B1 I'll have a beer.
맥주 주세요.

B2 Give me some iced water.
전 얼음물 주세요.

A Here is your menu. I'll come back with your drinks.
여기 메뉴판 있습니다. 음료수 준비해 드리겠습니다.

(A little bit later)
(잠시 후)

A May I take your order?
주문 받아도 될까요?

B1 I'll have a steak, salad, and a baked potato.
전 스테이크와 샐러드, 구운 감자 주세요.

A How would you like your steak?
스테이크는 어떻게 해드릴까요?

B1 Medium, please.
중간 정도요.

B2 I'd like to have a Greek salad and a chicken salad. Please hold the olives.
그리스 샐러드와 치킨 샐러드 주세요. 올리브는 빼 주세요.

A OK.
알겠습니다.

05 패스트푸드 음식점에서

MP3 4-05 ▶

프렌치 프라이도 곁들여 드릴까요?	**Do you want French fries with that?**
다 드신 후에 컵은 가져 오세요	**Bring the cup when you're done.**
리필 가능한가요?	**Can I get refills?**
배달	**delivery**

Tip 패스트푸드 메뉴 종류

치킨버거 Chicken burger ㅣ 닭 날개 Chicken wings ㅣ 닭 다리 Chicken legs ㅣ 닭 가슴살 Chicken breast ㅣ 너겟 Chicken nuggets ㅣ 사이다 7up, Sprite ㅣ 햄버거 hamburger ㅣ 애플파이 apple pie ㅣ 프렌치 프라이 French fries ㅣ 환타 Fanta

Tip 영어로 사이다(cider)는 탄산음료가 아니라 사과 음료나 사과주이다. 탄산음료의 사이다는 7up이나 Sprite를 시켜야 한다. French fries는 미국식 영어이다. 영국에서는 chips라고 한다.

A Welcome to Burger Buddy. How can I help you?
버거버디에 잘 오셨습니다. 주문 도와드릴까요?

B I want set number 3.
3번 세트 주세요.

A What kind of drink?
음료수는 무엇으로 하시겠어요?

B Excuse me?
네?

A Drink. Coke? Sprite?
음료수요. 콜라, 사이다?

B Coke.
콜라요.

A French fries or curly fries?
감자튀김이요. 아니면 컬리 감자튀김이요?

B What?
네?

A OK then. French fries. Do you want ketchup and mustard?
그럼 그냥 감자튀김이요. 케첩이랑 머스터드도 드릴까요?

B Ketchup.
케첩이요.

A Five ninety five($5.95). For here or to go?
5달러 95센트입니다. 여기서 드실 거예요? 포장해 가실 거예요?

새치기하지 마세요.	**Please don't jump the line.** **Please don't cut in line.** Tip 새치기하다 jump the line, cut in line
어떤 맛으로 드릴까요?	**What flavor do you want?**
여기서 드실 건가요? 포장해 드릴까요?	**(Is that) for here or to go?**
여기서 드실 건가요?	**For here?** **Eat in?**
포장하실 건가요?	**To go?** **Take out?** **Carry out?**
저희 신제품 드셔 보시겠어요?	**Do you want to try our new set?**
주문이 밀려 있어요.	**It's on back order.**

(주문) 다 하신 건가요?	Is that all?
죄송합니다만, 만들어 놓은 치킨버거가 없는데요 5분 기다리시겠어요?	Sorry, we don't have any Chicken burgers made right now. Can you wait for 5 minutes?
지금 줄 서신 거예요?	Are you in line? Tip 줄서다 be in line '줄을 서세요.' 하고 말할 때는 **Please line up.**이라고 한다.
치킨버거 하나랑 콜라 큰 사이즈로 주세요.	One Chicken burger and a large Coke, please.

Culture Note

패스트푸드점과 고급 음식점 중에 어디서 더 영어로 말하는 게 쉬울까?

절대적으로 고급 음식점에서 영어하기가 더 쉽다. 고급 음식점에서는 담당 종업원이 서빙을 하고 의사 소통이 안 될 때는 다시 확인하지만, 패스트푸드점에서는 주로 청소년인 종업원이 빠르고 정신없이 질문을 하고 뒤에는 사려는 손님들이 줄을 서 있다. 조금이라도 머뭇거리면 짜증을 내는 경우가 많다. 패스트푸드점에서 주문할 때는 세트 번호로 주문하거나 주문할 종류와 크기를 정확히 말해야 한다.

예를 들어 손님이 햄버거랑 콜라 주세요.(Can I have a hamburger and a coke?) 하면, 어떤 햄버거 하시겠어요?(What kind of hamburger do you want?), 어떤 크기로 드릴까요?(What size do you want?) 여기서 드실 건가요, 가져가실 건가요?(For here or to go?), 감자튀김도 같이 드시겠어요?(Do you want French fries with that?) 등 끊임 없는 질문이 쏟아지게 된다. 얼떨결에 yes, yes 고개를 끄덕이면 생각지도 않던 산더미 같은 패스트푸드를 먹게 되는 경우가 종종 생긴다.

이거 입어 보실래요?	**Do you want to try it on?** Tip 입어 보다 try on
이건 신상품인데, 아주 인기가 좋습니다.	**This is a new product. It's very popular.** Tip 신상품 new product
이것은 지금 세일 중입니다.	**This is on sale.** Tip 세일 중 on sale
이것이 세일 가격입니까?	**Is this the sale price?**
이게 (최신) 유행이에요.	It's in fashion. It's in. It's the latest style. It's a fad.

A Hello. May I help you?
어서 오세요. 무엇을 도와드릴까요?

B Yes, please. I'm looking for something for my sister.
네, 여동생한테 선물할 것을 좀 찾고 있어요.

A How about this plaid skirt? Plaid skirts are the fad these days among teenagers.
이 체크 치마 어떠세요? 요새 체크 치마가 청소년 사이에서 유행이에요.

B Really? Do you have a small size in yellow?
그래요? 작은 사이즈로 노란색 있어요?

A Wait a minute. I'll go check and be right back.
잠시만 기다리세요. 확인해 보고 금방 돌아오겠습니다.

B I see.
네.

A You're lucky. Here is the last yellow plaid skirt in stock in small.
운이 좋으시군요. 이게 마지막 노란 체크 치마 작은 사이즈예요.

B I'll take it.
그거 주세요.

A Will that be cash or credit card?
현금으로 하시겠습니까? 카드로 하시겠습니까?

B Credit.
카드요.

Tip 유행 the fad

이런 스타일 어떠세요?

How about this?

What do you think of this style?

Tip 어떠세요? / 어떻게 생각하세요? What do you think of / about ~?

손님에게 아주 잘
어울리십니다.

It looks good on you.

Tip 어울리다 look good on 사람, go with 사물
ⓜ 이 치마는 손님 티셔츠와 잘 어울리는군요. This skirt goes well with your T-shirt.

A Hello. Can I help you?
어서 오세요. 무엇을 도와드릴까요?

B Yes. I like this style. But do you have them in a size 7? And in dark brown, not black?
이 디자인이 맘에 드는 데 사이즈 7 있어요? 검정색 말고 브라운 색으로 요.

A I will go check in the back. Would you mind waiting?
찾아보겠습니다. 잠시 기다려주시겠습니까?

B Sure.
네.

(5 minutes later)

A I'm sorry. We have your size in black, but not brown. We're out of stock. We'll get a new shipment next week.

죄송합니다. 손님 사이즈로는 브라운 색은 품절됐고 검정색만 있네요. 다음 주에 물건이 들어올 거예요.

B Will they still be on sale?

그때도 세일인가요?

A I'll write you a rain check. Then, you won't have to pay the regular price.

제가 교환권을 드릴게요. 그러면 정상가로 사시지 않아도 됩니다.

B That'll be great.

좋아요.

A Please write your name, address, and phone number here.

자 여기에 성함과 주소, 전화 번호를 적어주십시오. 저희가 전화 드릴 겁니다.

Tip 품절되다 be out of stock | 정상가 regular price

Tip 교환권 a rain check 상대방의 제안을 나중으로 미룰 때 쓰이기도 한다. ⓓ A : 저녁 같이 할래요? Do you want to have dinner? B: 나중에 해도 될까요? 다이어트 중이거든요. Can I get a rain check? I'm on a diet.

손님 피부에는 이게 좋을 것 같습니다. (화장품)

This seems right for your kind of skin.

Tip 지성 피부 oily skin | 건성 피부 dry skin

탈의실이 어디죠?

Where is the fitting room?

Tip 탈의실 the fitting room

편하십니까? (구두)

Are they comfortable?
How do they feel?

Tip 한쪽 구두만 망가져서 고치는 경우를 제외하면 신발은 거의 복수를 쓴다.

슈퍼마켓에서

한국 음식 재료를 찾고
있는데요

I'm looking for Korean food ingredients.

> **Tip** 그대로 영어에서 쓰는 일본어 음식 이름

우동 woodon | 두부 tofu | 일식 된장국 miso (soup) | 스시 / 회
sushi, raw fish | 튀김 / 덴뿌라 tempura | 와사비 wasabi | 데리야끼
소스 teriyaki

A Can you help me?
좀 도와주시겠어요?

B Sure.
물론이죠.

A I'm looking for ingredients to make Korean food.
한국 음식 만들 재료를 찾고 있는데요.

B Let's see. I think we have some Korean food in the international food section. The oriental food section is on the left side, aisle 7.
잠깐만요. 한국 음식은 세계 음식 쪽에 있는데 동양 음식은 7번 통로 왼쪽편에 있어요.

A I'm sorry. I don't understand.
잘 모르겠는데요.

B OK. Follow me.
절 따라오세요.

A Thanks.
고마워요.

B No problem.
천만에요.

안경점에서

검안사	optometrist
도수가 안 맞는군요	Your glasses are not right for you.
렌즈를 바꿔주시겠어요?	Can I replace the lenses?

시력이 나빠지고 있어요.	My eyesight is getting worse.
시력이 얼마나 돼요?	What's your vision?
	Tip 시력 vision
안경 도수가 더 높은 것을 쓰세요.	Use stronger lenses.
이제 잘 보이십니까?	Can you see?
이 테로 해주세요.	I'd like this frame.
	Tip 금테 gold-rimmed glasses ㅣ 무테 rimless glasses ㅣ 안경알 lens
1층 안내 카운터로 가시면 짐을 보관하실 수 있습니다.	You can leave your bags down at the first floor.
좀 어지럽네요.	I feel dizzy.
죄송하지만 이건 정찰제입니다.	Sorry, but the price is fixed.
테가 너무 헐거워요.	This frame is too loose.
테가 너무 끼어요.	This frame is too tight.
현금 인출기는 1층에 있습니다.	The ATM is on the first floor.

미용실에서

드라이해 주세요.	**Please blow dry my hair.**
머리를 손질하다	**have someone's hair done** Tip 미용실에 갈 때는 예약은 필수! 보통 가격은 한국보다 비싼 편이다. 팁은 15% 정도를 주어야 한다.
머리 좀 손질해야 돼.	**I need to have my hair done.**
머리를 좀 다듬어 주세요.	**Just a trim, please.** Tip 헤어 스타일 묶은 머리 pony tail ㅣ 땋은 머리 braid ㅣ 올린 머리 to wear one's hair up
어떻게 잘라 드릴까요?	**How would you like your hair cut?** A How would you like your hair cut? 어떻게 잘라 드릴까요? B Just keep the same style and just take a little bit off. 이 스타일에서 길이만 조금 잘라 주세요.
머리 잘랐어.	**I got a hair cut.** Tip I cut my hair.는 '거울을 보고 스스로 머리를 잘랐다'는 말.
어떻게 해 드릴까요?	**What can we do for you?** A What can we do for you? 어떻게 해 드릴까요? B Just a trim, please. And don't take too much off. 살짝 다듬어 주세요. 너무 많이 자르지 마세요. A Shampoo? 샴푸는요?

	B Yes, please. 네.
염색하다	dye one's hair
부분 염색	highlight

Culture Note

과거 북미에서는 집 근처 동네 안경원에 가는 경우가 대부분이었다. 같은 동네 사람이 경영하는 독립 상점(independent store)의 형태로 운영되었다. 그러나 지난 20년 동안 이러한 동네 가게들은 없어지고 대형 체인점(franchised store / chain)들로 바뀌었다. 대형 체인점은 싸고 다양한 물건이 구비되어 있어 사람들은 가까운 동네 대신 차로 멀리까지 쇼핑하는 것이 일상이 되었다. 이러한 현상은 단지 안경원에 국한된 것이 아니라 대부분 상점이 같은 상황이다. 이러한 대형 체인점들의 등장을 우려하는 목소리가 높지만 이미 전 세계적으로 퍼져가고 있는 실정이다.

알아두면 편리한 쇼핑 용어

MP3 4-07 ▶

PART 4

손님 접대와 쇼핑

깎아주세요	Please give me a discount.
	Can you come down a little?
좀 싸게 해주세요	Could you take off a little bit more?
거스름돈은 가지세요	Keep the change.
너무 비싸요	It's too expensive.
바가지군요	That's a rip-off.

A Excuse me. How much is this dress?
이 드레스 얼만가요?

B It's seven hundred and fifty dollars.
750달러입니다.

A Seven hundred and fifty dollars? That's a rip-off.
750달러라구요? 바가지군요.

B That's an original designer dress.
오리지널 디자이너 작품이에요.

노점상	**street vender**

Tip 북미에서는 노점상 자체가 별로 흔하지 않고, 가격도 정찰제이기 때문에 가격을 흥정하는 경우는 거의 없다. 노점상에서는 주로 핫도그 같은 음식물을 판다. 간혹 동양 시장이나 중국인 거리에서 가격을 흥정하는 경우가 있긴 하다. 북미에서 가격을 흥정하는 경우는 대개 차를 사거나 집을 살 때이다. 이때는 절충해야 한다.

235

도매 가격이에요.	It's the wholesale price.
사용한 지 얼마 안 되었는데 벌써 고장났어요.	I just bought it and it's already broken.
싼 게 비지떡	You get what you pay for.
정찰제	fixed retail price
충동구매자	impulse shopper

A I can't believe this. I just bought these sandals on the street yesterday and they're already broken.
세상에. 어제 길에서 산 신발이 벌써 망가졌어.

B That's too bad. You get what you pay for.
저런 안됐구나. 싼 게 비지떡이라니까.

A I know. I'm an impulse shopper. I'll go to the street vendor and get my money back.
맞아. 난 충동구매를 해서 문제야. 노점상에 가서 환불 받아야겠어.

B Do you want me to go with you?
내가 같이 가 줄까?

A That would be great. Thanks.
정말? 고마워.

필요없어요. / 안 사요.	No thanks. Maybe later. I don't think so.
하나를 사면 하나 더 주는 세일을 하고 있습니다.	We're having a buy one get one free sale.
두 개를 하나의 가격으로 세일합니다.	We are having a two-for-one sale.

Tip 미국 상점에서 보는 할인 안내문

236

세일 중 On Sale | 폐업 세일 Going out business | 창고 정리, 재고
정리 Clearance Sale | 하나를 사면 하나를 덤으로, 1+1 Buy one get
one free

Tip one plus one sale은 Konglish.

할부로 구입 가능합니까?

Do you offer any monthly payment plans?
Can I pay in installments?

A The LCD screen TV is four hundred dollars.
LCD TV가 400불입니다.

B Can I pay in installments?
할부되나요?

A Of course.
물론이죠.

환불할 수 있나요?

Can I return it?

A The DVD player costs two hundred dollars.
DVD 플레이어는 200달러입니다.

B What if there's a problem? Can I return it?
문제가 생기면 어떡하죠? 환불되나요?

A Sure. You can return or exchange it within
ninety days of purchase.
물론이죠. 구매하신 지 90일 이내에 교환이나 환불 가능합니다.

흥정하다

haggle

A I love to go to a street market.
난 길거리 시장에 가는 게 참 좋아.

B Why?
왜?

A It's fun to haggle over prices.
가격 흥정하는 거 재미있잖아.

손님 접대와 쇼핑

08 손님을 기다리게 했을 때

MP3 4-08 ▶

기다리게 해서 죄송합니다.	**Sorry to make you wait.** Tip 주문한 음식이 좀 늦어졌을 때, 찾는 물건을 갖다 줄 때 모두 쓸 수 있다.
죄송합니다.	**I'm sorry.** Tip 좀 더 정중한 표현은 I apologize.
시간을 끌어 죄송하게 됐습니다.	**I'm sorry to take a long time.**
오랫동안 기다리시게 해서 죄송합니다.	**Sorry to keep you waiting.**
바로 돌아오겠습니다.	**I'll be right back.**
잠시만 기다려 주십시오.	**Could you please wait?** **Just one moment, please.** **Would you mind waiting?**
저희가 착각을 했나 봅니다.	**We got mixed up.**

A Here is your lobster, sir. And here is your steak, ma'am.
여기 바닷가재와 스테이크입니다.

B What? We didn't order these. I ordered salmon and my wife ordered a salad.
뭐라고요? 우리가 주문한 게 아니에요. 난 연어를 시켰고, 내 아내는 샐러드를 주문했어요.

238

A I'm very sorry. There seems to have been a mix up in the kitchen. I'll take these back and bring your salmon and salad.

대단히 죄송합니다. 주방에서 착오가 있었나 봅니다. 이 음식들은 가져가고 연여와 샐러드를 가져다 드리겠습니다.

(10 minutes later)

A Here is your salmon, sir and your salad, mam. I'm very sorry for the mix up. Dessert is on the house if you like.

여기 연어와 샐러드 나왔습니다. 착오가 생겨서 대단히 죄송합니다. 괜찮으시다면 공짜로 디저트를 드리겠습니다.

B I would have preferred getting the food on time. But dessert does sound tempting.

제시간에 음식이 나오는 게 더 좋겠지만, 디저트 먹는 것도 괜찮은 거 같군요.

죄송합니다. 저희가 부주의했습니다.

I'm sorry. This is our fault.

09 계산할 때 종업원이 손님에게 하는 말

MP3 4-09 ▶

| 같이 계산해 드릴까요? | **Is everything together?** |
| | **Are you together?** |

| 남은 음식 포장해 드릴까요? | **Would you like me to wrap that up?** |
| | **Do you want a doggie bag?** |

A How was your dinner, ma'am?
손님, 식사 어떠셨어요?

B It was very good, thank you.
좋았어요.

A Would you like me to wrap that up?
남은 음식 포장해 드릴까요?

B Would you wrap them separately?
따로 포장해 주시겠어요?

A Certainly. Here you are. It's fifty dollars.
물론이죠. 여기 있습니다. 50달러입니다.

B Is the tip included?
팁 포함인가요?

A Yes, it is.
예.

| 네, 4만 원 받았습니다. | **That's forty thousand won.** |

| 따로따로 계산하시겠습니까? | **Shall I ring them up separately?** |

Tip 주로 자리에서 손님이 먼저 '영수증 따로따로 해주세요.(Separate checks, please.)'라고 말한다.

쇼핑백 필요하십니까?	# Do you need a paper bag? Tip 비닐백 plastic bag ㅣ 종이백 paper bag **A** How much is it? 이거 얼마예요? **B** It's 28,000won. 2만8천 원입니다. **A** I'd like this and that. 그럼, 이거랑 저거 주세요. **B** Your total is 35,000 won. 전부 해서 3만5천 원입니다. **A** Here. 여기요. **B** 40,000 won. And your change is 5,000 won. Thank you. 4만 원 받았고, 5천 원은 거스름돈입니다. 감사합니다.
영수증 여기 있습니다.	# Here's your receipt. Tip 영수증 receipt
5천 원 거스름돈입니다.	# Here is 5,000 won in change. Tip 거스름돈 change
전부해서 3만5천 원입니다.	# Your total is 35,000 won. # That comes up to 35,000 won.
포장해 드릴까요?	# Would you like this wrapped? Tip 포장하다 wrap
하나에 2만8천 원입니다.	# (It's) one for 28,000 won.

PART 4 손님 접대와 쇼핑

다른 카드 있으세요?	**Do you have another card?**
여권 좀 보여 주시겠습니까?	**Could you show us your passport?** Tip 신분증 ID(identification) ㅣ 운전면허증 driver license
여기 사인 부탁드립니다.	**Please sign here.**
여기 카드 있습니다. (돌려줄 때)	**Here's your card.**

A Check, please. Do you only take cash? Or is a credit card OK?
계산서 주세요. 여기 현금만 받나요? 아니면 카드도 되나요?

B I'm sorry. We only take cash.
죄송합니다. 현금만 받습니다.

A How much is everything?
모두 얼마예요?

B Everything is 50 dollars.
모두 50달러입니다.

A Could you give me a receipt?
영수증 주시겠어요?

B Sure. Thank you very much. Come again.
네. 대단히 감사합니다. 또 오세요!

이 카드도 되나요?	**Can I use this card?**
일시불로 하시겠습니까, 할부로 하시겠습니까?	**Do you want to pay it all now, or in install-ments?** Tip 할부 installments

3개월로 해주세요.	Installments of three months.
죄송하지만, 저희는 현금만 받습니다.	I'm sorry, but we only accept cash. Tip 받다 to accept
카드가 기간 만료되었네요.	This card has expired.
카드가 안 되네요. 문제가 있는 것 같아요. (간접적인 표현)	This card isn't working. There seems to be a problem. A Is that all? 이게 전부입니까? B Yes. 예. A Your total comes to three hundred dollars. 전부해서 300달러입니다. B Here you go. 여기요. A There seems to be a problem. 죄송하지만 문제가 있는 거 같습니다. B What do you mean? 무슨 말씀이죠? B This card isn't working. Do you have another card? 카드가 안 되네요. 다른 카드 있으세요?
현금으로 하시겠습니까, 카드로 하시겠습니까?	Will that be cash or credit card? Cash or charge?

또 들러 주세요.	**Please stop by again.**
	`Tip` 들르다 stop by
또 오십시오!	**Please come again.**
또 뵙기를 바랍니다.	**Hope to see you again.**
안녕히 가십시오!	**Bye!**
좋은 하루 되세요!	**Have a nice day!**

A Here's your change. Have a nice day.
여기 잔돈 있습니다. 좋은 하루 되세요.

B Great. You, too.
네.

좋은 여행이 되시길 바랍니다. (공항이나 여행지에서)	**Enjoy your trip.**
	Have a nice trip.
찾아 주셔서 감사합니다.	**Thank you for coming.**
	`Tip` 손님이 올 때나 갈 때 둘 다 쓰일 수 있다.

A Thank you for coming.
찾아 주셔서 감사합니다.

B I'll see you in a few weeks.
몇 주 있다가 올게요.

A Here's your receipt. Thank you for shopping at Al's.

여기 영수증입니다. 앨에서 쇼핑해 주셔서 감사합니다.

B Thanks.

고마워요.

memo

PART 5
스피치 · 수상 소감

갑자기 마이크가 내게 온다면?
여러 사람 앞에서
짧지만 센스있는 한마디를 하고 싶을 때

01 짧은 스피치로 빛나는 인사말(1)

MP3 5-01 ▶

결혼식장에서	**The father of the groom will now thank everyone. A warm round of applause, please.** 신랑 아버지께서 가족을 대표하여 자리하신 내빈들께 감사의 인사를 드리고자 합니다. 박수 부탁드립니다. Tip ◀ 신랑 **groom** **Please attend the reception after this.** 이후에 간단한 리셉션이 있사오니 참석해 주시기 바랍니다.
내빈을 소개할 때	**Next, Michael Johnson, CEO of Beach Tech, from the United States, will deliver a speech of congratulation. Please welcome him.** 다음은. 오늘 행사를 위하여 미국에서 오신 Beach Tech사의 마이클 존슨 대표이사님의 축하 인사가 있겠습니다. 박수로 맞아 주십시오.
박수로 맞아 주십시오. 뜨거운 박수로 맞아 주십시오.	**Please welcome him.** **Please welcome him with a warm round of applause.** Tip ◀ 뜨거운 박수라고 하지만 영어로는 '따뜻한(warm)'을 사용하여 a warm round of applause라고 한다.
사회자의 인사말	**Hello, ladies and gentlemen. My name is Mi-young and I am the MC for tonight's events. I would like to thank you deeply**

for taking time out of your busy schedules to come today. First of all, Chairman Lee, the founder of GS, will speak.

안녕하십니까?
저는 사회를 맡게 된 미영이라고 합니다. 오늘 바쁘신데도 불구하고 이렇게 와주셔서 대단히 감사합니다. 우선, 첫 번째 순서는 GS의 창업주이신 이회장님의 인사 말씀이 있겠습니다.

> Tip '바쁘신데도 불구하고'를 직역해서 although you are busy라고 하면 어색하다. '바쁜 시간을 내서'라는 뜻으로 taking time out of your busy schedule이 훨씬 세련된 표현이다.
>
> Tip would like to가 want to보다 정중한 표현이다.
>
> Tip Thank you for ~ ~해서 고마워하다
>
> ⓓ Thank you for your help. 도와줘서 고마워. | Thank you for your time. 시간을 내줘서 고마워. | Thank you for your advice. 충고 고마워.

와주셔서 고맙습니다.

Thank you for coming.

> Tip 연회 중에 손님들을 만날 때 가볍게 인사하기 좋은 표현이다.

사회자의 진행

Next, we are going to welcome President Jae-min Chun's remarks with a warm round of applause.

이어서 천재민 총재님의 인사 말씀을 뜨거운 박수로 청해 듣겠습니다.

> Tip 말씀 remarks | 연설 speech | 의견 comments

시상식장에서

Please applaud the prizewinners.

수상자들에게 박수로 축하해 줍시다.

> Tip 수상자 prizewinner

초대받은 사람의 인사

Ladies and gentlemen, I am Joon-chul Joung. I sincerely thank KS for inviting us today. I sincerely wish for KS's continual development and success in the future.

여러분 반갑습니다. 저는 정준철이라고 합니다. 이번에 KS물산 창사기념에 저희 내외를 초대해 주셔서 진심으로 감사드립니다. KS물산이 앞으로도 늘 발전해 나가길 진심으로 바랍니다.

Tip 진심으로 sincerely

초대해 주셔서 감사합니다.

Thanks / thank you for inviting (us).

짧은 스피치로 빛나는 인사말(2)

MP3 5-02 ▶

행사장 및 만남의
자리에서

Today I have a thousand emotions crowding in on me, looking back upon the past. I've known president Kim of KS corporation for 30 years as a friend, and have watched him making improvements on his company at the right pace not fast and not too slow. So, I feel this moment is very special.

오늘 이 자리에 참석해 지난날을 회상하니 참으로 감개무량합니다. KS물산의 김 사장님과는 30년 지기 친구이기도 한 저는 창립 때부터 너무 서두르지도 않고 또 너무 뒤쳐지지도 않으면서 차근차근 오늘날까지 기업을 일궈오는 모습을 옆에서 보아 왔기에 참으로 오늘 이 자리가 뜻 깊은 자리가 아닌가 생각합니다.

Tip 감개무량합니다. I have a thousand emotions crowding in on me. | 회상하다 look back upon the past (과거를 뒤돌아보다)

Tip ~동안 알아오다 have known someone for ~ : 과거부터 시작되어 현재까지 이루어지는 행동으로 현재분사(have + p.p.)를 쓰는 것이 좋다. ⓔ 여기서 10년 동안 살고 있어요. I have lived here for 10 years. | 밴쿠버에 온 지 1주일 됐어요. I have been to Vancouver for a week.

맺음말

ending remarks

In the future, I wish continued success and development for the company. And with that I end my remarks. Thank you.

앞으로도 늘 발전하는 회사가 되기를 바라면서 이만 인사를 줄일까 합니다. 감사합니다.

Tip 끝내다 end ⓔ 이것으로 인사를 줄일까 합니다. With that I end

PART 5 스피치·수상 소감

my remarks.

I would like to take this opportunity to sincerely thank each and every one of you for your encouragement and concern in our business.

이번 기회를 빌려 우리 사업에 성원과 관심을 보내 주신 각계의 여러분들께 진심 어린 감사를 보냅니다.

> Tip 이번 기회를 빌려 I would like to take this opportunity

행사를 마치고

I thank all of you who took the time on this busy day and end my remarks here. Thank you.

오늘 바쁘신 중에도 시간을 내어 와주신 귀빈 내외 여러분께 깊은 감사를 드리며 오늘 행사는 이것으로 마칠까 합니다. 감사합니다.

I sincerely thank you for your effort and for participating in this event.

이번 행사를 위해 힘써 주신 여러분께 진심으로 감사드립니다.

> Tip 노력, 수고 effort | 참여하는 것, 함께 하는 것 participating

252

짧은 스피치로 빛나는 인사말(3)

| 한미 대학생 만남의 자리 (한국인) | My name is JY Kim. I am currently a junior in management at Hankook University. I am very pleased to be able to meet you through this exchange program. Although we only have a short time today, I hope we have a chance to share stories. |

저는 한국대학교의 경영학과 3학년에 재학 중인 김진영입니다. 이번 교환 학생 프로그램을 통해 여러분을 만나게 되어 정말 반갑습니다. 비록 오늘은 짧은 만남이지만, 서로에 대해 많은 이야기를 나눌 수 있었으면 합니다.

Tip 현재 currently | 이야기를 나누다 share stories

Tip 반갑습니다, 기쁩니다 I'm pleased, I'm glad, I'm happy ⓔ 만나서 반가워요. I'm pleased to meet you. | 얘기하게 돼서 기뻐요. I'm glad to talk to you.

Tip 1학년 freshman | 2학년 sophomore | 3학년 junior | 4학년 senior(미국식 영어) - 영국에서는 first year, second year, third year, fourth year라고 한다.

한미 대학생 만남의 자리 (미국인)

Ladies and gentlemen, my name is Tom Johnson. This is the first time for me to come to Korea. I've always read about Korea through books, but now I'm very pleased to actually come here. I will use this opportunity to make many Korean friends and learn a lot about Korean culture. Thank you.

여러분, 안녕하세요. 탐 존슨이라고 합니다. 이번에 한국에 처음 왔습니다. 늘 책으로만 보고 꼭 한번 와보고 싶었는데, 실제로 오게 되어 매우 기쁩니다. 이번 기회에 한국 친구들도 많이 사귀고 한국의 문화를 많이 배우고 싶습니다. 감사합니다.

> Tip 책을 통해서 through books ㅣ 실제로 actually ㅣ 기회 chance, opportunity

> Tip ~하기 위해 …을 이용하다 to use something to ~ 📖 이번 기회를 영어 공부하는 데 이용할 거예요. I'll use this chance to study English.

다음 만남을 기약하며

I'm very pleased to meet all of you today. Although it's our first time to meet, I feel as if we've known each other for a long time. And although we don't have much time, I hope we can share stories and get to know each other. I have no doubts that this gathering will offer us an opportunity to understand each other further.

오늘 여러분을 만나서 정말 반가웠습니다. 우리는 처음 만났지만, 오래 전부터 알던 사이 같았기에 짧은 시간이었지만 많은 얘기를 나누고 서로에 대해 알아가게 되었습니다. 오늘 이 만남을 통해 서로 좀 더 이해할 수 있는 계기가 되었으리라 믿어 의심치 않습니다.

> Tip 마치는 연설이라도 현재시제가 자연스럽다.

> Tip 서로를 알아가다, 이해하다 get to know each other ㅣ 믿어 의심치 않다 have no doubts

---

연설 끝에 붙이면 좋은 말

I wish you all good health.

모두들 건강하십시오.

I wish you health and happiness.

모두들 건강하고 행복하세요.

> Tip 말을 빨리 하게 되면 유창해 보이기보다 성급하고 산만해 보인다. 특히 원어민 앞이라면 오히려 말을 천천히, 크게 하는 것이 자신감 있는 태도이다.

한국말로도 사람들 앞에서 스피치하는 것은 어려운 일이다. 게다가 영어로 뭔가 인사를 한다면 대부분 사람들이 긴장한다. 이 경우 나타날 수 있는 부작용은 갑자기 말을 잊어버리고 굳어버리거나 빨리 끝내려고 너무 빨리 말하는 것이다.

일단 준비해 둔 것을 잊어버렸을 때는 한번 숨을 들이쉬고 미소를 지은 후, Sorry. I forgot what I want to say.(죄송합니다. 제가 준비했던 말을 잊어버렸습니다.)라고 말하고 주위 사람에게 도움을 청하는 것이 좋다.

수상 소감

Thank you very much. I didn't expect to receive this award since I am not worthy. With this in mind I will dedicate myself harder in the future.

여러분 정말 감사합니다. 여러 가지로 부족한 제가 수상을 하리라고는 정말 예상도 못했습니다. 더욱 더 열심히 하라는 뜻으로 알고 앞으로 열심히 하겠습니다.

Tip 예상하다 expect | 부족합니다. I'm not worthy. I don't deserve this.

Tip ~하는 것을 예상치 못하다 didn't expect to ~ 예 여기서 만날 줄은 예상치 못했어요. I didn't expect to see you here.

Tip '열심히 하겠습니다.'를 직역하여 I'll work hard.로 하면 어색하다. '헌신하다'의 뜻인 dedicate를 사용하는 것이 자연스럽다.

Tip 수상 소감을 말할 때 흔히 '매우 부족하지만' 등의 과장된 겸손함을 먼저 표현하는데, 영어로 할 때는 지나친 겸손은 매우 어색하다. '기대하지는 않았지만' 정도의 가벼운 겸손이나 놀람이면 충분하다. 주위 사람들에게 고마움을 표시하고 간단하게 끝내는 것이 좋다.

앞으로의 각오

I will make a greater effort in the future.
앞으로 더욱 노력하겠습니다.

Thank you for giving me the opportunity to serve you.
여러분들을 섬길 수 있는 기회를 주셔서 감사합니다.

A Now we are honored to announce this year's MVP, Jack McCook!
올해의 MVP 잭 맥쿡 씨를 소개하게 되어 영광으로 생각합니다.

B I'd like to thank all my teammates and the coach for all their support. This year was a phenomenal

year for me and the team.
팀 동료와 코치님의 도움에 감사드립니다. 올해는 저와 팀 모두에게 역사적인 해였습니다.

> **Tip** MVP most valuable player | 경이적인 phenomenal | ~하게 되어 영광입니다 honored to ~ ⑩ 만나 뵈어 영광입니다. I'm honored to meet you.

메달 수상 소감

The victory in volleyball was more exciting because it was unexpected.
기대하지 않았던 만큼 배구에서의 우승이 더욱 값진 것입니다.

Your support and cheering always gives us energy to do our best.
여러분이 늘 응원해 주시니까 정말 많은 힘이 됩니다.

> **Tip** 스포츠맨의 메달 : 금메달 gold medal | 은메달 silver medal | 동메달 bronze medal

> **Tip** 응원, 성원 support, cheering

성원을 당부하며

Please keep watching us.
(저희를) 계속 지켜봐 주시길 바랍니다.

Please keep cheering for us.
앞으로도 변함없는 성원 바랍니다.

그 밖에 많이 하는 말

I don't know what to say.
뭐라고 말해야 될지 모르겠습니다.

I'm speechless.
할 말을 잃었습니다.

You can't even imagine how much it means to me.
이것이 얼마나 저에게 많은 것을 의미하는지 상상도 못하실 겁니다.

> **Tip** 너무 감격하여 말하기 힘든 상황에서 쓰일 수 있는 문장들이다.

It's a pleasure to be here tonight.
오늘 밤 여기 있게 되어 기쁩니다.

It's an honor to accept this award.
이 상을 받게 되어 영광입니다.

I accept this award on behalf of my team.
저희 팀을 대신하여 이 상을 받겠습니다.

Tip ～을 대신하여 on behalf of

I'd like to thank (God, my family, my parents, my husband, my wife, my team members, my university).
(하나님, 가족, 부모님, 남편, 아내, 팀원, 학교)에게 감사하고 싶습니다.

I don't know how to thank you enough.
어떻게 해야 충분한 감사 인사가 될지 모르겠군요.

Thank you very much for coming tonight. Frankly, I never even imagined I would win this award. I'm probably more surprised than anyone.
오늘 밤 와 주셔서 감사합니다. 솔직히 이 상을 받게 될 줄 상상도 못했습니다. 아마 여기 계신 어느 분보다 제가 더 놀랐을 겁니다.

A And the winner for this year's Academy Award for best director goes to Sarah Glass!
올해의 아카데미 최고감독상의 영예는 새라 글래스 씨입니다.

B Everyone, thank you very much. This is a great honor for me. I'd like to dedicate this to my family. And I'd like to thank my staff who always trust in me. Thank you again.
여러분 모두 감사합니다. 대단한 영광입니다. 가족에게 이 영광을 돌리고 싶습니다. 또한 저를 믿어주신 스태프에게 감사의 말을 전하고 싶습니다. 다시 한번 감사드립니다.

감사장

표창장

국제기기주식회사
공동대표이사 탐 에스 존슨

귀하는 투철한 경영철학과
사명감을 가지고 국제기기
주식회사에 직접 자본투자를
함으로써 대한민국의 주차
문화 정착과 대한민국과
미국의 양국 기업 간 경제
협력에 기여한 공이 크므로
이에 표창합니다.

2009년 4월 15일
대한상공회의소
회장 홍길동

Certificate of Appreciation

Tom S Johnson
Joint Representative
International Equipment Co. Ltd.

   We would like to personally acknowledge our appreciation of your contribution to International Equipment Co. Ltd., your business philosophy, and your sense of mission.

   Through direct capital investment in Seoul's International Equipment Co. Ltd., you have contributed to the development of Korea's parking infrastructure, as well as economic cooperation between Korean and American businesses.

   We sincerely appreciate your contribution to our company and country with our deepest gratitude.

2009. 4. 15.
Gil-dong Hong
Chairman
Korea Association of Industry

05 때에 따라 꼭 필요한 인사말

MP3 5-05 ▶

상냥한 사람으로 만들어 주는 한마디

개업을 축하합니다.	Congratulations on your new business!
내년에도 변함없는 성원 (거래) 바랍니다.	I wish for your continued support next year, too.
모든 일이 다 잘 해결되길 바랍니다.	I hope everything works out. **Tip** 상대방이 힘들 때 하는 위로
모든 일이 다 잘될 거예요.	Everything will be alright.
모든 행복이 당신과 함께 하길 빕니다.	I wish you happiness.
가정의 건강과 행복을 기원합니다.	I wish your family health and happiness.
사업이 순탄하게 번창하시길 빕니다.	I hope that conditions remain favorable for you.
사업이 번창하고 나날이 발전하시길 빕니다.	I hope that things are always getting better for you.
새해 복 많이 받으세요!	Happy New Year!
새해 모든 일들을 이루시길 빕니다.	I wish you success in the New Year.

여러분 모두 새해 이루고자 하시는 모든 일들을 이루시길 기원합니다.	I hope you are able to accomplish everything you wish to this year. Tip 이루다 accomplish
새해 행운과 행복이 깃들길 바랍니다!	All the best for the New Year!
성공하시길 빕니다.	I wish you success.
승진하신 것을 축하합니다!	Congratulations on your promotion!
승승장구하시길 바랍니다.	I wish you continued success.
앞으로 모든 꿈이 이루어지길 바랍니다.	May all your dreams come true. Tip 꿈이 이루어지다 dreams come true
정상에 오르시길 바랍니다.	I hope you climb to the top.
더 큰 성과를 이루시길 바랍니다.	I hope you are able to enjoy the fruits of your labor. Tip 성과 the fruit
큰 부자 되세요.	I hope you strike it rich. Tip 직역하면 '돈벼락 맞길 바래요.'라는 뜻이다.
파이팅!	Hang in there! Tip 운동 경기에서의 '파이팅'이 아니라, 친구에게 '잘 해라, 할 수 있어'라는 뜻으로 '파이팅'할 때 쓰는 말로 속어적 표현이다.
하루하루 즐겁고 보람 있게 보내라.	Live everyday to its fullest.
항상 건강하기를 바란다.	May you always be blessed with good

	health.
행운의 여신이 언제나 함께하길.	May lady luck follow you wherever you go.

Tip 행운의 여신 lady luck

신혼집에서의 인사

두 분 정말 잘 어울리시네요.	You look so good together.
두 사람의 결혼을 진심으로 축하하고 앞으로 좋은 일만 가득하기를 기원합니다.	We sincerely congratulate you on your marriage and hope your life will be filled with happiness.

Tip 가득한 filled with

하나님의 사랑이 가정에 늘 함께하길 바랍니다.	May God's love always be with you and your family.
언제나 하나님이 함께하길.	May God be with you.
행복하게 사세요.	I wish you happiness.

주기도문

The Lord's Prayer

Our Father in heaven: May your holy name be honored; may your Kingdom Come; may your will be done on earth as it is in heaven.

하늘에 계신 우리 아버지, 아버지의 이름을 거룩하게 하시며, 아버지의 나라가 오게 하시며, 아버지의 뜻이 하늘에서와 같이 땅에서도 이루어지게 하소서.

Give us today the food we need. Forgive us the wrongs we have done, as we forgive the wrongs that others have done to us. Do not bring us to hard testing, but keep us safe from the Evil one: For thine is the Kingdom, and the power, and the glory, for ever. Amen.

오늘 우리에게 일용할 양식을 주시고, 우리가 우리에게 잘못한 사람을 용서하여 준 것 같이 우리 죄를 용서하여 주시고, 우리는 시험에 들지 않게 하시고 악에서 구하소서. 나라와 권능과 영광이 영원히 아버지의 것입니다. 아멘.

마틴 루터 킹 목사의 연설문

I Have a Dream
나에게는 꿈이 있습니다

by Martin Luther King, Jr.
마틴 루터 킹 2세

Delivered on the steps at the Lincoln Memorial in Washington D.C. on August 28, 1963.

PART 5 스피치·수상 소감

263

I am happy to join with you today in what will go down in history as the greatest demonstration for freedom in the history of our nation.

나는 오늘 우리나라 역사상 자유를 위한 가장 위대한 행진으로 역사에 남게 될 이 자리에 여러분과 함께하게 된 것을 기쁘게 생각합니다.

Five score years ago, a great American, in whose symbolic shadow we stand, signed the Emancipation Proclamation. This momentous decree came as a great beacon light of hope to millions of Negro slaves who had been seared in the flames of withering injustice. It came as a joyous daybreak to end the long night of captivity.

백 년 전에, 우리가 서 있는 상징적인 그림자의 주인공인, 한 위대한 미국인이 노예 해방령에 서명했습니다. 이 중대한 포고령은 잔혹한 불의의 불꽃에 태워졌던 수백만의 흑인 노예들에게 위대한 희망의 횃불이 되었습니다. 그것은 노예로 살아온 기나긴 밤의 끝을 알리는 기쁨에 찬 여명이었습니다. - 생략

I have a dream that one day this nation will rise up and live out the true meaning of its creed; we hold these truths to be self-evident that all men are created equal.

나에게는 꿈이 있습니다. 언젠가 이 나라가 일어나 국가적 신조의 진정한 뜻을 실천할 날이 오리라는! "우리는 모든 인간은 평등하게 창조되었다는 진리를 자명한 것으로 믿는다"라는 말이 실천되는 날 말입니다. - 생략

I have a dream that my four little children will one day live in a nation where they will not be judged by the color of their skin but by the content of their character.

나에게는 꿈이 있습니다. 언젠가 어린 네 명의 내 아이들이 피부색이 아니라 그들의 인격으로 판단되는 나라에 살게 될 것이라는!

I have a dream today!

오늘 나에게는 꿈이 있습니다.

When we let freedom ring, when we let it ring from every village and every hamlet, from every state and every city, we will be able to speed up that day when all of God's children, black men and white men, Jews and Gentiles, Protestants and Catholics, will be able to join hands and sing in the words of the old Negro spiritual, "Free at last! Free at last! Thank God almighty, we are free at last."

우리가 자유를 울려 퍼지게 할 때, 모든 마을과 촌락으로부터, 모든 주와 도시로부터, 자유를 울려 퍼지게 할 때, 흑인이나 백인, 유태인이나 이방인, 개신교도들이나 구교도들, 그리고 모든 하나님의 자녀들이 손을 잡고 옛날 흑인 영가의 가사처럼 노래 부를 수 있는 날을 우리는 앞당길 수 있을 것입니다. "마침내 자유입니다! 마침내 자유입니다! 전능하신 하나님 감사합니다! 마침내 우리는 자유를 얻었습니다!"

인생을 바꾼 명언 한마디와 짧은 유명 어록

노병은 죽지 않는다. 다만 사라질 뿐이다. _더글라스 맥아더(미국 장군)	Old soldiers never die; They just fade away. _Douglas MacArthur
두려움 때문에 갖는 존경심만큼 비열한 것은 없다. _앨버트 까뮤 (프랑스 작가)	Nothing is more despicable than respect based on fear. _Albert Camus

배움이 없는 자유는 언제나 위험하고 자유 없는 배움은 언제나 헛된 일이다. _존 F. 케네디(미국 대통령)	Liberty without learning is always in peril and learning without liberty is always in vain. _John F. Kenedy
사람들은 고용되었을 때, 최상의 만족을 느낀다. _벤자민 프랭클린 (미국 정치가/발명가)	When men are employed, they are best contented. _Benjamin Franklin
사업의 비결은 다른 누구도 모르는 무엇인가를 아는 것이다. _아리스토틀 오나시스 (그리스 해운업자)	The secret of business is to know something that nobody else knows. _Aristotle Onassis
세상은 고통으로 가득 하지만 그것을 이겨내는 일로도 가득 차 있다. _헬렌 켈러(미국 작가)	Although the world is full of suffering, it is full also of the overcoming of it. _Helen Keller
승리하면 조금 배울 수 있고, 패배하면 모든 것을 배울 수 있다. _크리스티 매튜슨(미국 야구 선수)	You can learn little from victory. You can learn everything from defeat. _Christy Mathewson
아들에게 돈을 물려 주는 것은 저주를 하는 것과 같다. _앤드류 카네기 (미국 강철왕)	I would as soon leave my son a curse as the almighty dollar. _Andrew Carnegie
인생의 어떤 것도 두려움의 대상은 아니다. 이해해야 할 대상일 뿐이다. _마리 퀴리(프랑스 물리학자)	Nothing in life is to be feared. It is only to be understood. _Marie Curie

266

임금을 지불하는 것은 고용주가 아니다. 그는 단지 돈을 관리할 뿐이다. _핸리 포드(미국 기업가)	It is not the employer who pays wages - he only handles the money. It is the product that pays wages. _Henry Ford
절대로 포기하지 마라. _윈스턴 처칠(영국 총리)	Never give up! _Winston Churchil
힘 있을 때 친구는 친구가 아니다. _헨리 아담스 (미국 작가/역사가)	A friend in power is a friend lost. _Henry Adams

memo

PART 6
미국 생활

유학이나 이민을 가서 미국에서 살려면 이런 말들이 필요하다.
일상 생활에서 쓰는
보다 실제적인 표현들을 일아보자.

거실	**living room**

Tip 소파 couch, sofa | 탁자 table | 램프 lamp | 의자 chair | 안락의자 arm chair | 공기청정기 air cleaner | 가습기 humidifier, vaporizer | 거울 mirror

Tip Couch potato : 소파(couch)에 앉아 맥주와 과자를 먹으며 멍하니 TV를 보는 사람을 말한다.

A It is so dry that my throat hurts.
날씨가 너무 건조해서 목이 아파요

B Why don't you buy a humidifier?
가습기 하나 사지 그래요?

A That's a good idea.
좋은 생각이에요.

Tip 목이 아프다 throat hurts

급매	**urgent sale**

단독주택	**house**

대출 금리	**interest on a loan**
	loan interest

A The interest on loans is steadily increasing.
대출 금리가 지속적으로 오르고 있군.

B It's getting to be a problem for my business.
내 사업에 문제가 되고 있어.

모기지(주택마련 장기대출)	# mortgage

A I have to repay my mortgage over a ten year period.
앞으로 10년에 걸쳐 모기지를 갚아야 해요.

B Is that right? I made my final mortgage payment last year.
그래요? 난 작년에 대출금을 다 갚았어요.

목욕탕	# bathroom

Tip 수도꼭지 faucet, tap │ 욕조 bath tub │ 변기 toilet │ 수돗물 tap water

ex He cleans the bathroom once a week.
그는 일주일에 한 번씩 욕실 청소를 한다.

Tip 미국 목욕탕 바닥에는 배수구가 없다. 그래서 샤워는 샤워 부스나 욕조에서 하고 반드시 샤워 커튼을 쳐서 목욕탕 바닥에 물이 튀지 않게 해야 한다.

보일러	# boiler
	# hot water heater

ex It's chilly. Why don't you turn up the boiler?
쌀쌀하니까 보일러 좀 틀어.

Tip 쌀쌀한 chilly

부동산 소개소	# real estate agency
	# realtor

A I'm looking for a house. Can you recommend a good real estate agency?
집을 구하는 중인데 좋은 부동산 소개소 추천해 주실래요?

B I know one and I'm sure you'll be satisfied with their service. Here is the number.
한 군데 알아요. 서비스에 만족할 거예요. 여기 전화번호 있습니다.

Tip 찾다 look for │ 추천하다 recommend │ 만족하다 satisfied with

Tip 부동산 중개인 real estate agent

서로 잘 어울리네요	**They are a good match.**
	A This tea table matches your sofa. 그 티테이블이 소파랑 잘 어울리네요.
	B They are a good match. I got them in an antique shop. 서로 잘 어울리죠. 골동품 가게에서 샀어요.
세입자	**tenant**
	ex The tenant leases the house from the landlord. 세입자는 집주인으로부터 집을 빌린다. Tip 빌리다 lease, rent
	ex On housing contracts the tenant is called the lessee and the landlord is called the lessor. 집 계약서에서 '세입자'는 lessee라 하고, '집주인'은 lessor라고 한다. Tip 집 계약서 lease, rent
세탁실	**laundry room**
	Tip 빨래 laundry ∣ 빨래판 washboard ∣ 비누 soap ∣ 세탁기 washing machine ∣ 세제 detergent ❸ How much detergent should I put in? 세제를 얼마나 넣어요? ∣ 다리미판 ironing board Tip laundry room은 집안의 세탁실, laundromat은 세탁소.
아파트	**condominium (condo)** **apartment**
이삿짐센터	**moving company**
	A I can't believe how much the moving company is charging! It's so expensive! 이삿짐센터가 얼마나 비싸게 받는지 믿을 수가 없어. 정말 비싸다!
	B I know. But you haven't moved in 20 years! Prices go up. 맞아. 하지만 넌 20년 동안 한 번도 이사를 한 적이 없잖아. 가격은 오르기 마련이야.

이층 이상의 건물인 집	**multi story house**
주방	**kitchen**
	A There's a good smell coming from the kitchen. 주방에서 맛있는 냄새가 나는데요.
	B I'm baking an apple pie. It's almost ready. 지금 애플파이를 굽고 있어요. 거의 다 됐어요.
집값	**cost of housing**
	A The cost of housing has been going down for the last six months. 집값이 지난 6개월 동안 하락했어요.
	B That's what I heard. It's not a good sign though. 저도 그렇게 들었어요. 별로 좋은 징조는 아니지만.
집값 폭등	**soaring of house price / value** **skyrocketing house value**
	A My wife and I were thinking about moving to a bigger house in the suburbs. But everything was too expensive. 아내와 난 교외의 더 큰 집으로 이사갈까 계속 생각하고 있었어요. 그런데 다 너무 비싸더군요.
	B The price of housing has skyrocketed in the past three years. 지난 3년 동안 집값이 폭등했잖아요.

Tip 교외에 in the suburbs ㅣ 폭등하다 skyrocket

PART 6

미국 생활

집들이	## housewarming party

A Fred and Ashley are having a housewarming party on Friday. Are you going?
프레드와 애슐리가 금요일에 집들이 한대. 갈 거야?

B You bet.
당연히 가야지.

Tip 서양에서 집들이 갈 때는 한국처럼 화장지, 세제를 사가지 않고 대신 와인, 디저트, 꽃 등을 사가지고 간다.

A I'm having a housewarming party on Friday. Would you like to come?
다음 주 금요일에 집들이를 할 건데, 올래요?

B I'd love to. What should I bring?
당연하죠. 뭐를 가져갈까요?

A Nothing special.
특별히 필요한 건 없어요.

B I'll bring a homemade pie.
제가 만든 파이를 가져갈게요.

A That would be great!
맛있겠네요.

B I can't wait!
정말 기대되네요.

A See you then.
그럼 그때 봐요.

집을 장만하다	## buy a house

ex When I was eleven years old, my parents bought a house in the suburbs.
내가 11살 때 부모님은 교외에 집을 장만하셨다.

A Did you read the newspaper today?
신문 봤어?

B Of course. Why?
당연하지. 왜?

A The interest on loans is steadily increasing. I'm worried since I didn't pay back my loan yet.

대출 금리가 계속 오르는 중이잖아. 큰일이야. 아직 대출금을 상환하지 못했는데 걱정이야.

B I envy you. At least you own your house. I still can't buy a house although I have been waiting since house prices were soaring last year.

그래도 난 네가 부러워. 어쨌든 집을 갖고 있잖아. 작년에 집값이 폭등해서 기다렸는데 아직도 너무 비싸서 집을 못 샀어.

Tip 상환하다 pay back

집주인

landlord

ex The landlord rents the house to the tenant.

집주인은 세입자에게 집을 빌려 준다.

Tip 빌려 주다 rent, let

침실

bedroom

Tip 침대 bed | 옷장 closet, wardrobe | 서랍 drawers | 책장 bookshelf ⓐ 이 아파트는 가구가 딸린 집으로 침대, 옷장, 서랍장, 큰 책장이 있어요. The apartment comes furnished with a bed, wardrobe, chest of drawers, and large bookshelf.

커튼을 치다

draw the curtains

ex Let's draw the curtains and put the baby to sleep.

커튼을 치고 아기를 재우자.

Culture Note

아파트는 apartment 또는 콘도미니엄(condominium, condo)이라고 한다.

아파트는 주로 1년씩 계약해서 빌리는 경우가 많고 콘도미니엄은 아파트와 겉모습은 같지만 본인이 소유하고 있는 경우이다. 따라서 아파트를 사서 살고 있는 경우에는 condominium 이라고 해야 한다.

월세 rent

미국에서는 전세의 형태가 없고 모두 월세이다. 아파트를 1년 동안 빌리는 계약을 임대차계약, 리스(lease)라고 한다. 이사하기 전에 보증금(security deposit)을 내야 한다. 보통 한 달 월세이다. 계약을 끝낼 때는 집 손상의 정도에 따라 보증금을 돌려받는다.

집을 빌릴 때는 가구가 갖춰진 집(furnished apartment)을 구할 수도 있다.

주택 수리에 관하여

나무 바닥을 깔다	**put in a wood floor**
도배를 하다	**put up wallpaper**

A Your house looks so new since you put up new wallpaper.
도배를 새로 하니까 새집 같아.

B Really? Thanks. We did it ourselves as a DIY project.
정말? 고마워. 우리는 DIY로 스스로 한 거야.

> Tip 미국에서는 도배는 물론 웬만한 집수리는 스스로 한다. 간단하게 만들 수 있는 DIY(Do It Yourself) 가구가 많아서 집 꾸미는 것을 주인 스스로 하는 경우가 많다.

목공	**carpenter**

> ex We do all our house repair ourselves. We've never hired a carpenter.
목수를 안 쓰고 우리가 집을 다 고쳤어.

무허가 판잣집의 철거	**removal of illegally built shacks**

> Tip 철거 removal

인테리어	**interior**

> ex We had an interior decorator choose the layout of our furniture.
우리는 인테리어 디자이너에게 가구 배치를 맡겼다.

PART 6

미국 생활

A Your house looks so cozy.
집이 아늑해 보이네요.

B Thank you. I changed the curtains and now the atmosphere is great.
고마워요. 커튼을 바꿨더니 분위기가 아주 근사해요.

A The lighting in here is really great. Did you do it all by yourself?
여기 조명 정말 멋있네요. 혼자 다 하셨어요?

B I did it with my husband while looking at a magazine.
남편과 잡지를 보면서 했어요.

A You're amazing!
대단하시네요!

Tip 아늑한 cozy | 분위기 atmosphere

전기 / 조명

electricity

lighting

주택 수리

fixing the house

ex Fixing the house took a lot longer than I thought it would.
집을 수리하는 데 내가 생각했던 것보다 훨씬 오래 걸렸다.

Tip ~보다 오래 걸리다 take longer than ~

....

A How are you doing?
요새 어떻게 지내?

B Pretty good. Actually, I decided to sell my house and move to LA.
좋아. 사실 LA로 이사 가려고 집을 팔기로 했어.

A Really?
정말?

B Yeah, my real estate agent told me that if I fixed my house, I could sell it easily and quickly.
응. 부동산 중개인이 내가 집을 수리하면 쉽고 빨리 팔 수 있을 거래.

A That's a good idea.
좋은 생각이야.

B So, nowadays we are very busy doing that. First, we had a carpenter put up the siding on our house. Second, he put in a wood floor. It was expensive but worth it.
그래서 요새 그것 때문에 바빠. 먼저 목수를 불러서 집에 판자벽을 세우고, 다음으로 나무 바닥을 깔았어. 비쌌지만 가치가 있어.

A Wow, sounds like a lot of work.
우와! 일이 정말 많은 것 같다.

B You can't even imagine. There are still more things to do.
상상도 못할 걸. 아직도 해야 할 일이 많이 남았어.

A Still?
아직도?

B I decided to paint the house before selling it to get a better price.
집 팔기 전에 더 비싸게 팔기 위해 새로 페인트칠도 하기로 했어.

A Good luck!
행운을 빌어!

페인트칠하다 | **paint**

A Did you do something with this room? It seems different.
이 방에 뭐 한 거야? 좀 달라 보이는데.

B I painted the room white to make it bright.
방이 좀더 밝아 보이라고 하얗게 페인트칠을 했어.

리모델링 | **remodeling**

A Your house is so modern. When did you move in?
너희 집 참 모던하다. 언제 이사온 거야?

B We remodeled our house after living here for twenty years.
산 지 20년 만에 집을 리모델링했어.

고치다	**fix**

옆집에 가서

A Do you have the plumber's phone number?
배관공 전화번호 있어요?

B Yes. Here it is. What's the problem?
네, 여기 있어요. 뭐가 문제예요?

A The drain is clogged up and the sink is leaking.
배수구가 막히고 싱크대에서 물이 새요.

B Did you tell your husband first? He may be able to fix it.
남편한테는 얘기했어요? 고칠지도 모르잖아요.

A I did. He tried for 3 hours and gave up.
말했죠. 남편이 3시간 동안 고쳐보다가 포기했어요.

B That's too bad.
그렇군요.

A I'd better call the plumber now.
지금 배관공에게 전화해야 돼요.

> Tip ▶ 배관공 plumber | 포기하다 give up

더운 물이 안 나와.	**There is no hot water.**

A I think there's a problem with the faucet. I couldn't get any hot water.
수도꼭지에 문제가 있나 봐. 더운 물이 안 나오는데.

B Really? I need to call my husband to fix it.
그래요? 남편한테 고치라고 해야겠네요.

문이 안 열려.	The door won't open.
방문이 잠겨서 못 들어갔어.	I locked myself out of the room.
배수구가 막혔어.	The drain is clogged up.
배수구에서 이상한 냄새가 나요.	I can smell something bad from the drain.
변기가 막혔어요.	The toilet's plugged up.
물이 안 내려가요.	The toilet won't flush.
싱크대에서 물이 새는 거 같아.	I'm afraid the sink is leaking.
에어컨이 작동 안 돼요.	The air conditioner won't turn on.
전구가 깜빡거려요.	The light is flickering.

Tip 깜빡거리다 flicker

전구가 나갔어요.	The light bulb is burnt out.

Tip 전구 light bulb

A The light in the bathroom is burnt out.
욕실 불이 안 켜져.

B The power is out.
정전이에요.

컴퓨터에서 이상한 소리가 나요.	The computer is making a funny sound.

상을 차리다

set the table

A Honey, can you take some side dishes out of the refrigerator to set the table?
여보, 상 좀 차리게 냉장고에서 반찬 좀 꺼내줄래요?

B Sure. Should I heat them up?
알았어요. 이것들 좀 데울까?

A Yes. You can't put things covered with aluminum in the microwave.
네. 호일로 덮은 것은 전자레인지에 넣으면 안 돼요.

B I know.
알아요.

A Please put it in the microwave.
전자레인지에 이것 좀 넣어 주세요.

B Got it. Anything else?
알았어요. 또 뭐요?

A That's all. Tell the kids to come for dinner.
다 됐어요. 애들한테 저녁 먹게 오라고 하세요.

Tip 반찬 side dishes | 꺼내다 take out | 넣다 put in

상을 치우다

clear the table

설거지하다

do the dishes

wash the dishes

Tip '설거지를 하다'는 wash the dish를 쓰지만 dish는 요리라는 뜻이 있기 때문에 단지 접시를 말할 때는 plate를 쓰는 것이 좋다.

Tip 북미에서는 식사 후에 자기가 먹은 음식 그릇은 스스로 싱크대에 넣는 것이 기본 매너다.

My mom is a good cook.

My mom cooks well.

Tip 요리 잘하는 사람이나 요리사는 cook, 고급 음식점이나 호텔 요리사
는 chef라고 한다.

Tip 밥그릇, 국그릇 bowl | 컵 cup | 머그컵 mug | 유리잔 glass
| 찻잔 받침대 saucer | 냄비, 국솥 pot | 접시 plate | 쟁반 tray |
싱크대 sink | 냉장고 refrigerator | 식기세척기 dishwasher | 세제
dishwashing soap | 전자레인지 micro-wave (oven) | 식탁 kitchen
table | 식탁보 table cloth | 진공청소기 vacuum cleaner | 밥통 rice
cooker | 주전자 kettle, teapot | 도마 cutting board | 식칼 knife |
도시락 lunch box | 랩 plastic wrap | 쿠킹 호일 aluminum foil | 비
닐 백 plastic bag | 물통 water bottle | 믹서 blender | 수저 spoon |
젓가락 chopsticks | 티스푼 teaspoon | 국자 scoop, ladle | 뒤집기
spatula

food garbage

A Could you take the garbage out?
나가는 길에 쓰레기 좀 버려 줄래요?

B I did it last time. I think it's your turn.
내가 지난번에 했어. 이번은 당신 차례야.

Tip 지난번 last time | 네 차례 your turn

ex Dump it in the recycling bin.
이거 재활용통에 넣어 줘.

Tip 버리다 dump - '(애인을) 차버리다'의 뜻도 있다. 예 그녀는 남자 친
구를 차 버렸다. She dumped her boyfriend.

mow the lawn

cut the grass

Tip grass는 일반적인 잔디를 뜻하고, lawn은 손질이 잘된 주로 정원의
잔디를 뜻한다.

정원	## garden
	ex Here are some tomatoes from the garden.
	정원에서 따온 토마토가 있어요.
정원의 잡초를 뽑다	## weed the garden
	ex I'm going to weed the garden and mow the lawn.
	정원의 잡초를 뽑고 잔디를 깎을 거야.
	ex Jack gets an allowance for mowing the lawn.
	잭은 잔디를 깎고 용돈을 받는다.
	A You have got to mow the lawn!
	잔디를 깎아야겠구나!
	B Mom, I'll do it this weekend.
	엄마, 이번 주말에 할게요.
	A If you weed the garden I'll increase your allowance.
	정원의 잡초까지 뽑으면 용돈을 더 주지.
	B Sounds good.
	좋아요.
	Tip 용돈 allowance
청소 도구	## things for cleaning
	Tip 행주 dish towel ǀ 행주치마 apron ǀ 걸레 rag ǀ 대걸레 mop ǀ 빗자루 broom ǀ 쓰레받기 dustpan ǀ 쓰레기통 garbage can, trash can

Culture Note

미국에서 자기 정원을 계속 손보지 않고 방치하면 벌금을 내게 될 수도 있다. 미국 청소년들이 용돈을 버는 방법으로는 ① 잔디 깎기 mowing the lawn ② 애기 보기 baby sitting ③ 개 산책 시키기 walking the dog가 가장 흔하다.

일어나서 잠잘 때까지의 일상 생활

MP3 6-05 ▶

자다

| 꿈을 꾸다 | **have a dream** |

A Last night I dreamed that I was getting married.
어젯밤 결혼하는 꿈을 꿨어.

B Really? Who did you marry?
정말? 누구랑 결혼했는데?

A Well, I couldn't see her face.
글쎄. 얼굴은 볼 수 없었어.

새우잠을 자다 **sleep curled up**

수면 부족이다 **not get enough sleep**

A You look very sleepy today.
오늘 졸려 보이는구나.

B I know. I haven't gotten enough sleep this week because of exams.
그래. 시험 때문에 이번 주에 수면 부족이야.

악몽 **nightmare**

A I don't know why the baby's crying. She must have had a nightmare.
아기가 왜 우는지 모르겠어. 악몽을 꾸었나 봐.

B Maybe she's just hungry.
배가 고픈가 봐.

Tip 가위눌리다 **have a nightmare**

PART 6 미국 생활

잠꼬대를 하다	**talk in one's sleep**

A My little sister always talks in her sleep.
내 여동생은 언제나 잠꼬대를 해.

B I heard that's caused by stress.
내가 듣기론 스트레스를 받으면 그렇대.

잠꾸러기	**sleepy head**

> **Tip** 잠버릇에 관한 말

잠버릇 one's sleep habit | 잠버릇이 고약하다 be an untidy sleeper
| 코를 골다 snore | 이를 갈다 grind one's teeth | 그는 잠버릇이 나
쁘다. He tosses and turns a lot in his sleep. | 그는 입을 벌리고 잔
다. He sleeps with his mouth open. | 푹 자다 sleep tight | 엎드려
자다 sleep on one's stomach | 밤낮이 바뀌다 be awake at night
and sleep in the day | 누워 자다 sleep on one's back

잠을 깨다	**shake off sleepiness**
잠이 들다	**fall asleep**

> **ex** I was so tired that I fell asleep in front of the
TV.
너무 피곤해서 TV를 보다가 잠이 들었다.

잠이 안 온다.	**I can't get to sleep.**

한숨도 못 잤어.	**I couldn't sleep a wink.**

A I slept like a log last night after I played
soccer for 2 hours.
축구 두 시간 하고 어젯밤에 정신없이 잤어.

B I couldn't sleep a wink last night because you
were snoring.
네가 코고는 바람에 한숨도 못 잤어.

A Oh! I'm sorry. I didn't know I was snoring.
이런. 미안. 내가 코고는 줄 몰랐어.

정신없이 자다	sleep like a log
졸음	sleepiness
	drowsiness
졸음이 오다	feel sleepy / drowsy
졸다	doze off

ex If you don't get a good night's sleep, you'll be dozing during the day.
저녁에 푹 자지 않으면 낮에 졸기 마련이야.

하품하다	yawn

A I can't stop yawning since I slept for only 4 hours last night.
어제 잠을 네 시간밖에 못 잤더니 계속 하품이 나와.

B No wonder! Why don't you take a short nap? You'll feel much better.
당연하지! 낮잠을 잠깐 자는 게 어때? 기분이 훨씬 나아질 거야.

Tip '어젯밤'은 yesterday night이 아니라 last night이다.

Tip 낮잠 자다 take a nap

Tip 하품이나 재채기, 기침을 할 때는 반드시 입을 가려야 한다.

미국 생활

일어나다

알람시계가 울리다	**alarm clock goes off** Tip '시계가 울리다'는 ring이 아니라 go off이다.
알람시계를 맞추다	**set the alarm clock** ex Don't forget to set the alarm for 6 AM. 알람을 아침 6시로 맞추는 거 잊지 마! Tip ~하는 것 잊지 마 Don't forget to ~ A You're late again. 또 늦었네. B I'm sorry. My alarm didn't go off. 죄송해요. 제 알람시계가 울리지 않아서요. A That's the same excuse you used before. 지난번과 같은 변명이군. Tip 변명 excuse
세수를 하다	**wash one's face**
수염을 깎다 (면도)	**shave** A What kind of razor do you use when you shave? 면도할 때 어떤 종류의 면도기를 쓰니? B I use the Super Blade 7. It's got 7 bades. 난 슈퍼 7을 써. 날이 일곱 개거든. Tip 북미에서 여자들이 다리털을 면도하는 것(shave one's legs)은 매우 흔한 일이다. Tip 수염에 관한 표현 수염을 다듬다 to trim one's beard ǀ 어머니는 아버지가 수염을 다듬지 않았을 때 화를 낸다. My mother gets angry when my father doesn't trim his beard. ǀ 수염 beard ǀ 콧수염 mustache ǀ 턱수염 beard ǀ 구레나룻 sideburns

머리를 감다	## wash one's hair
	A How often do you take a shower? 얼마나 자주 샤워를 하니?
	B Once a week. 일주일에 한 번.
	A Really? If I don't wash my hair everyday I feel gross. 정말? 매일 머리를 감지 않으면 찝찝해.
	B Not me. I don't like to wash. 난 아냐. 난 씻는 거 안 좋아해.
머리를 말리다	## dry one's hair
	ex Did you dry your hair with a hair dryer? 헤어드라이기로 머리 말렸니?
머리를 빗다	## comb one's hair
	A You had a job interview and you didn't even comb your hair? 면접 보는데 머리조차 빗지 않았어?
	B It was for a video game company. They don't really care about appearances. 비디오 게임 회사 면접이었어. 외모는 신경 쓰지 않아도 돼.
부스스한 머리	## messy hair
	A Did you just wake up? You've got really messy hair. 너 금방 깼니? 머리가 정말 부스스하구나.
	B I know. But I'm just too tired. 나도 알아. 근데 너무 피곤해.
뻗친 머리	## sticking up / out hair
	ex Your hair will stick up if you go to sleep without drying it. 머리를 말리지 않고 자면 다음날 머리가 뻗치기 쉽다.

수도꼭지를 틀다 / 잠그다	## turn on / off the faucet

ex You should turn off the faucet while you're brushing your teeth.
이 닦는 동안 수도꼭지를 잠그도록 해라.

양치질을 하다	## brush one's teeth

Tip 칫솔 toothbrush | 치약 toothpaste

A It's time for bed. Did you brush your teeth?
잘 시간이야. 이 닦았니?

B Mom, I did it after dinner.
엄마, 저녁 먹고 닦았어요.

A You have to brush your teeth before you go to bed.
자기 전에 반드시 이를 닦아야 해.

Tip 잘 시간 time for bed, time to sleep

샤워를 하다	## take a shower

Tip take a shower에서 a는 단수의 뜻이 아니라 관용어적인 표현이다. take two showers 라는 말은 쓰지 않는다.

Tip 관용적으로 a를 붙이는 표현들
take a bath(목욕하다) | take a walk(산책하다) | have a good time(좋은 시간을 보내다) | take a break(휴식을 갖다)

렌즈를 끼다	## put in contact lenses

목욕하다	## take a bath

A When I'm tired, I take a bath.
난 피곤할 때 목욕을 해.

B In my case, I like to take a walk.
내 경우는 산책을 해.

Tip 내 경우에는 In my case

얼굴에 크림을 바르다	# put cream on one's face # apply lotion Tip 바르다 put, apply Tip '바르다'에 관한 말 누구에게 약을 발라 줘라 rub some ointment on some-one | 얼굴에 파운데이션을 바르다 put foundation on one's face | 문에 기름을 바르자 더 이상 삐거덕 소리가 나지 않았다. I oiled the door so that it won't squeak. | 머리에 무스를 바르다 put mousse in one's hair | 빵에 잼을 발라 먹어라. Spread jam on the bread. | 생선의 뼈를 바르다 take out the fish bones, to fillet | 품행이 바르다 be a good person, be honest
향수를 뿌리다	# put on perfume Tip 여자 향수 perfume | 남자 향수 cologne A Did you put on perfume, or do you just naturally smell good? 너 향수 뿌린 거니? 아니면 원래 좋은 냄새가 나니? B Are you just being sweet, or are you trying to get something from me? 너 원래 다정한 거니? 아니면 뭔가 나한테서 필요한 게 있는 거니?
화장을 하다	# put on makeup A I think Angela puts on a lot of makeup when she comes to school. 안젤라는 학교 올 때 화장을 너무 진하게 하는 것 같아. B I agree. Also nobody sees her face without makeup. 맞아. 또 화장 안 한 얼굴을 본 적이 없어. A That's why she is not a good student. 그래서 공부를 잘하지 못하는구나. B What do you mean? 무슨 소리야? A During the midterm and final, I don't even have a time to put lotion on my face. 중간, 기말고사 동안에는 난 얼굴에 로션 바를 시간도 없어.

291

B You're right. She must spend lots of time putting and taking off her makeup. Sometimes I see Angela fixing her makeup in the restroom.
네 말이 맞아. 화장하고 지우느라 많은 시간을 들일 거야. 가끔 안젤라가 화장실에서 화장 고치는 것도 봤어.

A I bet she just wants to have a boyfriend instead of studying.
내가 장담하는데 걔는 학교에 공부하러 오는 것이 아니라 남자 친구 만들려고 오는 거야.

> Tip ◀ 내가 장담한다, 확실하다 I bet ~

화장을 진하게 하다	put on heavy makeup
	put on a lot of makeup
화장을 연하게 하다	put on a little makeup
화장을 고치다	fix one's makeup
화장을 지우다	remove one's makeup
	take off one's makeup
자외선 차단 크림	sun block
	sun screen

입다

넥타이를 매다	put on a (neck)tie

A Honey, which tie should I wear?
여보, 무슨 넥타이를 맬까?

B Put on this necktie. It looks good with that suit.
이 넥타이를 매봐요. 그 옷과 잘 어울려요.

멋을 부리다	spruce up

brush up

A What's the occasion? You look amazing!
오늘 무슨 일이야? 아주 멋진데!

B I brushed up for tonight's party.
저녁에 파티라서 멋 좀 부렸어.

스카프를 두르다

put on a scarf

A I'm glad I put on a scarf. It's cold!
스카프를 둘러서 다행이야. 춥다!

B Yeah. It's supposed to get even colder tomorrow.
맞아. 내일은 더 추워질 거래.

스타킹에 구멍이 나다

have a hole in one's pantyhose

have a run in one's stockings.

A Oh, I've got a run in my stockings. I just bought these!
이런. 스타킹에 줄이 갔네. 막 산건데.

B That's too bad.
저런. 안됐다.

미국 생활

양말을 신다

put on one's socks

양말을 벗다

take off one's socks

옷을 갈아입다

change clothes

A What did you do after work yesterday?
어제 퇴근 후에 뭐 했어?

B I got home, changed my clothes, and went out to meet my friends.
집에 와서 옷 갈아입고 친구 만나러 갔어.

옷을 입다

put on clothes

A Mom, do I have to wear a skirt?
엄마, 치마 꼭 입어야 해요?

B Of course, you have to put on something nice for our family picture.
가족 사진 찍으려면 예쁜 걸 입어야 해.

ex I hate to wear wet clothes.
난 젖은 옷 입는 거 싫어.

Tip (옷) 입다 wear ㅣ (안경) 쓰다 wear glasses ㅣ (신발) 신다 wear shoes ㅣ (장갑) 끼다 wear gloves

Tip wear와 put on의 차이

wear는 현재 입고 있는 상태를 나타내고, put on은 입거나 쓰거나 끼거나 하는 동작을 나타내는 말이다.

예 밖이 추우니까 코트를 입어라. It's cold outside. Put on your coat. ㅣ 그녀는 매일 치마를 입는다. She wears a skirt every day.

Tip 옷의 종류

운동복 sports wear ㅣ 정장 formal suit ㅣ 캐주얼 casual wear ㅣ 교복 school uniform ㅣ 셔츠 shirt ㅣ 반팔 셔츠 short sleeve shirt ㅣ 긴 팔 셔츠 long sleeve shirt ㅣ Y셔츠 dress shirt ㅣ 티셔츠 T-shirt ㅣ 청바지 (blue) jeans

Tip 바지는 무조건 ~s를 붙인다. 속옷도 바지 형태라면 마찬가지!

바지 pants ㅣ 정장바지 trousers ㅣ 반바지 shorts ㅣ 여성용 팬티 panties

Tip 팬티(panties)는 여자 속옷이다. 남자 팬티를 man panties라고 하는 것은 남자 브래지어라는 말처럼 이상한 말이 된다.

남성용 팬티 men's underwear ㅣ 삼각팬티 briefs ㅣ 사각팬티 boxers ㅣ 브래지어 bras ㅣ 잠옷 pajamas(PJ라고도 한다) ㅣ 비옷 rain coat ㅣ 수영복 swimwear

먹다

계란 프라이에 토스트

fried eggs with toast

Tip 노른자를 터트리지 않고 흰자만 익힌 것 sunny-side up ㅣ 스크램블에그 scrambled egg ㅣ 완숙 계란 a hard boiled egg ㅣ 반숙 계란 soft boiled egg ㅣ 계란 프라이 fried egg

국에 밥을 말다	## put rice in the soup

A What are you doing?
뭐 하는 거야?

B I'm putting my rice in my soup. In Korea, we put the rice in our soup and eat them together.
밥을 국에 말아 먹는 중이야. 한국에서는 국에 밥을 넣고 함께 먹어.

A Really? I've never seen that before.
정말? 난 본 적이 없는데.

아침을 거르다	## miss / skip breakfast

A Are you alright? You look tired.
괜찮아? 피곤해 보여.

B I have an empty stomach since I skipped breakfast.
아침을 걸러 지금까지 빈속이에요.

> Tip 빈속 empty stomach

A What did you have for breakfast?
아침밥으로 뭐 먹었니?

B I had soup with rice in it. How about you?
국에 밥 말아 먹었어. 넌?

A I skipped breakfast because I got up too late.
난 늦게 일어나서 못 먹었어.

> Tip 아침밥으로 for breakfast

> ex Since I got up late, I had to go to work without eating breakfast.
> 늦잠을 자는 바람에 아침을 굶고 출근할 수밖에 없었어요.

도시락을 싸가다	## bring a lunch box

A Do you think Kevin would want to join us for lunch?
케빈이 우리와 같이 점심 먹을까?

B I don't think so. He brings a lunch box to work everyday to save money.
안 그럴걸. 그는 돈을 절약하기 위해 매일 도시락을 싸오거든.

	A What should we eat for lunch? 점심에 뭐 먹을까?
	B I brought a lunch box. 난 도시락을 싸왔는데.
빵에 버터를 발라 먹다	**spread jam on toast**
샌드위치	**sandwich**
	A Mom, will you fix me a sandwich? 엄마, 샌드위치 좀 만들어 주실래요?
	B What kind of sandwich do you want? 무슨 샌드위치 먹고 싶은데?
	A A tuna sandwich. 참치 샌드위치요.

Tip ◀ '샌드위치를 만들다'는 make와 fix를 쓸 수 있다.

Culture Note

미국의 아침 식사

예전 미국에서는 전형적인 아침 식사로 베이컨, 소시지, 토스트, 계란 등을 먹었지만 지금은 콜레스테롤과 비만에 대한 걱정으로 농부나 육체 노동자 등을 제외하고는 시리얼(cereal)이나 토스트와 커피 등 가볍게 먹는 편이다. 주말에는 Brunch(아침, 점심 식사를 합쳐 부르는 말)로 가족이나 친구와 브런치 전문 식당에서 평소보다 좀 더 열량이 많은 식사를 한다.

06 주부라면 하루 한 번 이상 아이들에게 하는 말

MP3 6-06 ▶

어서 일어나야지. / 일어나세요.	Wake up.
늦겠다.	You'll be late.
양치질하고 세수해.	Brush your teeth and wash your face.
밥 먹자.	Time to eat. Time for (dinner). ex Chew your food. 꼭꼭 씹어야지.
음식 갖고 장난하지 마라. 먹으면서 얘기하지 마라.	Don't play with your food. Don't talk when your mouth is full. Don't talk while eating.

A Good morning, mom.
엄마 안녕히 주무셨어요?

B Time for breakfast.
아침 먹자.

A I'm not hungry. I don't want to eat.
배고프지 않아요. 먹기 싫어요.

B You have to eat something before you go to
school. Otherwise you will be hungry before
lunch.
학교 가기 전에 뭐 좀 먹어야지. 안 그러면 점심시간 전에 배고플 거야.

PART 6

미국생활

297

A OK, I'll try some.
알았어요. 조금만 먹을게요.

B Good. Have some cereal with fruit on it.
좋아. 여기 과일과 시리얼이야.

A Mom ....
엄마 ….

B I told you don't talk while eating. That's not good manners.
먹으면서 얘기하지 말라고 했지? 그건 좋지 않은 매너야.

> Tip 문법적으로는 That's not a good manner.가 맞지만, 미국인들은 언제나 That's not good manners.라고 한다.

음식 흘리지 않도록 해.

Make sure not to spill your food.

옷 갈아입어. 가만 좀 있어봐.

Change your clothes. Stay still.

학교 끝나면 얼른 와라.

Come home right after school.

낯선 사람들이랑 얘기하지 마라.

Don't talk to strangers.

차 조심해라.

Watch out for cars.

A Mom, I'm leaving.
엄마 다녀올게요.

B OK, watch out for cars and come home right after school.
그래, 차 조심하고 학교 끝나면 바로 와라.

A Yes. Bye, mom.
네, 엄마. 안녕!

B Don't talk to strangers.
낯선 사람들이랑 얘기하지 마라.

A I know.
알아요.

이제 오니?	Did you just come home?
일찍 왔구나.	You're home early.
늦었구나.	You're late.
오늘 어땠니? 재미있었니?	How was your day? Did you have a good day?
오늘은 학교에서 뭐 배웠어?	What did you learn in school today?
손 씻고 와라.	Wash your hands.
밥 먹어야지.	It's time to eat.
자, 먹자.	Let's eat.
이거 한번 먹어봐. 맛있을 거야.	Try it. You'll like it.
숙제 다 했니?	Did you finish your homework?

Tip 숙제하다 do homework

A Mom, can I play computer games?
엄마 컴퓨터 게임 해도 돼요?

B Did you finish your homework?
숙제 다 했니?

A Yes.
네.

B OK then, for 1 hour.
좋아. 그럼 1시간 동안만 해라.

A How about 2 hours? Please ...
2시간 하면 안돼요? 제발요.

B Nope.
안 돼.

Tip Nope은 편한 사이에서 쓰는 'no'이다.

엄마가 책 읽어 줄까?	Do you want mommy to read you a story?
좋은 꿈꿔라.	Sweet dreams.
잘 자라.	Good night. Sleep tight.

Culture Note

한국에서도 점점 일하는 주부(working mom)가 늘어가는 추세이지만 아직도 전업주부의 비율은 북미보다 높다. 북미 대부분의 주부들이 정규직 또는 시간제 직업을 가지고 있으며 남편의 가사 참여도가 한국보다 높은 편이다.

북미에서 식사 매너는 언제나 중시되는 교육이다. 어렸을 때부터 끊임없이 '얼마만큼 먹나'가 아니라 '어떻게 먹나'를 가르친다.

북미에서는 아이가 어렸을 때부터 자기 전에 부모가 책을 읽어주는 것이 전통이다. 그 영향으로 대부분의 사람들이 잠들기 전에 30분 정도씩 책을 보는 습관을 가지고 있다.

괜찮니?	Are you OK?
그 녀석은 애물단지야.	He's a handful.
내일 제니한테 사과해.	You have to apologize to Jenny. Tip 사과하다 apologize
너 스스로 해야지.	You have to do it by yourself.
넌 이제부터 외출 금지야.	You're grounded.
네가 정말 자랑스럽구나!	I'm so proud of you!
네가 한 일에 책임을 져야지.	You have to be responsible for your actions.
누가 그랬어?	Who did it?
제가 안 그랬어요.	(It) wasn't me. I didn't do it.

A The cake I got yesterday is gone. Somebody ate it. Who did it?
내가 어제 산 케이크가 없어졌네. 누군가 먹었군. 누가 그랬을까?

B Don't look at me. It wasn't me.
그렇게 쳐다보지 마세요. 제가 안 그랬어요.

PART 6

미국 생활

누가 그런 말했니?	Who said that?
미안하다고 해야지.	You have to say sorry.

A Jenny's mom called. Did you push Jenny?
제니 엄마가 전화했더라. 너, 학교에서 제니 밀쳤니?

B She did it first.
제니가 먼저 그랬어요.

A Did you pull Jenny's hair first?
네가 먼저 제니 머리 잡아당겼니?

B Yes.
네.

A Then, you have to say sorry tomorrow when you see her.
그러면 내일 제니 보면 미안하다고 해야 한다.

Tip 잡아당기다 pull | 밀다 push

얼마나 착한지!	What a good (boy / girl)!
엄마가 방 정리하라고 아까 말했지!	Mom just told you to clean your room.

Tip ~하라고 얘기하다 tell someone to ~

엄마 말 들어야지.	You have to listen to mom.

A Did you finish your homework?
숙제 다 했니?

B Not yet. I'll do it later.
아직 안 했어요. 나중에 할게요.

A Do it now. Mom is telling you.
지금 해라. 엄마가 말하잖니.

B I'm busy playing computer games.
컴퓨터 게임하느라고 바빠요.

A You have to listen to Mom first.
엄마 말 먼저 들어야지.

Tip 우리 엄마(my mom)일 때는 소문자로 시작하는 mom이지만, my

등을 쓰지 않을 때는 대문자로 시작하는 **Mom**를 쓴다.

역시 내 아들 / 딸이야.	That's my boy / girl!
얘가 오늘 말을 정말 안 듣네!	You are not listening to me today!
왜 울어?	Why are you crying?
왜 그래? / 뭐 잘못됐어?	What's wrong?
잘했어!	Good for you! Good job!

A Mom, look at this. I got an A for my dictation.
  엄마. 받아쓰기에서 A 받았어요.
B Wow, good for you.
  우와~ 잘했네.

옳지, 잘했어.	That's right. Good job.
힘내라!	Cheer up! You can do it!
너라면 할 수 있어.	You'll be fine.

Tip '너라면 할 수 있어'를 직역하면 You can do it!이다. 이것은 군대나 스포츠에서 쓰는 느낌을 주고 **You will be fine / OK.**가 더 자연스러운 표현이다.

A Mom, I'm worried about the test tomorrow.
  엄마 내일 시험이 너무 걱정돼요.
B Don't worry. I know you studied very hard. Everything will be fine.
  걱정하지 마라. 열심히 공부했잖니. 다 잘 될 거야.

PART 6

미국 생활

A I have an interview tomorrow. I'm very nervous.
내일 인터뷰가 있어요. 너무 걱정돼요.

B Don't worry. I know you'll be fine.
걱정하지 마. 넌 할 수 있어.

통금 시간

curfew

ex ► You have an eleven o'clock curfew.
넌 11시가 통금이다.

- -

A Do you know what time it is? Your curfew is 9 P.M. but it is already 11P.M.!
지금이 도대체 몇 시인 줄 아니? 너 통금이 9시인데 지금 11시다.

B I'm sorry.
죄송해요.

A You didn't even call.
전화도 걸지 않고.

B I just stopped by my friend's house and played computer games. I didn't know time went so fast···.
친구 집에 잠깐 들러서 컴퓨터 게임을 했는데 시간이 이렇게 된 줄 몰랐어요.

A As punishment, you are grounded for one week.
벌로 1주일간 외출 금지다.

- -

A Is Sarah home yet?
새라 집에 왔어요?

B Not yet.
아직 안 왔어요.

A Did she call?
전화는 왔어요?

B No. It's past 9 P.M. I'm worried.
아니오. 벌써 9시가 넘었는데 걱정이에요.

A We should call her friends' houses.
새라 친구들 집에 전화를 걸어보는 게 좋겠군.

B You're right.
그렇게 해야겠네요.

Tip 아이들의 놀이

숨바꼭질 hide and seek | 까꿍 peekaboo | 줄넘기 jump rope |
앞구르기 somersault | 줄다리기 a tug of war | 가위바위보 rock,
scissors, paper | 오징어 게임 squid game

Culture Note

한국처럼 체벌은 하지 않지만 미국에서 자녀 교육은 엄격한 편이다. 특히 개인위생을 위해
서 손 씻기를 강조하고, 식사 예절이나 공중 도덕에 대해서 교육한다.

자, 타라.	Get in the car.
안전벨트 매라.	Put on your seatbelt. Tip 안전벨트 seatbelt
위험하니까 앉아 있어.	It's dangerous. Sit down.
네 자리 뒤로 밀어 줄게.	Let me move your seat back. Tip 자리를 뒤로 밀다 push / move seat back ┃ 자리를 앞으로 당기다 push / move seat forward
그것 만지면 안 돼.	Don't touch that.
보는 건 괜찮은데, 절대로 만지지는 마.	You can look, but don't touch.
날씨가 좋지?	It's a nice day, isn't it?
노래 하나 해보렴. 같이 노래할까?	Sing a song. Shall we sing a song?
지금 운전하니까 좀 있다가 줄게.	I'm driving, so I'll give it to you later.

주유소에서 기름 좀 넣고 가자.	# We have to get some gas. **Tip** (차에 넣는) 기름 gas ｜ 주유소 gas station ｜ 오일(oil)은 주로 요리할 때 넣는 기름을 말하고, 신문에 나오는 oil price는 차에 넣는 기름을 말한다.
가득 채워 주세요.	# Please fill it up. **Tip** 북미의 주유소는 대부분 셀프 서비스라서 운전자가 스스로 주유해야 한다. 직원이 넣어 주는 경우에는 팁을 따로 주어야 한다.
조금만 더 가면 돼.	# It's a little bit farther.
자 다 왔다.	# Here we are. **A** Mom. I feel like throwing up. 엄마, 나 토할 것 같아요. **B** We're almost there. Can you hold it a little bit? 거의 다 왔는데. 잠깐만 참을 수 있겠니? **Tip** 참다 hold
내려라.	# Get out the car.
엄마랑 같이 가야지.	# We have to go together. # You're coming with Mom, right?
이리 와.	# Come here. # Come over here.
잠시만 기다려라.	# Wait for mom for a second.

공과금을 내다	**pay the bills / taxes**

Tip 전기세 electric bill ㅣ 전화 요금 phone bill ㅣ 수도 요금 water bill

ex It's inconvenient that we can't pay our bills at the bank window these days.
요즘은 공과금을 은행 창구에서 낼 수 없어 불편하다.

Tip 불편한 inconvenient

관리비 **utility bill**

ex Our utility bill is so high this month.
이번 달 관리비가 너무 많이 나왔다.

다림질하다 **iron**

ex Are you sure you ironed this shirt? It's full of wrinkles.
당신 이 셔츠 다림질한 거 맞아? 주름투성인데.

Tip 주름 wrinkles

방을 정리하다 **arrange the room**

A I like the way you arranged this room. There's a lot of space.
네가 방 정리하니 좋다. 공간이 넓어졌구나.

B Thank you. I had to get rid of some furniture.
고마워요. 가구를 좀 버려야 했지만요.

방을 청소하다 **clean the room**

A I told you to clean your room! Why are you

playing Nintendo?
내가 네 방 청소하라고 말했지? 왜 닌텐도 하고 있니?

B Alright, Mom.
Just let me finish this game and I'll do it.
알았어요. 이 게임만 하고 할게요.

A I said now!
지금 하라고 했지.

빨래를 널다

hang laundry on the line

ex Make sure to take the laundry out of the washing
machine and hang it on the laundry line to dry.
세탁기에서 빨래를 꺼내서 빨래가 마르게 빨래줄에 널어야 돼.

Tip 미국과 캐나다의 많은 주에서 미관을 해친다는 이유로 빨래줄 사용을
금지하고 있다. 그러나 유가 인상과 에너지 절약의 일환으로 다시 빨래줄을
사용하려는 움직임이 늘고 있다.

세탁기에서 빨래를 꺼내다

take the laundry out of the washing machine

Tip 꺼내다 take out

세탁소에 옷을 맡기다

drop off clothes at the laundromat

Tip 세탁소 laundromat

식사 준비하다

prepare

fix

make meal

A Before you prepare a meal, be sure to wash your
hands.
식사 준비하기 전에 반드시 손을 씻어라.

B I know. I already washed my hands.
알았어요. 벌써 씻었어요.

아이와 놀아주다	**play with the kids**

A Have you seen Karen lately?
최근에 캐런 본 적 있어?

B No, I haven't. She spends most of her time playing with her kids.
아니. 그녀는 대부분의 시간을 아이들과 놀아줘.

아이를 목욕시키다	**bathe the children**
	give the children a bath

A Is your baby asleep already?
애기 벌써 자?

B My husband bathed our baby and put him to bed.
남편이 애기를 목욕시키고 재웠어.

~를 재우다	**put ~ to sleep**

A Honey, I'm home.
여보, 나 왔어.

B Great. Can you please give your son a bath? He doesn't listen to me.
잘됐네요. 여보, 아들 목욕 좀 시켜줄래요? 내 말을 안 들어요.

A Sure. I'll do it and I will put him to sleep.
알았어. 내가 목욕시키고 재울게.

B Thank you so much.
정말 고마워요.

옆집에 들러 수다를 떨다	**stop by the neighbors to chat**

장을 보다	**do the grocery shopping**

A I've got to do some grocery shopping on the way home.
퇴근길에 장을 봐야겠어요.

B Do you want me to go with you?
같이 갈까?

A No. Why don't you go home first and watch the kids?
아니. 자기는 먼저 집에 가서 애들을 좀 보고 있어요.

B Got ya.
알았어.

> **Tip** 식료품 라벨 읽기

물건을 살 때 상표뿐만 아니라 특정 성분의 함량과 열량을 확인하는 것이 좋다.

트랜스 지방 transfat | 칼로리 calorie | 탄수화물 a carbohydrate | 단백질 protein | 지방 fat | 무설탕 sugar free | 저지방 low fat | 무지방 fat free | 유기농 organic | 유전자 변형 genetically modified

---

집안일

housework

A I'm getting so tired of this. There is no end to housework.
정말 피곤해. 집안일은 끝이 없어.

B I hear you. Let me give you a hand.
나도 알아. 내가 도와줄게.

PART 6 미국 생활

청소기를 돌리다

vacuum

> **ex** Vacuuming at night bothers the neighbors.
밤늦게 청소기를 돌리는 것은 옆집에 폐를 끼치는 일이다.

침대를 정리하다

make the bed

> **Tip** 관용어적인 표현이다.

그 밖에 가정에서 사용하는 말

내일 가족회의를 하자.	Let's have a family meeting.
나가는 길에 빵 좀 사올래?	While you are out, could you get me some bread?

Tip 나가는 길에 while you are out

여보, 신문 다 봤어요?

Honey, are you through with the newspaper?

Tip 끝내다 be through with

외식하러 나가는 게
어때요?

Why don't we dine out?

Tip 외식하다 dine out, eat out

Culture Note

북미에서는 이사를 가거나 필요없는 물건을 싼 값에 내놓을 때는 차고 세일(garage sale), 마당 세일(yard sale)을 한다.

서구의 아이들은 집안일을 돕는 것이 일반적이다. 주로 설거지나 쓰레기 버리기, 목욕탕 청소하기 등이다. 15세 이후에는 아르바이트를 하여 용돈으로 쓰거나 대학교 등록금에 보태기도 한다.

부부 싸움

MP3 6-10▶

가정 폭력	**domestic violence**

 He was arrested for domestic violence.
그는 가정 폭력으로 체포되었다.

Tip 체포되다 be arrested

결손 가정	**broken family**

Tip 편부·편모 가정 single parent family | 편모 single mom | 편부 single dad

결혼 생활을 끝내다	**finish one's married life**

 They finished their married life after ten years.
그들은 10년간의 부부 생활을 끝냈다.

 They decided to remain friends after ending their 10 year marriage.
그들은 10년간의 결혼 생활을 끝내고 친구 사이로 남기로 결정했다.

Tip 남다 remain

PART 6 미국 생활

나한테 그런 식으로 말하지 말아요	**Don't talk to me like that.**

Tip 그런 식으로, 그렇게 like that ⑩ 그렇게 하지 마. Don't do that.

내가 수천 번 말했잖아요	**I told you a thousand times.**

내 말을 들은 적이 없잖아요	**You never listen to me.**

Tip '남의 말을 듣다'는 hear가 아니라 listen을 써야 한다. hear는 '소리가 들리다'라는 뜻이다. ⑩ 내 말을 들어! Listen to me! | (네 목소리가) 들리지 않아. I can't hear you.

313

내 말을 언제 듣기나 했어요?	**Have you even listened to me?**
당신과는 끝이야.	**I'm through with you.**
당신은 집에서 손가락도 까딱 안 하잖아요	**You don't even lift a finger at home.** Tip ◁ 올리다, (손가락)을 들다 lift
당신이라면 지긋지긋해.	**I'm sick and tired of you.** Tip ◁ 지긋지긋한 sick and tired of

바가지를 긁다

nag

A I told you to put your dirty socks in the laundry basket.
내가 더러운 양말은 빨래통에 넣으라고 했잖아요.

B Alright, calm down. Stop nagging.
알았어. 진정해. 바가지 좀 그만 긁어.

Tip ◁ 빨래통 laundry basket

별거

separation

A I heard that Kevin and Carrie broke up.
케빈과 캐리가 헤어졌다며?

B No. They were separated for a few weeks. Both of them were miserable during their separation.
아니. 별거한 지 몇 주 돼. 그들 둘 다 별거하는 동안 암담했지.

A So, what happened?
그래서 어떻게 됐어?

B They ended up getting back together.
다시 합치기로 했어.

Tip ◁ 합치다 get back

부부 상담	**marriage counseling**

ex They eventually had to see a marriage counselor because of George's obsessive behavior.

그들은 마침내 죠오지의 집착증 때문에 부부 상담을 받아야 했다.

Tip 집착증 obsessive behavior

부부 싸움	**quarrel between husband and wife**

argument

A Mr. and Mrs. Moon argued for hours about money.

문씨 부부가 돈 문제로 몇 시간 동안 부부 싸움을 했어.

B Is that right? That's usually where the trouble starts. I hope everything will be OK.

정말이야? 그렇게 보통 문제가 생기는 거지. 아무 일이 없어야 할 텐데.

Tip 몇 시간 동안 for hours

양육권	**custody**

ex Both parents sought custody of their two children.

양쪽 부모 모두 두 자녀의 양육권을 갖고자 한다.

Tip 공동 양육권 joint custody | 추구하다 seek(sought는 seek의 과거 및 과거분사형)

양육비를 내지 않는 아빠	**dead beat dad**

ex The number of dead beat dads has increased despite strict enforcement of child support laws.

강화된 양육비 법안에도 불구하고 양육비를 내지 않는 아버지의 숫자가 증가하고 있다.

Tip ~에도 불구하고 despite | 양육비 child support

우리는 공통점이 없어요.	**We have nothing in common.**

Tip 공통점 something in common

우리는 끝이에요.	**We're over.**
	We're done.
	A This is it. We're over.
	그만. 우린 끝이야.
	B That's what I wanted to say.
	내가 하고 싶었던 말이야.
우리는 너무 달라요.	**We are too different.**
	A You're late again. Why didn't you get my call?
	또 늦었군요. 왜 내 전화 안 받았어요?
	B I was in the middle of a meeting.
	회의 중이었어.
	A It's the same excuse every time.
	언제나 똑같은 변명이네요.
	B What do you want from me? I'm tired.
	나한테 원하는 게 뭐야? 난 피곤해.
	A I just want you to come home a little bit early and have some time with the kids.
	단지 당신이 집에 조금만 일찍 와서 애들이랑 시간을 보냈으면 좋겠어요.
	B I'm sick of your nagging. Will you shut up?
	난 당신 바가지에 질렸어. 입 좀 다물 수 없어?
	A Don't talk to me like that. Have you even listened to me?
	나한테 그런 식으로 말하지 말아요. 내 말 들은 적 있어요?
	B Calm down.
	진정해.
	A We are too different.
	우리는 너무 달라요.
위자료	**consolation money**
	compensation

316

위자료를 청구하다	request compensation
이혼하다	divorce get a divorce ex They got a divorce after being married for only one year. 그들은 결혼한 지 겨우 1년 만에 이혼했다.
자녀 양육비	child support
재산 분할	divide up an estate A What happened with that rich family? I heard the children were fighting for the money after the old man died. 그 부자네 어떻게 됐어? 아버지 죽은 후에 자식들이 돈 때문에 싸운다고 들었는데. B The lawyers divided up the estate evenly among the children. 변호사들이 자녀들에게 재산을 균등하게 나누어 줬대. Tip '아버지'를 old man이라고도 부른다.

유치원	**kindergarten**

preschool

ex These days, a lot of children can read from kindergarten.
요즘은 많은 어린이들이 유치원 때부터 글을 읽을 수 있다.

Tip 유치원 가기 전의 아이들을 돌봐주는 어린이집은 **day care**라고 한다.

초등학교 **elementary school**

Tip 사립 초등학교 private elementary school ㅣ 공립 초등학교 public elementary school ㅣ 카톨릭 학교 catholic school

---

중학교 **middle school**

junior high school

Tip 북미에서는 초등학교부터 고등학교까지 1학년(first grade)부터 12학년(12th grade)으로 나눈다.

고등학교 **high school**

senior high school

공립 학교 **public school**

ex I graduated from a public high school.
난 공립 고등학교를 졸업했어.

Tip 졸업하다 graduate from

사립 학교	**private school**

ex My family couldn't afford to send me to a private school.
우리 가족은 나를 사립 학교에 보낼 여유가 없었다.

Tip ~할 (금전적인) 여유가 있다 afford to ~

전문대학	**junior college** **community college**

Tip 4년제보다 들어가기가 쉽고 등록금도 싸다.

대학교	**college** **university**

Tip university는 '종합대학', college는 '단과대학'을 가리키는 것이다. university가 college보다 꼭 좋은 것은 아니며, 단지 규모의 차이일 뿐이다.

주립대학교	**state university**

A Why are you going to the in-state university?
왜 주립대에 가려고 해?

B The tuition at state universities in our state is cheaper for residents.
주립대학교는 주민들에게 학비가 저렴하잖아.

국립대	**national university**

대학원	**graduate school**

Tip 대학원생 graduate student

ex My older sister goes to graduate school.
언니는 대학원에 다니고 있어요.

박사 학위	**doctoral degree**

Tip 학사 bachelor's degree | 석사 master's degree | 박사 Ph. D

A Have you heard from Ann recently?
앤한테 무슨 소식 없어?

B She just finished her Ph. D in linguistics.
그녀는 이번에 언어학 박사 학위를 받았어.

Culture Note

주립대와 사립대

미국에는 국립대가 없고 사립대와 주립대가 있다. 주립대 학비는 in-state와 out of state 로 나뉘어서 주민이 자기가 사는 주에 있는 주립대학교로 갈 경우 학비가 싸다. 명문 사립의 대표적인 아이비리그 학교는 비싼 등록금으로 유명하지만 장학금 혜택이 많다.

미국에서도 재수를 할까?

재수를 하는 경우는 없고 원하는 학교로 편입생(transfer student)이 되는 길을 모색한다. 16세 이후 고등학생들은 통학버스 대신 차를 모는 경우가 있다. 고등학생들은 데이트를 하기도 하며 여자친구, 남자친구를 사귀는 일이 흔하다.
전반적으로 중학교 이후부터는 한국 학생들보다 경제적, 감정적으로 부모로부터 독립적이다.

축구

한국처럼 축구가 인기 있는 것은 아니지만 초등학교 때에 많은 아이들이 축구를 한다. 여자 아이들도 많이 하는데, 중학교가 되면서 점차 축구의 열기가 시들해진다.

홈스테이

홈스테이(homestay)의 경우 계약하기 전에 식사, 학교의 등하교, 개인 생활, 쇼핑, 집안 에서 지켜야 하는 규칙 등을 상세히 알아보고 필요에 맞게 조정해야 한다. 문서로 작성해도 된다. '이런 식으로 하겠지' 하는 추측을 해서는 절대 안 된다. 계약하기 전에 음식, 간식, 컴 퓨터 사용, 전화 사용 등 모든 자세한 문제들을 거론해야 한다. 홈스테이는 한국에서 소개로 구하거나 가려는 학교에 문의할 수 있다. 집주인의 번호뿐만 아니라 비상 연락처 등을 알려 주고 또 받아야 한다. 미성년자의 경우 guardian을 지정하여 학교 문제를 포함한 학생에 관한 모든 일들을 전담한다.

학교 생활에 관한 말

결석하다

be absent

miss class

A Can I copy your notes from class that week? I missed class because I was sick.
지난 주 수업 노트 좀 복사해도 돼? 나 아파서 결석했거든.

B Sure. Here you are.
응 여기 있어.

자녀가 아파서 학교에 전화하는 경우

A Hello. Hoover Elementary School.
여보세요. 후버초등학교입니다.

B Hi. I am Sarah Choi's mother. My name is Ah-young Kim. Sarah will be absent from school today. She is sick. She has a high fever and a bad headache.
네, 전 최사라의 엄마이고 이름은 김아영입니다. 사라가 오늘 아파서 학교를 못 갈 것 같습니다. 열이 높고 두통이 심해서요.

A OK. Let me write that down. (To self) Sarah Choi. Absent today. Have you been to the doctor?
네, 제가 메모하겠습니다. 사라 최. 오늘 결석. 병원에는 다녀오셨나요?

B Not yet. We'll go this morning if she doesn't feel better.
아직이요. 더 좋아지지 않으면 오늘 아침에 갈 거예요.

A Please be sure to get a note from the doctor so that we can excuse your daughter from class. We don't want Sarah to have any unexcused absences.
무단 결석이 되지 않도록 꼭 의사 진단서를 받아오세요.

PART 6

미국 생활

321

B I see. I'll do that. Thank you.
네, 알겠습니다. 감사합니다.

Tip 미국은 지각이나 결석에 대해 엄격한 편이다. 대부분의 경우 학부모의 사인이 들어간 메모나 부모가 직접 전화를 걸어 지각한 이유를 설명한다. 조퇴를 하는 경우도 마찬가지이다.

과목

classes

Tip 필수 과목 requirement | 선택 과목 elective | 전공 major | 부전공 minor

A What classes are you taking this semester?
이번 학기에 무슨 수업 듣니?

B Statistics and Psychology.
통계학과 심리학.

A I thought you took Statistics last year.
난 너 작년에 통계학 들은 줄 알았는데.

B I did. But I have to retake it. I got a D.
들었지. 그런데 재수강해야 돼. D 나왔거든.

Tip 통계학 Statistics | 심리학 Psychology

과외 교사

tutor

A Students who are having problems with their classes are expected to visit the tutoring center.
수업을 못 따라가는 학생들은 튜터링 센터(보충 수업 센터)에 방문해야 해.

B Where is the tutoring center?
어디에 있어요?

A It's on the fourth floor of the library.
도서관 4층에 있어.

과외 지도

private lesson

tutoring

교복	**school uniform**

Tip 교복이 한국만큼 흔하지 않지만 몇몇 사립학교나 종교학교는 교복을 착용하기도 한다.

교실	**classroom**

Tip 중학교부터 수업에 따라 이동하면서 수업을 듣는다. 성적에 따라 우열반이 운영되기도 한다.

교실에서 쓰는 말

· 자, 시작하자.	Let's start. / Let's get started.
· 어디까지 배웠지?	Where did we leave off? /
	How far did we get last time?
· 지난 시간에 배운 것을 복습해 보자.	
	Let's brie y review the last lesson.
· 25페이지 펴라.	Turn to page 25 in your books.
· 따라 읽어라.	Repeat after me.
· 펜을 내려놔.	Put down your pen.
· 추측해 봐.	Make a guess.
· 종이 한 장 꺼내라.	Take out a piece of paper.
· 시험지 내라.	Hand in your tests.
· 파트너와 같이 해라.	Work with your partner.
· 정리해 보자.	Let's go over it.
· 숙제는 다음주 금요일까지 내야 한다.	
	You have to hand in your paper by next Friday.
· 시간이 됐네. 오늘은 그만 하자.	
	Time's up. Let's call it a day.
· 끝났어.	You're dismissed.
· 다음 시간에 보자.	See you next time.

PART 6 미국 생활

교원	an instructor
	school faculty
교원을 충원하다	add school faculty

교장	principal
부교장	vice principal

Tip 부교장은 우리의 교감에 해당한다.

교칙	school regulation

A Jim, come here. I'm sending you to the principal's office.
짐. 이리 와라. 넌 교장실로 가야겠다.

B Why?
뭐 때문이죠?

A You violated the school's no smoking regulation.
너는 담배를 피워서는 안 된다는 교칙을 위반했다.

B Ms. Dali, please give me one more chance. I won't do it again.
달리 선생님. 한번만 봐주세요. 다시는 안 그럴게요.

Tip 위반하다 violate

Tip 미국에서 직접적인 체벌은 없지만 자주 문제를 일으키는 학생은 교장실로 불려가서 면담을 하게 되고 부모가 직접 와야 한다.

규율	regulation

기부	donation

ex Some parents donated money for an extension of the school library.
몇몇 학부모들이 학교의 도서관 확장을 위해 돈을 기부했다.

Tip 기부하다 donat

기숙사	**dormitory / dorm**
	A How's your daughter? She just started college, right?
	자네 딸은 어때? 막 대학 생활 시작했지?
	B Well actually, this is her second year. My daughter lived in the dorm for her first year at college. She liked it a lot.
	사실, 올해 2학년이야. 우리 딸은 대학교 1학년 때는 기숙사에서 지냈는데, 아주 좋아했어.
	Tip 미국에서 대학교 1학년은 대부분 기숙사 생활을 해야 한다.
남녀 공학	**coed school**
담임 선생님	**homeroom teacher**
당번	**be on duty**
	Tip 한국처럼 당번을 하기 위해 학교에 일찍 가는 경우는 없다.
도서관	**library**

도서관에서 쓰는 말

· 이 책들을 어디에 반납하죠?	Where do I return these books?
· 참고 문헌은 대출할 수 없다.	You can't check out reference books.
· 책 대출을 갱신하고 싶은데요.	I would like to renew the book.
· 목요일까지 반환해야 한다.	These books are due on Thursday.
· 반환 날짜를 지키지 않으면 연체료가 있다.	
	There's a late fee for overdue books.
· 예약자 명단	reservation list
· 반납 창구	the return box

Tip 참고 문헌 reference books ┃ 대출하다 check out ┃ 갱신하다 renew ┃ 연체료 late fee

A Where can I check these out?
이 책들을 어디서 빌릴 수 있죠?

B If you go upstairs, you can see the circulation desk.
위층으로 가면 대출하는 곳이 있어요.

A How many books can I take out at once?
한 번에 몇 권까지 빌릴 수 있나요?

B If you're a graduate student, you can take out 20 books maximum.
대학원생이면 최대 20권까지 빌릴 수 있습니다.

A I'd like to check these out.
이 책들을 빌리고 싶은데요.

B Is this all you need?
필요한 게 이게 다인가요?

A Yes.
네.

B Can I see your student ID or library card, please? These are due back in three weeks. There's a late fee for overdue books.
학생증이나 도서관 카드 좀 보여 주세요. 이 책들은 3주 내에 반납해야 합니다. 반환 날짜를 지키지 않으면 연체료가 있습니다.

A I see.
알겠습니다.

따돌림 당하다	**be an outcast**
	be bullied
	Tip 왕따 outcast
	Tip 같은 교실에서 친구들을 괴롭히는 아이와 행동을 모두 bully라고 한다.
애들이 저를 귀찮게 해요.	They are bothering / bugging me.
애들이 저를 놀려요.	They are teasing me.
애들이 저를 괴롭혀요.	They are picking on me.
애들이 저를 놀려요.	They are mocking me.

애들이 저를 바보 취급해요	**They're making fun of me.**
	They are making a fool out of me.
	Tip 왕따의 문제는 담임과 상담하거나 학교 상담센터에 가야 한다.
말을 잘 듣지 않다 (다루기 어렵다)	**disobey**
	be difficult

A How do you like teaching history at the high school?
고등학교에서 역사 가르치는 거 어때?

B It's good. Sometimes the students are difficult, though.
가끔씩 학생들을 다룰 때 어렵기도 하지만, 괜찮아.

모범생	**model student**

A Jennifer was a model student. But then she started to have personal problems.
제니퍼는 모범생이었어. 그러다가 개인적인 문제들이 생겼지.

B What happened?
무슨 일인데?

A I heard she had family problems. But I don't know the details.
가족 문제라고 들었는데, 자세히는 몰라.

무단 결석	**unexcused absence**

School excuse note for: funeral

Friday, September 1

Dear Mrs. Munson,

Sarah will not be able to attend school on Monday, September 4 because of a funeral. Sarah's grandfather passed away on Thursday. We have to go to the funeral in Los Angeles on Saturday and will return on Monday. Sarah will be back in school on Tuesday, September 5.

Thank you for understanding.

Ah-young Kim (Sarah Choi's mother)

결석사유서

9월 1일 금요일

먼슨 선생님께,

새라가 장례식을 가야 하기 때문에 9월 4일, 월요일에 결석할 것 같습니다. 할아버지가 목요일에 돌아가셔서, 토요일에 LA 장례식에 갔다가 월요일에 돌아올 예정입니다. 새라는 9월 5일 화요일에 학교에 갈 것입니다.

이해해주셔서 감사합니다.

김아영(새라 엄마)

문제아	**bully**
	troublemaker
	problem child
반장	**class president**

A Why is Stacey so happy today?
오늘 스테이시가 왜 저렇게 기분이 좋지?

B She was elected class president.
반장으로 뽑혔거든.

A Really? Good for her.
정말? 잘 됐네.

> Tip ◀ 뽑히다 be elected

> Tip ◀ 미국의 초등학교에서는 반장이 차렷이나 경례를 하지 않고, 수업이
> 끝나고 학생들이 선생님께 '고맙습니다.'라고도 하지 않는다.

방과 후

after school

A When I was young, I went home after school.
But these days my kids have music lessons,
sports and so many other things to do.
어렸을 적에, 난 수업이 끝나면 곧장 집으로 갔지. 그러나 요즘 우리 아
이들은 음악 수업, 스포츠 등 할 일이 정말 많아.

B I know. I feel bad for the kids these days.
나도 알아. 요즘 애들은 정말 불쌍한 거 같아.

방학하다

have vacation

> Tip ◀ 미국에서는 겨울 방학이 2~3주 정도로 짧고 여름방학이 3개월 정도
> 로 길다. 가을학기가 첫 학기로 새로운 학년에 올라간다. 첫 학기는 9월에 시
> 작하고 둘째 학기는 1월에 시작한다.

부모님 모셔 와라.

I'll call your parents.

I need to talk to your parents.

> Tip ◀ 직역하여 Bring your parents.라고 말하면 어색하다.

Culture Note

PTA(parent-teacher association)

미국에서 1년에 한두 번 정도 학부모 면담(parent-teacher conference)을 한다. 이때
학생의 태도, 학업 성취(academic performance) 등에 관해 얘기한다.

극성 엄마

Van mom 아이들을 밴에 태워서 개인 레슨을 시키는 엄마를 지칭한다.
Soccer mom 방과 후 축구하는 아이들을 위해 경기에 열심히 따라다니며 응원하는 엄마

불합격하다	**fail**
	be rejected
	A What did Brian do after high school? 브라이언은 고등학교 졸업하고 뭐했어?
	B He failed to enter an Ivy League university. So he decided to attend a state university instead. 걔는 아이비리그 대학에 떨어졌어. 그래서 대신에 주립대학에 가기로 결정했대.
사귀다 / 교제하다	**make friends**
	socialize
서클 / 동아리	**student club**
	Tip 미국에서는 학생 서클이 매우 활성화되어 있다.
수업을 듣다	**take a class**
	A How many classes are you taking? 수업 몇 개 듣니?
	B I'm taking 5 classes. 5개 듣고 있어.
수업을 빼먹다	**skip class**
	A Where were you yesterday? 너 어제 어디 있었니?
	B I skipped class and went to watch a movie. But then I ran into my mom. 수업 빼먹고 영화 보러 갔어. 그런데 엄마와 우연히 마주쳤어.
	A Oops! 저런!

SAT(Scholastic Aptitude Test)

Field trip

ex

Field trip permission slip

Dear Parent,

Your son or daughter's class will be taking a field trip to the San Francisco Museum on Friday, October 12, 2007. Please sign the permission slip below and make sure your child submits it to his or her teacher by Friday, October 5. Failure to do so will mean that your child will not be able to attend the field trip and will have to stay at the school office all day.

In addition, a fee of $10 is required for admission to the San Francisco Museum and lunch at McDonald's. Please enclose a check along with the permission slip.

Thank you,

Mr. Mark Munson

- -

Permission Slip

I, _____(parent's name), give _____(child's name) permission to attend a field trip to San Francisco Museum on October 12, 2007.

_____

Parent's Signature

PART 6

미국생활

수학 여행 허가서

친애하는 학부모님께,

귀하의 자녀가 2007년 10월 12일 금요일에 샌프란시스코 박물관으로 수학여행을 갈 예정입니다. 허락하신다면 아래쪽에 사인을 하시고 10월 5일 금요일까지 선생님께 제출할 수 있게 해주십시오. 허락하지 않으실 경우에는 자녀가 수학 여행을 가지 않고 학교 사무실에 하루 종일 있어야 합니다.

부가적으로 입장료와 맥도날드 점심을 포함하여 10달러가 소요됩니다. 부디 허가서에 개인수표를 동봉하여 주십시오.

감사합니다.

신입생

freshman

Tip 미국 대학에서는 1학년 freshman, 2학년 sophomore, 3학년 junior, 4학년 senior이고 영국에서는 in first year, in second year, in third year, in fourth year라고 한다.

Tip 선배 senior, 후배 junior라는 말이 있지만 대학교 내에서 별로 쓰이지 않는다. 친구의 개념이 더 강하다. Membership training 일명 MT도 한국에서 만들어진 한국 영어이다.

야단맞다

be scolded

A Jimmy was scolded by his teacher for sleeping in class.
지미는 수업시간에 자다가 선생님께 야단을 맞았어.

B Why was he sleeping in class?
수업중에 왜 잤대?

A He said he was playing Play Station until 3 in the morning.
플레이스테이션을 새벽 3시까지 했대.

왜 늦게 왔니?

Why are you late?

Tip 지각 lateness | 결석 absence

어울리다

hang out

A What did you do after school?
어제 방과 후에 뭐했니?

B I hung out with my friends downtown.
시내에서 친구들이랑 놀았어요.

여자 친구	**girlfriend**

Tip lover는 애인이라는 뜻보다는 '내연 관계인 사람'이라는 뜻으로 더 자주 쓰인다. '남자 친구'는 boyfriend.

연애하다	**go out / date**

유학	**studying abroad**

A There are lots of Koreans in my school.
우리 학교에 한국 애들이 많아.

B In Korea, more and more students are studying abroad.
한국에서 점점 더 많은 학생들이 유학을 오거든.

이르다 / 고자질하다	**tell on**

ex I'm going to tell Mom on you if you don't give back my book.
내 책을 돌려주지 않으면 엄마한테 이를 거야.

재수강하다	**retake**

A I got a B in English. What about you?
나 영어 B 맞았어. 넌?

B Don't ask. I have to retake this course.
묻지도 마. 이거 재수강 해야 돼.

전학하다	**move to a different school**

점수를 얻다	**get grades**

A Jake got straight A's last semester.
제이크는 지난 학기에 모두 A를 받았어.

	B Wow. Good for him. 우와. 대단한데.
졸업 파티	**senior prom** **A** I'm looking forward to the senior prom. 졸업 파티가 너무 기다려져. **B** Me too. There will be a DJ and some events. 나도 그래. 디제이와 이벤트가 있을 거야.
중퇴하다	**quit** **drop out** **A** Whatever happened to Terry. I haven't seen him on campus? 도대체 테리 어떻게 된 거야? 캠퍼스에서 본 적이 없어. **B** He dropped out. 중퇴했어. ex He quit college. / He dropped out of college. 그는 대학을 중퇴했다.
지도교수	**professor in charge**
집중하다	**concentrate on** **focus** **A** It is hard to concentrate on this class right after lunch. 점심시간 직후에는 수업에 집중하기가 어려워. **B** Tell me about it. 그러게 말야.
짝사랑하다	**have a crush on** Tip One side love는 쓰이지 않는 콩글리시다.

A When I was 14, I had a crush on you.
   내가 14살일 때 널 짝사랑했었어.
B Really? I had no idea.
   정말? 전혀 몰랐네.

첫사랑	**puppy love** **first love**
청소년기	**adolescence** Tip 청소년 **teenager**
총장	**president** A Where did the president graduate from? 그 총장은 어디 졸업했나? B The president of the university graduated from Oxford. 그 대학교 총장은 옥스포드를 졸업했어요.
출석부	**attendance sheet**
칠판	**blackboard** Tip 화이트보드 **whiteboard**
퇴학당하다	**be kicked out** A Did you hear about Doug? 더그에 관해 들은 거 있어? B No. What happened? 아니. 뭔데? A He was kicked out of school for doing drugs. 마약을 해서 학교에서 퇴학당했대. B Doug? I didn't think he was the type. 더그가? 그럴 스타일이 아닌 것 같았는데.

특별 활동	**extra curricular activities**
	after school clubs
	A How can I go to an Ivy League university?
	아이비리그 학교를 가려면 어떻게 해야 하나요?
	B Students are expected to have high grades and a variety of extra curricular activities to get into an Ivy League university.
	아이비리그를 목표로 하는 학생들은 높은 점수와 함께 다양한 특별 활동을 해야 한다.

편입하다	**transfer**
편입생	**transfer student**
	Tip 한국보다 편입하기가 쉽다. 금전적인 문제로 일부로 2년제 대학에서 학점을 듣고 옮기는 경우도 많다.

학교 식당	**cafeteria**
	A Wow, this is pretty good for cafeteria food.
	우와! 학교 식당 치고 음식이 아주 좋네.
	B This is the best cafeteria on campus.
	학교에서 제일 좋은 식당이야.

| 학급 친구 | **classmate** |
| | Tip mate는 친구를 뜻한다. 한 방을 같이 쓰는 사람은 roommate 또는 housemate라 하고, cellmate는 감옥 동기이다. |

학년	**grade**
	ex What grade are you in?
	몇 학년이니?

| 학부모 | **parent** |
| | Tip 학부모회 PTA(Parents Teacher Association) | 동창회 alumni association | 동창회(모임) reunion ⓔ 앨곤킨 대학교는 여러분 |

을 1997년 10주년 동창회에 초대합니다. The University of Algonquin invites you to attend the class of 1997's ten year reunion. | 동창 alumni

학부모 상담

parent teacher conferences

A Hello. My name is Youngshin Kim. I'm Susan Lee's mother.
안녕하세요. 저는 김영신이고 이수잔의 엄마입니다.

B How are you, Mrs. Kim? I'm Madeline Wilson.
안녕하세요. 전 매들린 윌슨입니다.

A It's nice to meet you. How is Sarah doing in school?
만나서 반갑습니다. 새라가 학교에서 어떤가요?

B Generally, she's doing well. I would say her performance is above average. Her reading is quite good.
대체적으로 잘하고 있습니다. 중간 이상입니다. 읽기는 매우 좋습니다.

A That's good. Is there any problem?
잘됐네요. 무슨 문제가 있나요?

B Well, she does have some behavior problems. Sometimes she daydreams in class. And she tends to be moody. Sometimes she is very happy. But other times she seems sad or angry.
저, 행동에 좀 문제가 있습니다. 수업 중에 잠시 공상을 합니다. 감정 기복이 심한 편이구요. 가끔은 매우 행복하고 다른 때는 슬퍼 보이거나 화가 나나 보입니다.

A Well, she does that at home, too. She didn't act that way until we moved last year. I think she's just going through a phase. It's a transition period for us.
집에서도 그래요. 작년에 이사 오기 전까지 그렇지 않았거든요. 힘든 시기인 것 같아요. 과도기라서요.

B I see. Let's give her some time to adjust. I'll let you know how she's doing when we meet again next semester.
알았습니다. 적응할 시간을 줘야겠네요. 다음 학기에 만나뵐 때 어떤지 다시 말씀드리겠습니다.

PART 6

미국 생활

	A I appreciate it. Thank you for your time. 고맙습니다. 시간을 내주셔서 감사합니다.
학생 대표	**the president of the student body**
학생 회관	**student union**
학원	**institute** Tip 대만과 일본에서는 학원을 cram school이라고 한다.

Culture Note

'피아노 학원'을 영어로 한다면 piano institute라고 할 수 있지만, 미국에는 피아노 학원이 없기 때문에 미국에서는 '피아노 교습을 받다(take piano lesson)'라고 해야 한다. ⓔ I took piano lessons when I was a kid. 내가 어렸을 때 피아노 교습을 받았다. '입시 학원'의 경우는 test preparation이라고 하면 된다.

미국에서는 학원이 거의 없고 개인 과외(private lesson)를 하러 집으로 가는 경우가 대부분이다. 방과 후 활동(extra curricular activity / after school club)과 학생 동아리가 활성화되어 대부분 학생들이 음악, 예술, 스포츠 등에 참여한다. 뉴욕, LA 등의 큰 도시에서는 한국 못지않은 극성 부모들도 많지만 대부분의 지역에서는 학교 수업에 의존한다.

학점	**credit**
	A How many credits do I have to earn to graduate? 졸업하려면 몇 학점을 이수해야 하나요?
	B You need 125 to graduate. 졸업하려면 125학점이 필요해요.
	A How many credits will you be taking? 몇 학점 신청할 거야?
	B I'll be taking 18 credits this semester. 이번 학기에 18학점 들을 거야.

학생연합회	students' association
학생회	student union

합격하다	enter
	get in
	pass

A I heard Laura applied to Stanford. What happened?
로라가 스탠포드 지원했다고 들었는데, 어떻게 됐어?

B She got in.
합격했어.

감점하다	reduce the points
꼴찌	the bottom of the class
구술 시험	oral test

A How was your test?
너 시험 어땠니?

B I hate oral tests. I couldn't say anything.
구술시험 너무 싫어. 아무 말도 못했어.

A That's too bad.
안됐구나!

기말고사	final exam

학교에서

A There's going to be an exam tomorrow.
내일 시험이 있을 거야.

B Really? I'm doomed.
정말? 난 죽었다 / 큰일났다.

A Are you cramming for your final?
기말고사 벼락치기 하는 중이니?

B Yeah. I don't think I'll get any sleep tonight.
응. 아무래도 오늘 밤에 한숨도 못 잘 것 같아.

낙제하다	flunk
	fail

get an 'F'

A How did your son do at his college this semester?
이번 학기에 당신 아들 성적은 어때?

B Terrible. He flunked English.
엉망이야. 영어 과목에서 낙제했어.

Tip 미국은 한국보다 학사 관리가 엄격하다. 특히 대학교에서는 F를 받는 경우가 종종 있다.

Tip 미국 시험

MCAT : Medical College Admission Test 의과 대학 입학 시험 |
GMAT : Graduate Management Admission Test 대학원 입학 시험(MBA의 경우에 필요하다) | LSAT : Law School Admission Test 법과 대학 입학 시험 | SAT : Scholastic Aptitude Test 수학 능력 평가 | CPA : Certified Public Account 공인회계사 | GRE : Graduate Record Exam 대학원 시험

다른 학생의 답을 베끼다 | **copy another student's answers**

모의고사
practice test
model test

밤을 새다
stay up all night

ex I stayed up all night studying for tomorrow's test.
내일 시험 준비를 위해 밤을 새워 공부했다.

벌을 서다 | **be punished**

벼락치기
procrastinate

cramming

Tip cram은 '마구 쑤셔넣다'의 의미로, 벼락치기로 전날 몰아서 시험 준비나 숙제를 하는 것을 말한다.

A I stayed up all night yesterday to finish my paper.
어제 리포트 끝내느라 밤을 꼬박 샜어.

B Why do you always procrastinate? You should have started to write your paper two weeks ago!
넌 왜 항상 벼락치기냐? 2주 전부터는 리포트를 쓰기 시작했어야지!

A I know but I can't help it.
나도 알아. 그런데 어쩔 수가 없어.

> **Tip** 리포트 paper(report는 주로 '보고서'를 말한다.) | 밤을 꼬박 새다 **stay up all night** | (나도) 어쩔 수가 없어. **I can't help it.** | 벼락치기하는 사람 **procrastinator**

성적이 상위권이다	be a cut above the rest
수학에는 정말 자신 없어.	Math is beyond me.
일등	top score
점수	points
점수가 짜다	be a tough grader

> **Tip** 점수가 후하다 be an easy grader

A Oh, man! I got a C on Math.
이런! 수학을 C 받았어.

B The math teacher is a tough grader.
수학 선생님은 점수를 짜게 줘.

A I heard Professor Jones is an easy grader.
존 교수님은 점수가 후하다고 들었는데.

B It's true. I had him last semester.
맞아. 지난 학기에 수업 들었어.

중간고사	midterm

쪽지시험	## pop quiz
	## surprise quiz

학교에서

A How was your pop quiz?
퀴즈 잘 봤니?

B I did terrible on it. I just marked the answer sheet randomly.
망쳤어. 그냥 답을 대충 찍었어.

A Sorry to hear that.
저런, 안됐구나.

B How about you?
넌 어때?

A Well. The questions were easier than I thought.
글쎄, 문제들이 생각보다 쉬웠어.

B Good for you.
잘됐구나.

> **Tip** 시험을 망치다 do terrible on the test

찍다

guess

A How did you get an A on that exam? You barely studied.
그 시험에서 어떻게 A를 받았니? 공부도 거의 안 했잖아.

B Well, I just guessed.
글쎄, 내가 잘 찍나봐.

채점하다

mark

grade

A When can I know my grade?
언제 제 점수를 알 수 있나요?

B I will grade your papers and give them back to you next week.
리포트 채점해서 다음주에 돌려줄 거야.

출석은 성적의 20%입니다.	Attendance counts for 20% of the grade.
커닝하다	cheat
커닝하는 것을 들키다	be caught cheating

A If you are caught cheating on a test in university, you may be expelled.
대학교에서 커닝하다 들키면 퇴학당할 수도 있어.

B Are you accusing me of cheating on the exam?
내가 시험 때 커닝했다고 비난하는 거니?

Tip 학교에 따라 다르지만 커닝에 대한 교칙은 매우 엄한 편이다.

틀린 곳을 고쳐주다	fix the mistakes
평가	evaluation
절대평가인	uncurved
상대평가인	curved

Tip 상대평가의 경우 몇 %에 따라 성적이 결정된다. 시험 결과가 낮을 경우 과목 교수에게 보충 숙제(extra homework)를 요청할 수도 있다.

A How are your classes going?
수강하는 과목들 어때?

B Generally OK, but I'm worried about math.
대체적으로 괜찮아. 그런데 수학이 문제야.

A What's the problem?
뭐가 문제야?

B It is a curved class and my classmates are really good.
상대 평가 수업인데, 반 친구들이 너무 잘해.

필기 시험	written test
학교 성적	school record
	grade

쪽지시험

수업 중에 예고 없이 보는 쪽지시험을 pop quiz / surprise quiz라고 하며, 미국에서 매우 흔한 시험 형태이다.

가장 듣고 싶지 않은 선생님의 말은?

"Today we're having a pop quiz. Please put everything under the desk except for a pen or a pencil."
"오늘 쪽지 시험 보겠어요. 책상 위 물건들을 밑에 넣으세요. 연필이나 펜을 빼구요."

14 도형·모양에 관한 말

MP3 6-14 ▶

가로	horizontal
세로	vertical
높이	height
넓이	width
길이	length
무게	weight
면적	dimensions
깊이	depth
부피	volume

A What is the volume of a cube which has a length, height, and width of 1 meter?
길이, 높이, 넓이가 모두 1미터인 입방체의 부피는 얼마인가?

B 1 cubic meter.
1세제곱미터.

가로줄	horizontal line
세로줄	vertical line

곡선	curve
	curved line

ex Calculate the length of curved line AB.
AB곡선의 길이를 계산해라.

346

직선	**straight line**
	A Draw a straight line from A to B. A에서 B까지 직선을 그어봐.
	B But I can't draw a straight line. 그런데 직선을 잘 못 그리겠어요.
	A Then use a ruler. 그럼 자를 사용해라.
평행선	**parallel line**
	ex Parallel lines never meet. 평행선들은 절대 만날 수 없다.
포물선	**parabola**
부채꼴	**fan-shape** **sector form**
사다리꼴	**trapezoid**
	A How many sets of parallel lines does a trapezoid have? 사다리꼴은 몇 쌍의 평행선을 가지고 있을까?
	B A trapezoid has one pair of parallel lines. 사다리꼴은 한 쌍의 평행선을 가지고 있습니다.
삼각형	**triangle**
	Tip 밑변 **base**
원형	**a circle**
	A Are two 10 inch circles the same size as one twenty inch circle? 10인치의 원형 두 개는 20인치 한 개의 원형과 같은 크기인가?

	B Only the length is the same. The twenty inch circle has a greater area. 길이만 같다. 20인치 원형의 면적이 더 크다.
직사각형	**rectangle**
원	**circle**
반원	**half circle** **semicircle**
	A What is the area of a half circle if the diameter is five inches? 지름이 5인치인 반원의 크기는 얼마일까? **B** The area is 12.5π. 12.5파이입니다.
원주 / 원기둥	**a cylinder**
	A What is the volume of a cylinder if the radius is 3 centimeters and the height is 10 centimeters? 반지름이 3cm이고 높이가 10cm인 원주의 부피는 얼마일까? **B** The volume is 90π. 90파이입니다.
저울	**scale** ex Step on the scale. 저울 위에 서라. ex the lines on the scale 저울 눈금
지름	**diameter**
반지름	**radius**

348

A Which is longer, the radius or diameter?
반지름과 지름 중에 무엇이 더 길까?

B The diameter is twice as long as the radius.
지름이 반지름보다 두 배 더 길어요

평평하지 않다.

It's not flat.

PART 6 미국생활

곱하다	**multiply**
	times
	ex◀ Four times seven equals twenty eight.
	4 곱하기 7은 28이다. / 4×7 = 28
나누다	**divide**
	divided by
	ex◀ Twelve divided by six equals two.
	12 나누기 6은 2이다. / 12÷6 = 2
더하다	**add**
	plus
	ex◀ Seven plus twelve equals nineteen.
	7 더하기 12는 19이다. / 7 + 12 = 19
	A On Monday, Sally buys ten apples. On Tuesday, she buys seven oranges. How much fruit does she have?
	샐리는 월요일에 사과 10개를 사고, 화요일에는 오렌지 7개를 산다면 모두 몇 개의 과일을 가지고 있을까?
	B She has seventeen pieces of fruit.
	17개를 가지고 있어요.
빼다	**subtract / minus**
	ex◀ Six minus two equals four.
	6 빼기 2는 4이다. / 6 - 2 = 4

	A Four people get on an empty bus. At the next stop, three more people get on. Then, at the next stop, two people get off and six people get on. How many people are on the bus? 네 사람이 빈 버스에 탄다. 다음 정거장에서 세 명이 더 탔다. 그리고 다음 정거장에서 2명이 내리고 6명이 탔다. 버스에는 모두 몇 명이 남아 있을까?
	B There are eleven people on the bus. 11명이요.
섭씨	Celsius
화씨	Fahrenheit
	ex How to convert Celsius to Fahrenheit roughly? 대충 섭씨를 화씨로 바꾸는 법
	Tip (C×2) + 30
영상	above zero
영하	below zero
일기 예보	weather forecast
	A Did you hear the weather forecast today? 오늘 일기예보 들었니?
	B Yes. It's going to be ten below zero. 영하 10도가 될 거래.
	A Wow! That's cold! 우와! 춥겠다!
짝수	even number
홀수	odd number
최고 온도	the highest temperature

PART 6

미국 생활

최저 온도	the lowest temperature
치수를 재다	measure
가슴 둘레	girth / circumference of one's chest
허리 둘레	one's waist measurement
엉덩이 둘레	one's hip measurement

16 미술 활동에 쓰이는 말

그림을 그리다	**draw (a picture)** ex Draw a picture of a rabbit. 토끼 그림을 그려라.
물감	**water colors**
물감을 짜다	**squeeze water color**
물통	**water pail** **bucket** ex Dip the brush into the water pail. 붓을 물통에 넣어라.
미술 용구	**art tool**
붓	**brush**
색연필	**colored pencils** A Grace, that's a really cool set of colored pencils. 그레이스, 그거 정말 끝내주는 색연필이네. B Do you like them? They are imported from Japan. They cost me a fortune. 멋지지? 일본 수입품이야. 진짜 비싼 거야.
색칠을 하다	**color**

ex Color the picture of a farmer.
농부 그림을 색칠해라.

A Why don't we do some coloring?
색칠 좀 해 볼까?

B Sounds great.
좋지.

선을 긋다

draw (lines)

ex Draw a line from A to B.
A에서 B까지 선을 그어봐라.

스케치북

sketchbook

A Courtney is always drawing. She's always got her sketchbook with her.
커트니는 언제나 그림을 그리느라 스케치북을 끼고 살아.

B I've seen her drawings. She's an amazing artist.
그림을 봤는데, 정말 능력있는 아티스트예요.

A I always take a sketchbook with me in case I find something interesting to draw.
난 그리고 싶은 재미있는 것을 발견할 때를 대비해서 언제나 스케치북을 가지고 다녀.

B So, what do you like to draw?
그럼 어떤 걸 그리고 싶은데?

수채화

water color painting

연필 깎기

pencil sharpener

Tip 샤프펜슬 mechanical pencil : 미국에서는 샤프펜슬보다 연필을 더 많이 사용한다.

연필을 깎다

sharpen a pencil

	A Teacher, my pencil is broken. 선생님, 연필이 부러졌어요.
	B Then sharpen it. Do you really have to ask? 그러면 깎으면 되지. 꼭 물어 봐야겠니?
유화	**oil painting**
인물화	**figure painting**
(가위로) 자르다	**cut (with scissors)** ex Cut along the dotted line. 점선을 따라 잘라라.
정물화	**still-life painting** **A** All the students in Mrs. Pearl's art class have to draw a still life. 펄 선생님 반의 학생들은 모두 정물화를 그려야 해. **B** Isn't that boring? I thought you want to be a comic book artist. 그거 지루하지 않아? 난 네가 만화가가 되고 싶어하는 줄 알았는데.
종이를 접다	**fold paper** **A** Fold the paper in half along line B. 선 B를 따라서 반으로 종이를 접어라. **B** Like this? 이렇게요? Tip 반으로 in half ㅣ 종이접기 origami ④ 일본은 종이접기로 유명하다. Japan is famous for origami. ex Fold the paper in half. Now put it in the envelope. 종이를 반으로 접어서 봉투에 넣어라. Tip 봉투 envelope

추상화	## abstract painting
	A I don't understand why Picasso is so famous. His art is so weird. 난 피카소가 왜 유명한지 이해가 안 돼. 그의 작품은 정말 이상한데.
	B Picasso is famous for his abstract paintings. 피카소는 추상화로 유명하잖아.
크레파스	## crayon
	ex Color the picture with crayons or water colors. 그림을 크레파스나 물감으로 색칠해라.
팔레트	## palette
	ex You can mix the colors on the palette. 팔레트에서 색깔을 섞을 수 있다.
풀칠하다	## glue
	ex Glue the pieces of paper together. 종이 조각을 함께 풀칠해라.
풍경화	## landscape painting
	A Landscape paintings should be simple. 풍경화의 그림은 단순해야 한단다.
	B Should I redo it? 다시 할까요?
	Tip 다시 하다 redo

은행·입출금에 관한 말

계좌	**account**
	A I'd like to open an account. 계좌를 개설하고 싶은데요.
	B Sure. What kind of account would you like to open? 어떤 계좌를 만들고 싶으신가요?
	ex I'd like to square my accounts with the bank. 제 계좌를 정리하고 싶은데요.
계좌 번호	**account number**
	A I'd like to order product number 7A12 from your catalog. 카탈로그에 있는 상품 번호 7A12를 주문하고 싶은데요.
	B Could I have your account number, please? 계좌 번호가 어떻게 되시죠?
번호표를 뽑아서 차례를 기다리세요	Take your number and wait your turn.
비밀 번호	PIN(Personal Identification Number)
	ex Enter your PIN. 비밀번호를 누르세요.
송금하다	transfer wire

A Where's the money you owe me?
나한테 빌린 돈 어딨어?

B Relax. I'll have my dad wire the money to me.
진정해. 아빠한테 돈을 송금해 달라고 했어.

ex I have the money transferred automatically.
난 돈이 자동으로 빠져 나가게 해놨다.

Tip 자동적으로 automatically

신용 대출 한도액이
초과되었습니다.

You have exceeded your credit limit.

Tip 정중한 표현은 You maxed out your credit.

신용 카드

credit card

ex This card is expired.
이 카드는 만기일이 지났습니다.

여행자수표

traveler's check

A I'd like to cash a traveler's check.
여행자수표를 현금으로 바꾸고 싶은데요.

B Sure. May I see your picture ID?
예. 사진이 있는 신분증 있나요?

예금

deposit

예금하다

deposit
make a deposit

A How can I help you?
어떻게 도와 드릴까요?

B I'd like to make a deposit.
예금을 하려구요.

예금 통장

bank book

A I tried to update my bank book, but the machine didn't work.
통장 정리를 하려고 했는데 기계가 고장났어요.

B I'll take care of that for you.
제가 봐 드리죠.

이서하다

endorse

sign

A Please endorse it on the back.
(수표) 뒷면에 이서를 해주세요.

B Which end should I sign?
어떤 면에 이서해야 하나요?

이 수표를 현금으로 바꿔 주시겠어요?

May I have this check cashed?

Could you cash this check?

> **Tip** 미국에서는 개인수표를 발행할 수 있다. '개인수표계좌'를 checking account라고 하고, '저축예금계좌'를 savings account라고 한다.

A I'd like to open a checking account. Do you have any accounts for college students?
개인수표계좌를 개설하고 싶은데요. 대학생을 위한 계좌가 있나요?

B Yes. We're got an account with a minimum balance of zero dollars. However, it's not an interest generating account.
네. 최소 예금 잔액이 0달러짜리가 있는데 이자가 없습니다.

A Well, that's alright. Do you have any branches on campus?
괜찮아요. 교내에 지점이 있나요?

B Yes, we do. There's a branch in the student union and an ATM in the fine arts building.
네. 학생회관 내와 미술관에 ATM이 있습니다.

A How much of a deposit do I have to start with?
시작하려면 얼마를 예금해야 하나요?

B Well, since there's no minimum balance, you can start with a dollar if you want.

최소 예금 잔액이 없는 계좌이므로 원하시면 1달러로 시작할 수 있습니다.

A I only have fifty dollars since my payday is tomorrow. I'll open the account with a fifty dollar deposit then.

내일이 월급날이라 지금 50달러밖에 없네요. 그럼 50달러로 계좌를 열겠습니다.

B What's your name, please?

성함이 어떻게 되십니까?

> Tip 지점 branch | 발생하다 generate | 이자 interest | 최소 예금 잔액 a minimum balance

---

이 신청 양식을 작성해 주세요	Please fill out this application form.
인출하다	withdraw money make a withdrawal > Tip 인출하다 withdraw
잔고	balance
잔고 부족으로 인출할 수 없다	bounce a check because of insufficient funds

A I'd like to withdraw a hundred dollars.

100불을 찾고 싶은데요.

B Your balance is eighty dollars. I'm afraid you don't have enough money in your account.

잔고가 80달러뿐입니다. 잔고가 부족하네요.

펀드에 가입하고 싶습니다.	I'd like to open a mutual fund account.
현금 자동 인출기	ATM(Automatic Teller Machine)
ATM에서 돈을 빼다	withdraw money from an ATM

| 현금 서비스를 받을 수 있을까요? | Can I get a cash advance?
Tip 현금 서비스 a cash advance |
| 현금 카드 | cash card
ex I'd like to apply for a cash card.
현금 카드를 신청하고 싶은데요
Tip 신청하다 apply for |

견인되다	**be towed**
	A Wait, I just parked my car in front of that store. It must have been towed. 잠깐, 저기 가게 앞에 차 세워놨었는데, 견인해 갔어. **B** Oh, no! You better go get it out. 어떡하니? 가서 찾아와야지.
경적을 울리다	**honk the horn**
과속을 하다	**speed**
기계공	**mechanic**
기름을 넣다	**put gas in the car** **get gas**
깜빡이를 켜다	**turn on the turn signal**
끼어들다	**cut someone off**
	A I'll never get in the car with Tom again. 난 탐과 다시는 차에 같이 안 탈 거야. **B** Why? 왜? **A** He gets so angry whenever someone cuts him off. It's really annoying. 누가 끼어들 때마다 얼마나 화를 내는지 몰라. 정말 짜증나.

무단 횡단	jaywalking
	ex He got a ticket for jaywalking. 무단 횡단으로 딱지를 받았다.
무면허 운전	driving without a license
방어 운전자	defensive driver
벌금	fine
불법 주차 견인	towing an illegally parked car
	ex I got a ticket for illegal parking. 불법 주차로 딱지 받았어.
브레이크를 밟다	slow down hit the brakes decelerate
뺑소니	hit and run
뺑소니 운전자	hit and run driver
뺑소니를 치다	run away
사람을 치다	hit people
	Tip 행인을 치다 hit a pedestrian ㅣ 보행자 pedestrian
새 차를 뽑다	choose / buy a new car
세게 밟다	speed up hit the gas accelerate

시동을 켜다	**start the car**
	A How is your car running? 자네 차 잘 가지?
	B It doesn't start very well in the winter. 겨울에는 시동이 잘 안 걸려.
신호등 앞에서 멈추다	**stop at the traffic signal / stoplight**
신호를 지키다	**observe traffic signals**
속도 방지 턱	**speed bump**
안전벨트를 매다	**put on a seat belt** **fasten a seat belt**
	A Put on your seat belt. 안전벨트 매.
	B Oh, I forgot. 깜빡했네.
양보하다	**yield**
위반 딱지	**ticket**
딱지를 떼다	**get a ticket**
	A Where are you going? 어디 가는 중이야?
	B I have to go to court. I got a speeding ticket. 법원에 가. 속도 위반 딱지를 받았거든.
	Tip 속도 위반 딱지 **speeding ticket** ǀ 주차 위반 딱지 **parking ticket**
음주 운전자	**drunken driver**

음주 운전	**drunk driving**
	A I heard that Russ lost his driver license.
	러스가 면허 취소됐다고 들었어.
	B That's right. He was convicted of drunk driving.
	맞아. 음주 운전으로 유죄 판결을 받았거든.
	Tip ～로 유죄 판결을 받다 be convicted of ~
(차량구입 시) 이 모델의 연비는 얼마입니까?	**What's the gas mileage for this model?**
이 차는 정말 고물이야.	**It's a lemon.**
	Tip lemon은 주로 '고물차'를 지칭한다.
정비소	**repair shop**
	body shop
	ex I need to go to a body shop to get my car fixed.
	자동차 수리하러 정비소에 가야 해요.
졸음 운전	**falling asleep while driving**
	asleep at the wheel
주차시간 자동표시기 / 파킹미터	**parking meter**
	Tip 미국에서 길거리 주차시 칸마다 파킹미터가 설치되어 주차하는 시간에 따라 동전을 주입한다. 시간이 경과될 경우 딱지를 떼이게 된다.
	A I'm out of coins. I need coins for parking meter. Do you have a change for a dollar?
	주차하려고 파킹미터에 동전을 넣어야 되는데 동전이 없네요. 1달러 바꿔 줄 수 있어요?
	B Sure.
	여기 있어요.
	A Thanks.
	고마워요.

	자동차 관련 용어
	핸들 steering wheel | 백미러 rearview mirror | 와이퍼 windshield wipers | 안개용 전조등 fog lights | 액셀 gas pedal, accelerator | 에어백 airbags | 브레이크 등 brakelights
차문이 잠겨서 못 들어가요.	I'm locked out of my car.
차를 대다	**pull over** **park** ex park a car in the parking lot 주차장에 차를 대다 A Pull over the car over there. 저쪽에 차를 대세요. B What's the problem, officer? 경관님. 뭐가 문젠가요?
차선	**lane** ex Don't change lanes. 차선을 변경하지 마시오.
차에 치다	**be hit by a car** A What happened to your leg, Greg? 그레그, 다리가 왜 그래? B I was hit by a car while crossing the street. 길을 건너다가 차에 치었어. Tip 길을 건너다 cross the street
초보 운전자	**beginning driver**
추월하다	**pass**
추월 금지	**no-passing zone**

충돌하다	collide with
	crash into
폭주족	motorcycle gang

memo

PART 7

사람에 관련된 표현

외모나 성격에 대해 영어로 설명할 수 있나요?
우선 나 자신은 어떤 사람인지 생각해 봅시다.

신체 부위에 관한 말

머리	head
머리가 좋다	be smart
머리가 맑다	be clear

A What's the matter?
무슨 일이야?

B I can't concentrate. I've got to clear my head.
집중이 안 돼. 머리를 맑게 해야겠어.

Tip 집중하다 concentrate

머리가 길다	have long hair
머리가 하얗게 세다	turn gray

Tip '머리가 하얗게 세다'는 white 대신 주로 회색을 나타내는 gray를 사용한다.

ex Her hair began to turn gray after she turned 50.
그녀는 50세에 들어서면서 머리가 세기 시작했다.

머리가 아프다	have a headache

Tip 두통 headache

머리를 들다	lift one's head
	raise one's head

	ex She lifted her head and said, "Here" when the teacher called her name. 선생님이 이름을 부르자 그녀는 "네." 하면서 고개를 들었다.
	Tip 호명되면 Yes가 아니라 Here라고 한다.
고개를 끄덕이다	nod one's head
고개를 떨구다	lower one's head (in shame)
	ex The defendant lowered his head when the judge read the sentence. 피고인은 판사가 형량을 선고하자 고개를 떨구었다.
고개를 숙이다	bow
	ex People have to bow when greeting each other in East Asia. 동아시아에서는 서로 인사할 때 고개를 숙여야 한다.
고개를 흔들다	shake one's head
	A What did your boss think about your suggestion? 네 제안에 상사가 뭐라고 했니?
	B He shook his head and said "no". 그는 고개를 흔들며 아니라고 했어.
	A That's too bad. 저런, 안됐네.
눈	eyes
눈꺼풀	eyelid
눈동자	pupil
눈물	tears
눈병	eye disease

PART 7

신체에 관련된 표현

아폴로 눈병	**pink eye**
쌍꺼풀	**double eyelid**

A What's wrong? You look really tired.
괜찮아? 굉장히 피곤해 보이네.

B It's my eyes. They're been very sensitive today. Especially the bright lights make my eyes hurt.
내 눈 때문이야. 오늘따라 굉장히 민감하네. 특히 밝은 빛 때문에 눈이 아파.

A Have you been to see a doctor yet? You know, if you have pink eye, you could infect other people.
아직 의사한테 안 갔어? 아폴로 눈병이면 다른 사람들한테 전염돼.

A You're right. I'll call my doctor right away.
맞아. 당장 의사한테 전화해야지.

Tip 민감한 **sensitive** ∣ 전염, 감염시키다 **infect** ∣ 당장 **right away**

눈썹	**eyebrow**
눈썹을 찌푸리다	**knit one's brow**
짙은 눈썹	**thick eyebrows**

ex She is famous for having thick eyebrows.
그녀는 짙은 눈썹으로 유명하다.

코	**nose**

A Did you see Suzy Wong? I can barely recognize her!
수지 웡 봤니? 알아보지 못할 뻔했어.

B Didn't you notice she had a nose job? I think she had her boobs done, too.
코 수술한 것 눈치 못 챘니? 가슴 수술도 한 것 같은데.

A Yeah, I think you're right. But she looks fantastic!
그래. 네 말이 맞는 거 같구나. 그래도 멋져 보이는데.

Tip 알아보다 recognize | 알아차리다 notice

Tip 속어로 '코 수술'은 a nose job, '가슴 수술을 받다'는 have one's boobs done이라고 한다.

콧구멍	nostrils
콧대	the bridge of the nose

콧물	snot
콧물이 흐르다	My nose is running.

> ex Because I had a runny nose, I had to blow it.
> 콧물이 줄줄 흘러서 코를 계속 풀어야 했다.

코가 막히다	have a stuffy nose

> ex It's hard to breathe because I have a stuffy nose.
> 코가 막혀서 숨쉬기가 힘들다.

코를 후비다	pick one's nose

A Sweetie, it's not good manners to pick your nose.
얘야, 코를 후비는 것은 좋은 매너가 아니야.

B Sorry, Mom.
미안해요, 엄마.

코를 풀다	blow one's nose

콧대가 높다	be stuck up
	be a snob

A I don't know why Susan is still single. She is very beautiful.
왜 수잔이 아직 솔로인 줄 모르겠어. 저렇게 예쁜데.

PART 7

사람에 관련된 표현

B She's such a snob. That's why she doesn't have a boyfriend.
콧대가 높아서 남자친구가 없는 거야.

Tip 솔로 single

입	**mouth**
입술	**lips**

입이 무겁다

able to keep a secret

be tight-lipped

A Can you keep a secret?
비밀 지켜줄 수 있어?

B What, don't you trust me? It's OK. You can tell me.
날 못 믿니? 괜찮아. 말해 봐.

Tip 믿다 trust

입이 가볍다

can't keep a secret

A I never talk to Todd.
토드랑 절대 얘기 안 할 거야.

B Why?
왜?

A Everyone avoids him because he can't keep a secret.
그는 입이 싸서 모든 사람들이 그를 피하잖아.

Tip 피하다 avoid

수다쟁이

big mouth

chatterbox

A I heard Nicole has been spreading rumors about you and Jordan.
니콜이 너와 조단에 관한 루머를 퍼뜨리고 다닌대.

B That's just like her. Everyone in the neighborhood knows she has a big mouth.
그애답네. 그녀는 수다쟁이로 그 동네에서 유명하거든.

Tip 퍼뜨리다 spread

말주변이 없다	one doesn't know what to say
말주변이 좋다	one is well spoken
	one is a good talker

A The clerk is a good talker so she sells a lot of merchandise.
그 점원은 말주변이 좋아서 물건을 많이 팔아요.

B That's great. We need more people like her working for us.
잘 됐네요. 우리는 그녀 같은 사람이 더 필요해요.

입이 짧다   not eat much

have a small appetite

A I'm worried because my child doesn't eat much.
우리 아이가 입이 짧아서 걱정이에요.

B Don't worry. It's just a phase. He'll grow out of it.
걱정하지 마세요. 그냥 그럴 때가 있어요. 괜찮아질 거예요.

이   tooth

teeth (복수)

이가 나다   teeth come out

teethe

이를 빼다   pull a tooth

have a tooth pulled

ex Mr. Kim went to the dentist to have a wisdom tooth pulled.
미스터 김은 사랑니를 빼러 치과에 갔어요.

이가 빠지다

teeth fall out

A My son's baby teeth are starting to fall out.
우리 아들 유치가 빠지기 시작했어.

B Are you doing the tooth fairy thing?
치아 교정할 거야?

Tip 유치 baby teeth

Tip 미국에서 유치가 빠지면 침대 속에 넣어 놓으면 이 요정이 밤에 와서 가져가는 대신 몇 달러를 놓아둔다고 한다. 많은 가정에서 부모들이 몇 달러씩 넣어둔다.

이를 때우다

have a tooth filled

A I need to go the dentist and have a tooth filled.
이를 때우러 치과에 가야 해.

B When is your appointment?
예약 언제야?

새로운 이를 해넣다

implant

덧니

double tooth

충치

cavity

A You should brush your teeth to avoid getting cavities.
이를 잘 닦아야 충치가 안 생겨.

B I know, but I don't have much time.
알아요. 그런데 시간이 없어요.

사랑니

wisdom teeth

A My wisdom teeth didn't come out until I was twenty.
나는 20살이 될 때까지 사랑니가 안 났어.

B That's not uncommon.
드문 일도 아니야.

Tip 드문 **uncommon**

어금니	molar
송곳니	fang eye teeth
틀니	dentures
잇몸	gums
이쑤시개	toothpick
치석	plaque

A Your teeth look terrible. When's the last time you went to the dentist?
이가 엉망이네. 치과에 언제 갔었니?

B Maybe two years ago.
2년 전쯤.

A You have to get a dental cleaning regularly in order to remove plaque.
치석을 제거하려면 치과에서 주기적으로 스케일링을 받아야 해.

신경 치료	root canal

A The dentist said I needed a root canal.
치과 의사가 그러는데, 나 신경 치료 받아야 한대.

B A root canal? That's terrible. I've heard it's really painful.

PART 7 사급에 관련된 표현

신경 치료라고? 정말 안됐구나. 그거 정말 아프다던데.

Tip 고통스러운 painful

치약	**toothpaste**
치과	**dental clinic**
	dentist

Tip '치과에 가다'는 go to a dental clinic이란 말보다 go to the dentist라고 대부분 말한다.

치과의사	**dentist**
치통	**toothache**
스케일링하다	**have one's teeth cleaned**

A I had my teeth cleaned on Tuesday.
화요일에 스케일링했어.

B Any cavities?
충치는 없었어?

A Not this time. Thank God.
이번엔 없었어. 정말 천만다행이야.

치아 교정

braces

ex A lot of teenagers in North America have braces.
북미의 많은 청소년들은 치아 교정을 한다.

A How's it going Laura?
요새 어떻게 지내, 로라?

B Not so good. I had a horrible experience at the dentist on Saturday.
별로 좋지 않아. 토요일에 치과에서 끔찍한 경험을 했거든.

A Really? What happened?

정말? 무슨 일인데?

B I went in for a cleaning. And then my dentist did an x-ray and discovered four cavities! And she recommended getting fillings right away. So I spent two hours getting my teeth drilled. It was hell. You know how much I hate going to the dentist.

스케일링하러 갔거든. 하고 나서 엑스레이 찍어 보니까 충치가 4개가 있는 거야. 의사 선생님이 얼른 때우라고 했어. 그래서 이를 2시간 동안 갈았어. 지옥이더군. 내가 얼마나 치과 가는 거 싫어하는지 알잖아.

A I know. You poor thing. How much did you have to pay?

알지. 불쌍한 것! 얼마나 들었어?

B Don't ask. That's even worse.

묻지도 마! 그건 더 끔찍하니까.

> Tip (친한 사이에) 불쌍한 것! **You poor thing.**

혀

tongue

A Did you see Jack?

잭 봤니?

B Yes, I can't believe he has a pierced tongue. Yuck!

응. 그가 혀에 피어싱을 하다니 믿을 수가 없어. 우웩!

혀를 내밀다

stick out one's tongue

A Doctor, I have a really bad cough and my throat hurts.

선생님. 기침이 많이 나고 목이 아파요.

B Stick out your tongue and say "aahhhh"

혀를 내밀고 '아~' 해보세요.

혀가 굳어지다

be speechless

be tongue tied

	A Well, I. You see ... uhh.
	저기… 음….
	B What's the matter? Cat got your tongue?
	뭐가 문제야? 왜 말 못해?

Tip 너무 더러울 때 '까마귀가 형님이라고 부르겠다.'라고 말하는 것처럼, 아무 말도 못하는 상대에게 '왜 아무 말도 안 해? Cat got your tongue?(고양이가 혀를 가져갔어?)'라고 말할 수 있다.

말문이 막히다

don't know what to say
speechless

A Look at this. It's four hundred dollars.
이것 봐. 400불짜리야.

B I'm speechless. I can't believe this product is so expensive.
할 말이 없다. 얼마나 비싼지 믿을 수가 없네.

혀를 깨물다

bite one's tongue

ex He bit his tongue because he was not careful.
그는 조심성 없이 혀를 깨물었다.

혀를 차다

click one's tongue

ex When I was young, my mother used to click her tongue when I did something bad.
어렸을 때, 엄마는 내가 잘못할 때 혀를 차곤 하셨다.

귀

ears

귀먹다

be deaf

귀가 밝다

have good hearing

귀가 어둡다

be hard of hearing

ex ◄ Please speak louder. I'm hard of hearing.
저는 귀가 어두우니, 좀 크게 말씀해 주세요.

A How's your grandma?
네 할머니 어떠시니?

B She's healthy but she is hard of hearing.
건강하신데 귀가 좀 어두우셔.

귀지를 파내다	clean one's ears
귀를 막다	cover one's ears
귀를 기울여 듣다	listen carefully pay attention ex ◄ Pay attention when I talk to you! 집중하고 들으세요!
귀에 거슬리다	be irritating
귀 후비개	swab Q-tip
목	neck
목덜미	the back of one's neck the nape of the neck
어깨를 으쓱하다	shrug one's shoulders ex ◄ He shrugged his shoulders and said "I don't know". 그는 어깨를 으쓱하며 "모르겠어요."라고 했다.

목을 조르다	**choke someone**
목구멍	**throat**

<ex> I have a sore throat.
목이 따끔따끔 아파요.

목소리	**voice**
목이 쉬다	**be hoarse**

A It's hard to speak since my voice is very hoarse.
목이 쉬어서 말하기 어려워.

B Alright. I'll just ask 'yes or no' questions.
알았어. 단답형으로 물어 볼게.

<Tip> '쉰 목소리'는 a hoarse voice라고 한다.

A What's wrong with your voice?
네 목소리 어떻게 된 거야?

B I went to a rock concert last night. I yelled and sang for three hours. That's why my voice is so hoarse now.
어젯밤에 록콘서트에 갔었어. 3시간 동안 노래하고 소리쳤지. 그래서 지금 목소리가 쉰 거야.

A You must have a sore throat, too. Was the concert worth it though?
목도 아프겠다. 그 콘서트가 그만큼 가치는 있었어?

B Absolutely. I'm going again tonight.
당연하지. 오늘 밤에 또 갈 거야.

<Tip> 소리치다 yell | 값어치가 있는 worth

목걸이	**necklace**

A How much for that pearl necklace?
그 진주 목걸이는 얼마죠?

B It's ten dollars.
10달러예요.

382

턱	chin

턱 **chin**

> Tip 이중턱 double chin

턱을 괴다 **put one's hand on one's chin**

A Can you be my model for my art homework?
내 미술 숙제 모델 좀 해줄래?

B Sure. What do I have to do?
좋아. 어떻게 하면 돼?

A It's simple. You can just sit and put your hand on your chin.
간단해. 그냥 손으로 턱을 받치고 앉아 있으면 돼.

주걱턱 **underbite**

cleft chin

> Tip 마이클 더글라스처럼 오목하게 갈라진 턱을 가리키기도 한다.

사각턱 **square jaw**

볼 **cheeks**

> ex Tears are flowing down my cheeks.
> 눈물이 볼을 타고 흐른다.

보조개 **dimple**

> ex You can see her cute dimples when she smiles.
> 그녀는 웃을 때 양쪽 뺨에 예쁜 보조개가 보인다.

가슴 **breasts**

chest

가슴을 펴다 **puff out one's chest**

> Tip 예전에는 bust를 '가슴'의 뜻으로 썼지만, 지금은 주로 '마약을 하다가 체포되다'라는 뜻으로 쓴다. ⓔ He got busted. 그가 마약하다가 잡혔어.

PART 7 사람에 관련된 표현

배	**belly**
	Tip 밸리댄스(배를 드러내고 추는 춤) belly
	stomach
	ex I had to have an operation on my stomach.
	나는 위 수술을 받아야만 했다.
	Tip 수술 operation

배가 불러.	**I'm full.**
	I'm stuffed.
	A Would you like another piece of pie?
	파이 한 조각 더 먹을래?
	B No, thanks. I'm stuffed.
	아니, 괜찮아. 배가 꽉 찼어.
	ex I'm so full. I can't eat another bite.
	배가 불러서 한 숟갈도 더 못 먹겠어.
	ex I feel like I'm going to pop.
	배가 (너무 불러서) 터질 것 같다.
	A Those were some good barbecued ribs.
	맛있는 바베큐였어.
	B I'm so full I feel like I'm going to pop. I can't believe I ate that much.
	배가 불러서 터질 것 같다. 내가 그렇게 많이 먹었다는 사실이 믿어지지 않아.

배가 고파.	**I'm hungry.**
	A I'm hungry.
	배 고파.
	B You're hungry again? You just ate!
	또 배고프다고? 좀 전에 먹었잖아!

배가 고파 죽을 것 같아.	I'm starving.
배에서 꼬르륵 소리가 나.	My stomach is grumbling.
배가 고파서 뭐든지 먹을 수 있을 것 같아.	I'm so hungry I could eat a horse.

A What do you want for lunch today?
오늘 점심에는 뭐 먹을래?

B I'm so hungry I could eat a horse. How about pizza?
난 배가 너무 고파서 뭐라도 다 먹을 것 같아. 피자 어때?

A Yeah. I'm hungry, too. I have a coupon from Encino's Pizza.
좋아. 엔치노 피자 쿠폰 있어.

B No way. Last time I had Encino's I had a stomachache and diarrhea for two days. I thought I was going to die!
절대 안 돼. 지난번에 엔치노 피자 먹고 이틀 동안이나 배탈이 나고 설사했어. 죽는 줄 알았다니까.

A OK. How about Pizza Viking?
알았어. 그럼 바이킹 피자는 어때?

> Tip 뭐라도 먹을 수 있어. I can eat a horse.

> Tip '돼지같이 많이 먹다'는 eat like a horse라고 해야 한다. eat like a pig는 '지저분하게 먹다'는 뜻이다.

배탈이 나다	have a stomachache
설사하다	have diarrhea
아랫배	lower abdomen

> ex My lower abdomen is bulging.
> 내 아랫배가 나왔어.

허리	back
	waist
허리를 펴다	straighten one's back

허리를 구부리다	bend over lean forward
가는 허리	little waist
손 손목	hand wrist

A Are you up for some basketball?
농구할래?

B Not really. My wrist is sore from playing tennis.
아니, 테니스를 쳐서 손목이 아파.

손바닥 손등	palm the back of one's hands
손금 손금을 보다	palm line have one's palm read

A Give me your hand. I'll read your palm.
손 좀 줘 봐. 손금 봐 줄게.

B Do you believe in that?
그런 걸 믿어?

팔찌	bracelet

A Here is my present. I bought a silver bracelet for you.
자. 선물. 은팔찌를 샀어.

B I'm sorry, but I can't wear this bracelet. I'm allergic to silver. Thanks anyway.
미안하지만 이 팔찌를 찰 수가 없어. 은에 알레르기가 있거든. 어쨌든 고마워.

Tip ~에 알레르기가 있다 be allergic to ~

be clumsy

> ex He's clumsy since he's never done it before.
> 그런 일을 처음 해봐서 좀 서투르다.

A This is the fax machine. You'll need to use it a lot, so I'll show you how. First, insert the original copy face down like this. Then dial the number you want to send the fax to. Finally, press the green button and wait until you receive a confirmation. Here, why don't you try it?
이것이 팩스예요. 앞으로 자주 사용할 것이니까 어떻게 하는지 알려드릴게요. 먼저 원본을 이렇게 글자를 아래쪽으로 해서 넣으세요. 그리고 보내려는 번호를 누르세요. 마지막으로 초록색 버튼을 누르고 확인사인을 받을 때까지 기다리세요. 자, 한번 해보세요.

B OK. Wait. The paper's not going into the machine. I'm kind of clumsy.
네. 잠깐만요. 종이가 기계에 안 들어가요. 제가 좀 서툴러서요.

A That's because you're putting the paper in sideways.
종이를 옆으로 넣고 있어서 그래요.

B OK. That's much better. Wait a minute, something's not right.
네. 이제 좀 낫군요. 잠깐만요. 뭔가 이상해요.

A The originals have to go face down. They're face up.
원본의 글자가 아래로 가야 하는데, 위쪽이잖아요.

B Oh, dear.
이런!

A Don't worry about it. You'll get the hang of it after you send a few faxes.
걱정 말아요. 몇 번 보내보면 쉽게 할 수 있을 거예요.

> Tip 팩스를 보내거나 복사할 때 글씨가 아래로 가도록 하는 것을 face down이라고 한다. 반대는 face up, 옆쪽으로 sideway, 편안해지다, 쉬워지다 get the hang of

| 손에 익다 | **get familiar with** |
| | **get the hang of** |

A I got more familiar with the work as time passed.
시간이 지나자 일이 손에 익었어요.

B That's what I thought.
저도 그렇게 생각해요.

Tip 시간이 흐르면서 as time passed

| 손뼉을 치다 | **clap** |
| 깍지를 끼다 | **clasp one's hands** |

| 손목 관절을 꺾다 | **crack one's knuckles** |

A Could you not crack your knuckles? That's really annoying.
손목 좀 꺾지 말아 줄래? 정말 신경 쓰이거든.

B Sorry.
미안해.

Tip 신경 쓰이다, 거슬리다 annoy

| 팔꿈치 | **elbow** |

| 발 | **foot** |
| | **feet** (복수) |

A Why are you dragging your right foot?
너 왜 오른발을 질질 끄니?

B I have a big blister on the sole of my foot. It hurts a lot.
발바닥에 큰 물집이 생겼어. 너무 아파.

Tip 발을 끌다 drag one's foot | 물집 a blister

맨발	bare feet
발목	ankles
발바닥	the sole of a foot
발등	the instep of a foot
발가락	toe
발꿈치	heel
발찌	anklet
걸음	steps
제자리걸음	walk in place
걸음이 늦다	walk slowly
	take one's time
걸음마	baby steps
보행기	walker
팔	arms
주먹	fists
주먹을 쥐다	make a fist
다리	legs
다리가 붓다	one's legs are swollen
다리를 꼬다	cross one's legs

A In Korea, we're not supposed cross our legs

when we sit in front of an old person.
한국에서는 나이가 많은 사람 앞에 앉을 때 다리를 꼬면 안 돼.

B Doesn't that make you feel uncomfortable?
그럼 불편하지 않아?

A Yes, but it's kind of good manners.
그렇긴 하지만 그게 좋은 예절이야.

양반다리를 하고 앉다

sit cross legged

sit Indian style

다리를 쭉 뻗다

straighten one's legs

한국 전통 음식점에서

A Look at all the dishes. I love Korean side dishes.
음식 좀 봐. 난 한국 반찬들이 정말 좋아.

B Me too. But it is very hard to sit cross legged on the floor.
나도 그래. 하지만 바닥에 양반다리 하고 앉아 있는 건 정말 힘들어.

A You can straighten your legs under the table.
상 아래로 다리를 쭉 뻗어도 돼.

엉덩이

butt

buttocks

엉덩방아를 찧다

fall on one's butt

Tip 히프(hips)는 엉덩이가 아니라 양옆의 골반이다.

굼뜨다

move slow

A Hurry up! We're late. Why are you moving so slow?
서둘러. 우리 늦었단 말야. 왜 그렇게 굼뜨니?

B I'm going as fast as I can.
최대한 빨리 가능 중이야.

허벅지	**thighs**
	Tip 두꺼운 허벅지를 가리켜 thunder thighs라고 한다.
종아리	**calf**
	calves (복수)
	Tip calf는 송아지를 나타내는 말이기도 하다.
정강이	**shin**
무릎	**knee**
	ex He got down on one knee and proposed to her.
	그는 한쪽 무릎을 꿇고 그녀에게 청혼했다.
	Tip 무릎을 꿇다 got down on knee
손톱	**fingernail**
발톱	**toenail**
발톱깎이	**toenail clippers**
얼굴	**face**
	A You have a worried look on your face. Is something wrong?
	안색이 좋지 않구나. 무슨 일 있니?
	B No. I'm just tired.
	아니에요. 좀 피곤해요.
안색 / 얼굴의 윤기	**complexion**
	Tip complexion은 피부의 상태를 나타내고, 한국말 '안색'의 경우는 feeling, mood를 나타내는 것이다.
	A Mom, I don't have a good complexion because

I ate too much chocolate. Look at my pimples.
엄마, 초콜릿을 너무 많이 먹어서 얼굴이 엉망이에요. 여드름 좀 봐요.

B Don't worry about it. All teenagers have acne.
걱정하지 마라. 청소년들은 다 여드름이 있는 거야.

Tip 여드름 pimple, acne

안색 하나 변하지 않다

have no reaction

A Did you see that? He had no reaction when the judge read the sentence.
그거 봤어? 판사가 판결문을 낭독했을 때 그는 안색 하나 변하지 않았잖아.

B I know. He looked so cold.
나도 알아. 그 사람 정말 냉정해 보이더라.

얼굴 생김새

the shape of the face

얼굴이 붉어지다

blush

A How does Beth like being married?
베스는 결혼 후에 어때?

B She seems very happy. She blushes whenever someone asks about her wedding night.
아주 행복해 보여. 누가 결혼식 첫날밤 얘기를 물을 때마다 얼굴이 붉어지더라.

Tip 결혼식 첫날밤 wedding night

뻔뻔스럽다

to be unashamed

have a lot of nerve

A What are you doing here? You're got a lot of nerve coming here after you were kicked out.
여기서 뭐 하는 거야? 넌 쫓겨나고서도 올 정도로 정말 뻔뻔하구나.

B I can explain. Just me a chance.
내가 설명할게. 기회를 줘.

A No. Get out of here or I'll call the police.
아니. 여기서 꺼져. 아님 경찰을 부를 거야.

체면을 구기다

to lose face

A Mom! How could you yell at me in front of my friends.
엄마! 어떻게 친구들 앞에서 그렇게 소리를 지를 수 있어요?

B If you don't want to lose face, be more responsible. I will treat you like an adult if you act like an adult.
체면을 구기기 싫으면 좀더 책임감을 가져라. 네가 어른처럼 행동하면, 나도 어른 대접을 해주마.

> Tip 소리 지르다 yell | 행동하다 act

낯익은 얼굴

familiar face

A How are you enjoying the party?
파티 재밌어?

B Well, not much. I haven't seen any familiar faces.
글쎄, 별로. 낯익은 얼굴이 별로 없어.

요즘 네 안색이 안 좋아.

You don't look so good these days.

주름

wrinkles

A Are you OK? You look stressed.
괜찮아? 스트레스받는 거 같아.

B I feel kind of sad because I have so many wrinkles these days.
요새 잔주름이 많아져서 속상해.

피부

skin

> ex In the winter, the air is very dry. So my skin gets chapped.
겨울에는 공기가 건조해서 내 피부가 거칠어져.

A Look at Jane's face. She looks so young.
제인 얼굴 좀 봐. 정말 어려 보이네.

B She gets a skin treatment once a week.
당연하지. 그녀는 1주일에 한 번씩 피부 관리를 받거든.

눕다	**lie (down)**
반듯하게 눕다	**lie on one's back**
엎드리다	**lie on one's stomach**

A I'm a little bit stiff.
몸이 좀 뻐근하네.

B Why don't you lie on your stomach on the bed? I'll give you a massage.
침대에 엎드려 봐요. 마사지해 줄게요.

02 사람의 외모를 나타내는 말

가발	**wig**

A Did you know he wears a wig?
그가 가발 쓴 거 알았니?

B Really? I didn't know. It looks real to me.
정말? 몰랐어. 정말 진짜같이 보이던데.

곱슬머리	**curly hair**

Tip 반곱슬머리 wavy hair ┃ 생머리 straight hair

근육질	**muscle**

A Look at the guy with the big muscles! Isn't he hot?
저 근육질의 남자 좀 봐! 너무 멋지지 않니?

B No way! He's not my type.
전혀! 내 타입이 아니야.

나이 들어 보이다	**look older than one's age**

A My boyfriend looks older than his age.
내 남자친구는 나이 들어 보이는 편이야.

B I don't think so. He looks pretty young.
안 그렇게 보이는데. 꽤 젊어 보여.

나이보다 젊어 보이다	**look younger than one's age**

A I saw your grandmother yesterday. She looked great.
네 할머니 어제 봤는데. 멋져 보이시던데.

PART 7 사람에 관련된 표현

395

B My grandma looks younger than her age since she wears floral dresses.
할머니께서 꽃무늬 옷을 입으니 훨씬 젊어 보이셔.

날씬하다

be slim / thin

A I used to be thin in high school.
나 고등학교 때는 날씬했었는데.

B Come on. You're still slim.
왜 이래. 넌 아직도 날씬해.

날카롭다

picky

A It's hard to talk to her because she's so picky.
그녀는 너무 날카로워서 말 붙이기가 어려워.

B Tell me about it.
그러게 말이야. / 내 말이.

닮다

look like someone

ex She looks exactly like her mother.
그녀는 엄마와 붕어빵이다.

대머리

bald

a bald head

baldness

ex I have to wear a hat outside when it's sunny because I'm bald.
난 대머리라서 날씨가 화창할 때는 가발을 써야 해.

A He went bald in his thirties.
그는 30대에 벌써 대머리가 됐어.

B Baldness is genetic.
대머리는 유전이야.

Tip 유전적인 genetic

똥배	a beer belly
	love handles
뚱뚱하다	**be fat**

Tip < fat은 부정적 느낌이 강하므로 친구 사이에는 쓰지 않는 것이 좋다.

ex < Doctors say fat people have a high risk of getting heart disease.
의사는 뚱뚱한 사람들은 심장 관계 질병에 걸릴 확률이 높다고 말한다.

Tip < 심장 관계 질병 heart disease

ex < The kid is really fat.
그 아이는 정말 뚱뚱하다.

뚱뚱한 사람	**fat person**
말라깽이	**skinny**

A You look so skinny. Have you been sick?
너무 야윈 것 같다. 어디 아파?

B I was in the hospital last week.
지난주에 입원했었어.

매부리코	**have a hook nose**

ex < He was handsome and smart looking despite his hook nose.
그는 매부리코이긴 하지만 잘생겼고 똑똑해 보인다.

몸이 마른 사람	**a skinny person**

Tip < '스키니진'은 skinny에서 나온 말이다.

ex < There is no skinny person in my family.
우리 집안에 말라깽이는 없다.

A My teacher became really skinny after she was diagnosed with cancer.
선생님은 암 판정을 받은 뒤 정말 야위셨어.

B That's awful.
너무 안됐다.

Tip ~로 판정받다 be diagnosed with ~

몸짱	**hunk** Tip hunk는 근육질 남자를 뜻하고, 여자의 경우는 bebe라고 한다. nice body는 남녀 모두에게 쓰인다.

배불뚝이가 되다

have a beer belly

A He looks different.
좀 달라 보이는데.

B He got a beer belly after starting college.
대학교에 입학하고 나서 그는 배불뚝이가 됐잖아.

보통 체격

average build

A What's your boyfriend like?
네 남자 친구는 어떻게 생겼어?

B He's tall and blond with an average build.
키가 크고 금발에 보통 체격이야.

볼륨감 있다

be voluptuous

curvy

Tip 여자한테만 쓰는 말이다.

A She's too voluptuous to be a fashion model.
그녀는 패션 모델을 하기에는 몸매가 너무 볼륨감이 있지.

B I don't think so. She looks amazing.
그렇지 않아. 멋져 보이기만 하는데.

비만이다

be obese

ex Obese people eat too much and don't exercise.
비만인 사람들은 너무 많이 먹고 운동을 하지 않는다.

살이 빠지다

lose weight

A You lost a lot of weight. Is something wrong?
너 요새 살이 많이 빠졌구나. 무슨 고민 있니?

B Actually, I feel great. I've been on a diet.
사실 기분이 좋아. 다이어트 중이거든.

쌍꺼풀

double eyelid

A The double eyelid procedure is very popular with young Korean women.
쌍꺼풀 수술이 젊은 한국 여성들 사이에서 매우 인기가 있어.

B That's interesting. The procedure is not that common in the U.S.
흥미로운데. 미국에서는 그렇지 않은데.

인상이 험악하다

be scary looking

A When I met my new teacher, I thought he was very scary looking. But later on, I realized that he was very sweet.
새로운 선생님을 만났을 때 매우 험악해 보였어. 하지만 나중에 알고 보니 매우 친절하셨어.

B You can't judge a book by its cover.
겉모습만 보고 판단하지 마.

참 잘생겼다

be really good-looking

A My sister is really good-looking.
우리 언니는 정말 예뻐.

B I think so, too.
나도 그렇게 생각해.

첫인상이 좋다

make a good first impression

PART 7

사람에 관련된 표현

A To make a good first impression, you should dress well and smile a lot.
좋은 첫인상을 갖기 위해서는 옷을 잘 입고 많이 웃어야 해.

B That's good advice. Thanks.
좋은 말이야. 고마워.

체격이 좋다

be in good shape

A She does aerobics everyday so she's in good shape.
그녀는 매일 에어로빅을 해서 몸매가 좋아.

B Maybe I should start aerobics as well.
나도 에어로빅을 시작해야 할까 봐.

키가 작고 뚱뚱한 아이

a short, fat kid

ex He can run fast for a fat kid.
그는 뚱뚱한 아이치고는 빨리 뛴다.

키가 작다

be short

A Tom has no self-esteem because he is short.
탐은 키가 작다는 것 때문에 자신감이 없어.

B That's too bad. He's a good guy.
안됐네. 참 좋은 녀석인데.

Tip 자존감 self-esteem

키가 작은 사람

short person

A Although he's really short, he's really good at basketball because of his speed.
그는 키가 정말 작지만 날쌔기 때문에 농구를 잘해.

B Tell me about it.
글쎄 말이야.

키가 크다

be tall

A He's really tall for his age.
그는 나이에 비해 정말 큰 편이야.

B Yes, he is.
맞아.

키다리

tall man

ex My uncle is a really tall man.
우리 삼촌은 키다리야.

탈모 / 머리가 빠지다

go bald

lose hair

A My father began to go bald after he was promoted to manager.
아버지는 매니저로 승진한 뒤 머리가 빠지기 시작했어.

B I bet it was because of stress.
틀림없이 스트레스 때문일 거야.

통통하다

be chubby

A She's gotten chubby since she got married.
그녀는 결혼한 뒤에 통통해졌어.

B You're right. She must have gained about twenty pounds.
네 말이 맞아. 20파운드 정도는 늘어났을 거야.

ex The baby is chubby.
아기가 통통하다.

통통한 볼

chubby cheeks

ex The baby's chubby cheeks are so adorable.
아기의 통통한 볼은 너무 사랑스럽다.

Tip 사랑스러운 adorable

성형에 관한 말

가슴 확대 / 유방 확대	**breast augmentation** **breast enlargement** Tip boob job은 '유방 확대 수술'을 말하는 속어이다. ex The actress denied that she had a breast enlargement. 그 여배우는 유방 확대 수술을 받았다는 것은 사실이 아니라고 발표했다.
가슴 축소	**reduction**
각질 제거	**peeling**
턱뼈	**jaw** A I want to get bone shaving on my jaw. 난 광대뼈를 깎고 싶어. B Are you sure? It sounds very dangerous. 정말이야? 매우 위험할 거 같은데. ex She looks much more western after getting bone shaving on her jaw. 그녀는 광대뼈를 깎은 후 더 서구적으로 보인다.
레이저 치료	**laser treatment**
모발 이식	**hair transplant** A I think he looks better since his hair transplant. 그가 모발 이식을 받은 후에 더 멋있어 보이는 거 같아. B I bet it cost a fortune. 돈이 무지 들었을걸.
문신	**tattoo**

문신 제거	**have a tattoo removed**
	A Having a tattoo removed is more expensive and painful than getting a tattoo. 문신 제거하는 것이 문신하는 것보다 더 비싸고 고통스럽다던데.
	B Yes. I had a tattoo on my shoulder removed last year. It was horrible. 응. 작년에 어깨에 문신 제거했는데. 끔찍했어.
보톡스 주사	**Botox**
	A People say I look younger since I've been getting Botox injections. 보톡스 주사를 맞고 나니 내가 더 어려 보인다고들 해.
	B It's true. You look at least five years younger than your age. 사실이야. 적어도 5살은 더 어려 보여.
쌍꺼풀 수술	**double eyelid procedure**
성전환 수술	**sex change (operation)** **gender reassignment surgery**
	ex He went to Finland for a sex change operation and came back as a woman. 그는 핀란드로 가서 성전환 수술을 받고 여자가 되어 돌아왔다.
성형 수술	**plastic surgery**
	ex There are a lot of plastic surgery clinics in southern California and Miami. 캘리포니아 남쪽과 마이애미에 성형 외과가 많이 있다.
실리콘	**silicon**
실리콘 가슴 만들기	**silicon breast implants**

주름 제거	## face lift

A My friend wants to get a face lift when she turns 40.
내 친구는 40살이 되면 주름 제거를 받고 싶어하더라.

B I think 40 is too young.
40은 너무 젊은 것 같은데.

지방 흡입	## liposuction

A I didn't get any liposuction. I just ate right and exercised.
난 지방 흡입 안 했어. 단지 바르게 먹고 운동했을 뿐이야.

B Well, that's not what I heard.
내가 들은 거랑 다른데.

코 수술	## nose job
	## rhinoplasty

A She looks so pretty since she got a nose job.
그녀는 코 수술을 받은 뒤 매우 예뻐 보여.

B Oh, I knew she looked different.
이런. 어쩐지 달라 보이더라니.

피부 이식	## skin graft

ex Having a skin graft is a painful ordeal.
피부 이식은 매우 힘든 것이다.

화학 박피	## chemical peel

Tip peel은 '껍질을 벗기다' 에 Peel the apple. 사과 껍질 좀 깎아라.

ex She looks years younger after getting a chemical peel.
화학 박피를 받고 난 후 그녀는 나이보다 어려 보인다.

흉터 제거	## scar removal

사람의 성격을 나타내는 말(1)_긍정적인 이미지

개방적이다

be open-minded

A People were more open-minded in the 1960's than they are now.
사람들은 지금보다 1960년대에 더 개방적이었어.

B Really? Do you think people have gotten more conservative?
정말요? 사람들이 더 보수적이 되어 가고 있다는 말씀이세요?

A How would your coworkers describe you, Ms. Anderson?
미즈 앤더슨. 동료들이 당신에 대해 어떻다고 말하나요?

B Well, everyone says that I am always optimistic and outgoing, and that I am open-minded in terms of accepting other peoples' ideas. A lot of people say I'm diligent and passionate about my work.
언제나 긍정적이고 활발하고 다른 사람들의 의견을 잘 받아들인다는 점에서 개방적이라고 해요. 부지런하고 일에 대해 열정이 있다는 말도 많이 들었어요.

겸손하다

be modest

ex Don't be so modest.
그렇게 겸손해하지 않아도 돼.

Tip modest는 '소박한, 평범한'이란 뜻으로도 쓰인다. 예 나는 아담한 방 두 칸짜리 아파트에서 살아. I live in a modest two room apartment.

고귀함

integrity

ex I've always admired priests and nuns for their integrity.
난 항상 스님과 수녀님의 고결함에 감탄한다.

PART 7 사람에 관련된 표현

405

교양 있다	**be sophisticated**

A She looks very sophisticated.
그 사람 참 교양 있어 보인다.

B I heard she graduated from an Ivy League university.
아이비리그 출신이라던데.

긍정적이다	**be positive / be optimistic**

A My grandparents were always positive, even during the war.
할아버지는 전쟁 중에도 언제나 긍정적이셨어.

B That's how they could survive and raise six children.
그래서 살아남으셔서 6명의 자녀를 두셨구나.

너그럽다 / 손이 크다 / 후하다	**be generous**

A I saw your father's picture in the paper. He was donating five thousand dollars to an orphanage.
신문에서 네 아버지 사진을 봤어. 고아원에 5,000불 기부하신다고.

B My father is very generous with his money, so he donates money to charity during the holidays.
응. 정말 인심이 좋으셔서 명절 때 자선단체에 돈을 기부하셔.

Tip 기부하다 donate | 자선 charity

느긋하다	**be laid-back**

A Was your brother angry?
네 형 화났었니?

B No, my brother wasn't angry when I couldn't pay him back right away. He's laid-back about money.
아니, 형은 내가 돈을 곧바로 갚지 않았을 때도 화내지 않았어. 언제나 돈에 대해 느긋하거든.

다부지다	**be hardy**
	Tip 주로 육체적으로 단단하고 건강하다는 뜻이다.
	예 좋은 식습관과 운동이 그를 강하고 다부지게 만들었다. A good diet and a lot of exercise made him strong and hardy.

대범하다	**be bold**
	A Mr. Kim, people say that you are a bit careless with your investments.
	김선생님. 선생님은 투자에 신중하지 않으시다고 하던데요.
	B I know. Successful business people have to be bold and take risks.
	알지. 성공한 사업가는 대범하고 위험을 감수해야 한다네.
	Tip 위험을 감수하다 take risks

매력적이다	**be charming**
	be attractive
	A What does your boyfriend look like?
	네 남자 친구 어떻게 생겼니?
	B Although he is not handsome, he's charming.
	그는 잘생기지 않았지만 매력이 있어.

매우 영특하다	**be brilliant**
	Tip brilliant는 smart보다 더 똑똑하고 많은 사람들 중에 선택된 몇 명의 사람들이라는 뜻을 가지고 있다.
	예 오직 대단한 과학자들만이 노벨상을 탈 수 있다. Only the most brilliant scientist can win a Nobel Prize.

믿음직스럽다	**be trustworthy**
	A Tom, aren't you working tonight?
	탐. 오늘 밤 근무 아니야?
	B No. I'm taking the night off. Pedro is in charge. He's very trustworthy.
	아니. 오늘 밤은 쉬어. 페드로가 근무중이야. 그는 매우 믿음직스러워.

반듯하다	**be clean cut**

A What should I wear for my first interview?
첫 인터뷰에 무슨 옷을 입지?

B For your first interview, you should dress conservatively and have a clean cut appearance.
처음 인터뷰에서는 옷을 튀지 않게 입고 반듯한 모습을 갖춰야 해.

> Tip 보수적으로, 튀지 않게 conservatively

발랄하다	**be perky**

A What does it take to be a good kindergarten teacher?
좋은 유치원 선생님이 되려면 어떻게 해야 하나요?

B Kindergarten teachers must be kind and perky.
유치원 선생님은 친절하고 발랄해야 해.

배짱 있다	**have guts**

A I can't believe the president is raising our income taxes. He said he wouldn't.
대통령이 소득세를 올리다니 믿을 수가 없군. 올리지 않겠다고 했는데.

B A leader must have the guts to make unpopular decisions.
지도자는 인기 없는 결정을 내릴 만한 배짱이 있어야 하는 거야.

부지런하다	**be diligent**
	be hardworking

A What would you say is the key to your success?
성공의 비결이 뭐라고 할 수 있죠?

B Number one is being diligent.
부지런한 것이 가장 중요하죠.

성실하다 / 착실하다	**be sincere**
	A My boyfriend is very sincere. He would never lie to me. 내 남자 친구는 정말 착실해. 나한테 절대 거짓말 안 해.
	B I envy you. 부럽다.
솔직하다	**be honest**
	A I like him because he's honest. 그는 솔직해서 좋아.
	B Really? I don't believe you. You just like him because he's good looking. 정말? 믿을 수가 없어. 그가 잘생겨서 좋아하는 거잖아.
	ex The two exchange their opinions frankly. 두 사람은 솔직하게 의견을 교환했다.
	Tip 솔직하게 **frankly**
순수하다 / 순진하다	**be sweet**
	ex My little sister looks very sweet and innocent. 내 여동생은 순진하고 순수해 보인다.
신중하다 / 진지하다	**be serious**
	A Tell me about your fiance. 약혼자에 대해 얘기 좀 해봐요.
	B He's not brilliant but very gentle and sincere. And he's serious about everything. 똑똑하지는 않지만 아주 자상하고 성실해요. 그리고 매사에 진지해요.
애교 있다	**be coy**
	ex The girl is very coy. 그 소녀는 매우 애교 있다.

	Tip 북미에서 '애교 있다'는 말은 주로 어린아이한테 쓰는 말이다. 특히 성인 여자가 coy하다는 말은 거의 쓰지 않는다.
야심이 있다 / 당차다	**be ambitious** A Tell me about your new CEO. 새로 오신 CEO에 대해 말해 주세요. B The CEO has always be ambitious, even from a young age. 대표이사는 어렸을 때부터 항상 야심이 있으셨어요.
열정적이다	**be enthusiastic** **be passionate** A What do you think of your history professor? 역사 교수님 어떠시니? B The professor's passionate lectures on history made her popular with students. 열정적인 역사 강의로 학생들 사이에서 인기가 높아.
영리하다 / 똑똑하다 / 머리가 좋다	**be smart** **be intelligent** A How did you become so successful? 어떻게 그렇게 성공하셨어요? B You have to be smart and work hard to succeed. 성공하기 위해서는 똑똑하고 열심히 일해야 하지. ex She has got a good head on her shoulders. 그녀는 매우 머리가 좋다. (관용적인 표현)
예의바르다 / 행실이 바르다	**have good manners** **be well-mannered** **behave well** **be polite**

A Tell me about your new neighbor.
새로운 이웃에 대해 얘기 좀 해 봐.

B He is modest and well-mannered.
겸손하고 예의바르던데.

ex. Since he was young, he has always been polite.
그는 어려서부터 예의가 바르다.

온순하다 / 자상하다

be gentle

A Although the wrestler is very big and strong, his personality is very gentle.
그 레슬링 선수는 매우 건장하지만, 성격은 매우 온순해.

B Really? I didn't know that.
정말? 몰랐네.

Tip 성격 **personality**

외향적이다

be outgoing

ex. The best salespeople are calm and outgoing.
최고의 세일즈맨은 침착하고 외향적이어야 한다.

우아하다

be elegant

A What did you think about Esther's wedding dress?
에스더 웨딩 드레스 어땠니?

B Her wedding dress was very simple but elegant.
심플하지만 우아했어.

착하다 / 친절하다

be kind

be nice

A People from Texas are famous for being kind.
텍사스 사람들이 친절하기로 유명하잖아.

B That's right. We call it 'southern hospitality'.
맞아. 그걸 '남쪽 사람의 호의'라고 불러.

창의적이다

be creative

A What's it's like working at Microsoft?
마이크로소프트사에서 일하는 거 어때요?

B Employees have to be diligent and creative to succeed at Microsoft.
마이크로소프트사의 직원들은 성공하려면 부지런하고 창의적이어야 해요.

침착하다

be calm

ex Fire fighters must be calm during a crisis.
소방관은 위기 시 반드시 침착해야 한다.

현명하다

be wise

ex People get wiser as they get older.
사람들은 나이가 들수록 현명해진다.

활동적이다

be active

A How can I get a good grade in your class?
좋은 성적을 받으려면 어떻게 하나요?

B Students must participate actively in class.
활발하게 수업에 참여해야 해.

04 사람의 성격을 나타내는 말(2)_부정적인 이미지

감정의 기복이 심하다	**be moody**

A She's really moody. I never know how she's going to feel.
그녀는 감정의 기복이 너무 심해서 기분이 어떻게 변할지 전혀 모르겠어.

B Who?
누구?

A My roommate.
내 룸메이트 말이야.

> Tip◀ 모른다 **never know**

까다롭다	**be picky**

A How's your boss?
네 상사는 어때?

B My boss is too picky. He's never satisfied.
너무 까다로워서 만족할 줄 몰라.

거만하다 / 무시하다	**be snobbish**

A She's so snobbish. She thinks she's better than everybody.
그녀는 너무 거만해서 자기가 제일 잘났다고 생각해.

B I guess it is because she is rich.
내 생각엔 자기가 부자라서 그럴 거야.

건방지다	**be arrogant**
	be stuck up

A He has to be careful. If he's this arrogant to his boss, he might get fired.

그는 조심해야 할 거야. 상사한테 그렇게 건방지게 굴다가는 해고될걸.

B You can say that again.

네 말이 맞아.

겁이 많다 / 무서워하다

be afraid of

be scared

ex I'm scared of snakes.

난 뱀이 무서워.

Tip 겁쟁이 coward

예 넌 겁쟁이라 네 그림자도 무서울 거야. You're such a coward. You're afraid of your own shadow.

경박하다

be slutty

A She looks really slutty in that skirt.

그 치마를 입으면 그녀는 너무 경박해 보여. 그렇지 않니?

B I think she looks hot.

내 생각에는 섹시해 보이는데.

Tip 섹시해 보이다 look hot

게으르다

be lazy

ex Don't be so lazy. Do some work!

게으름 피우지 말고 일 좀 해라.

고리타분하다 / 케케묵다

be out of date

be out of touch

ex Old people are out of touch with the younger generation.

노인들은 신세대에 비해 고리타분하다.

Tip 세대 generation | 세대 차이 generation gap

고집이 세다	## be stubborn
	ex. Why are you so stubborn? Can't you be a little bit flexible? 넌 왜 그렇게 고집이 세니? 좀 융통성이 있으면 안 돼?
	ex. He is as stubborn as a mule. 그는 황소처럼 고집이 세다. (관용적인 표현)
교활하다	## be tricky
	ex. He is so tricky that nobody trusts him. 그는 너무 교활해서 아무도 그를 믿지 않는다.
	Tip 믿다 trust
내성적이다	## be introverted
	A You look like your brother. 형과 닮았구나.
	B Yes. But unlike my brother, I'm introverted. 네. 그런데 형과 다르게 전 내성적이에요.
	Tip alike(~처럼)는 동사 뒤에, like(~처럼)는 명사 앞에 쓰인다.
느끼하다	## be greasy
	A Look at him over there. He's been looking at you for 10 minutes. 저기 저 남자 좀 봐. 10분째 널 보고 있어.
	B That guy is not my style. He looks really greasy. 내 스타일이 아니야. 정말 느끼해 보여.
다그치다	## push
	A Don't push me around. Why do you always tell me what to do? 그렇게 다그치지 마! 왜 언제나 무엇을 하라고 얘기하는 거야?

B I'm just trying to help.
그저 도와 주려는 거야.

당황하다 | be embarrassed

A I can't believe it. I just spilled coffee all over our boss's suit.
내가 상사 양복에 커피를 잔뜩 쏟다니. 믿을 수가 없어.

B Don't be embarrassed. Everyone makes mistakes.
당황하지 마. 누구나 실수할 수 있는 거야.

덜렁대다 | be clumsy

A I am so clumsy. I just dropped my cell phone in the toilet.
너무 덜렁대나봐. 변기에 핸드폰을 떨어뜨렸어.

B Sorry to hear that.
안됐네.

멋대로 판단하다 | be judgmental

ex Don't be so judgmental!
네 멋대로 판단하지 마!

무례하다 | be rude

ex Those kids are so rude! They should learn some manners.
그 아이들은 너무 무례해요! 예절을 좀 배워야겠어요.

무시하다 | neglect

ex Parents should not neglect their children.
부모는 자녀를 무시하면 안 된다.

무식하다 | be uneducated

be inarticulate

educated(교육받은)의 반대말로 un을 붙였다.
articulate(말을 정확히 하다)의 반대말로 **in**을 붙였다.

ex **He's inarticulate.**
그는 말하는 게 무식하다.

무신경하다

be insensitive

ex **How insensitive!**
그렇게 무신경할 수가!

바람맞히다

stand someone up

blow someone off

A **What happened to Jack? He looks miserable.**
잭한테 무슨 일 있어? 끔찍해 보이던데.

B **His girlfriend stood him up.**
여자친구한테 바람맞았어.

바람피우다

cheat on someone

have an affair

A **Did you hear about Bob? His wife caught him cheating.**
밥 얘기 들었어요? 부인이 바람피우는 것을 잡았대요.

B **How did she find out?**
어떻게 알아냈대요?

Tip 알아내다 **find out**

ex **He suspected that his wife was having an affair.**
그는 아내가 바람피운다고 의심했다.

Tip 의심하다 **suspect**

버릇없다

be spoiled

have no manners

ex Spoiled children need to learn to follow the

rules.

버릇없는 아이들은 어떻게 규칙을 따라야 하는지 배울 필요가 있다.

> Tip 따르다 follow

A Will you please be quiet in the library? Don't you have any manners?

도서관에서 조용히 좀 할래? 도대체 매너가 없구나.

B Sorry. I won't do it again.

죄송합니다. 다신 안 그럴게요.

변덕스럽다	**be fickle**

> ex She's so fickle. She's always changing her mind.

그녀는 정말 변덕스러워서 언제나 맘을 바꾸곤 해.

A Where is your boyfriend?

네 남자 친구 어디 있어?

B We're done. He's so fickle and picky about everything. I'm fed up with him.

우리 끝났어. 너무 변덕스럽고 모든 일에 까다로워서 지긋지긋해.

별나다 / 괴상하다 / 유별나다	**be weird**

A How was your date?

어제 데이트 어땠어?

B Don't even talk about it. The man I met yesterday was so weird!

말도 하지 마. 어제 만났던 그 남자는 정말 유별났어.

부정적이다	**be negative**

A Why don't people like her?

왜 사람들은 그애를 싫어하지?

B Because she's always so negative.

언제나 너무 부정적이거든.

성격이 급하다	**have a hot temper**

A Why do you have such a hot temper?
왜 그렇게 성격이 급해?

B Sorry. I can't help it.
미안. 나도 어쩔 수가 없어.

속이다

cheat

ex Don't try to cheat me.
날 속이려고 하지 마!

수다스럽다

have a big mouth

be a chatterbox (참고 p.374 수다쟁이)

A You have such a big mouth. Why don't you shut up?
넌 정말 수다스럽구나. 그만 좀 조용히 할래?

B How could you say that?
어떻게 그런 말을 할 수 있니?

수줍어하다 / 소심하다

be shy

A Relax. Don't be shy.
진정하고 수줍어하지 마.

B I'm trying.
노력하는 중이야.

순진하다 / 잘 속아
넘어가다

be naive

ex Since she is so naive, everybody takes advantage of her.
그녀는 너무 순진해서 누구나 그녀를 이용한다.

Tip 한국말로 '순진하다'는 좋은 뜻으로 쓰일 수 있지만, naive는 부정적인 의미로만 쓰인다.

심술궂다 / 괴롭히다

be mean

A How could you be so mean to your own brother?
어떻게 네 형제에게 그렇게 심술궂을 수가 있어?

B Did I do that?
내가 그랬어?

아첨을 떨다

brownnose

kiss up

A You're such a brown noser. Aren't you embarrassed?
넌 정말 아첨꾼이구나. 창피하지도 않니?

B I don't know what you are talking about.
네가 무슨 말을 하는지 모르겠어.

> **Tip** 창피하다 embarrass

얕보다 / 깔보다

look down on

A Why do rich people look down on the poor?
왜 부자들은 가난한 사람들을 얕보는 걸까?

B Not everybody does.
모든 사람들이 그러는 건 아니야.

역겹다

be disgusting

A What do you think of Dr. Smith, our chemistry teacher?
우리 화학 선생님이신 닥터 스미스에 대해 어떻게 생각하니?

B He seems a little bit strange. I can't believe he yelled at the students for using laptop computers in class. And I heard a student sued him for sexual harassment five years ago. But I heard she lost the case, of course.
좀 이상한 거 같아. 교실에서 노트북 쓴다고 학생들한테 소리쳤던 건 정말 믿을 수가 없어. 그리고 내가 들었는데 한 학생이 5년 전에 성희롱으로 고소했었대. 물론 그 학생이 졌지만.

A Yuck. I hadn't heard that. That's really disgusting anyway.
우웩! 난 못 들었는데. 정말 어쨌든 역겹다.

우울하다	**be blue** **be depressed**

A I've been really depressed since I broke up with my girlfriend.
   여자 친구와 헤어지고 나니 몹시 우울해.

B You need some time to get over it.
   극복하려면 시간이 필요할 거야.

Tip 헤어지다 **break up** ㅣ 극복하다 **get over**

으스스하다	**be creepy**

ex The house behind mine is creepy.
   우리 집 뒤에 있는 그 집은 정말 으스스하다.

이기적이다	**be selfish**

ex Don't be so selfish. Think of your family.
   이기적으로 굴지 말고, 네 가족을 생각해.

A So how was your blind date last night?
   어젯밤 소개팅 어땠니?

B Oh, the guy was a complete jerk. First of all, he was very arrogant and selfish. He talked about how great he was the whole time. And he was also rude to the waitress at the restaurant. I don't think I could date such a snobbish person.
   컴퓨터광이었어. 무엇보다 정말 잘난 척하고 이기적이더라. 줄곧 자기가 얼마나 잘났는지에 대해서만 얘기하더라. 레스토랑에서 종업원에게도 무례하게 굴고. 그런 잘난 척하는 인간이랑은 데이트할 수 없어.

Tip 재수없는 인간 **jerk**

이상하다	**be strange**

ex How strange!
   정말 이상하군!

사람에 관련된 표현

| ~을 이용하다 | **take advantage of ~** |
| | **use ~** |

A How could you take advantage of my kindness?
어떻게 내 친절을 이용할 수가 있니?

B No, it's not like that.
그런 게 아니에요.

| (돈에) 인색하다 | **be stingy** |

ex He's so stingy. He hasn't bought a pair of new shoes for 20 years.
그는 너무 구두쇠라서 20년 동안 새 신발을 산 적이 없어.

Tip stingy(인색한), cheap(싼)은 주로 부정적인 뜻으로 쓰이지만, frugal(검소한)은 긍정적인 뜻으로 쓰인다.

| 잔인하다 | **be cruel** |

A Killing animals for sport is cruel.
스포츠로 동물들을 죽이는 것은 잔인해.

B I totally agree. I could never kill an animal.
전적으로 동의해. 난 절대 동물을 죽일 수 없을 거야.

| 저속하다 | **be tacky** |

A Your clothes are so tacky. Get a life.
옷이 어쩜 그렇게 볼품없니? 정신 좀 차려라!

B Mind your own business.
너나 잘해.

| 징징거리다 | **be whiny** |

A You're too whiny. Please stop it!
넌 너무 징징거려. 제발 그만 좀 해!

B I can't help it.
나도 어쩔 수가 없어.

(성격이) 차갑다	## be cold

A How could you say that about your mother? You're so cold!
어떻게 어머니에 대해 그렇게 말할 수 있니? 넌 너무 차가워.

B I'm just logical.
난 그저 논리적일 뿐이야.

> Tip 논리적인 **logical**

촌스럽다	## be cheesy

A This music is so cheesy.
그 음악은 정말 촌스럽다.

B I think this was popular 10 years ago.
10년 전에 유행했던 거 같아.

추켜세우다	## butter someone up

A He's always trying to butter up his boss to get a promotion.
그는 승진하려고 항상 상사를 추켜세워.

B That's what you should do.
너도 그렇게 해야 돼.

투덜거리다	## be grumpy

A He is always grumpy when I see him.
그 남자는 볼 때마다 투덜거리더라.

B Don't worry about it. He's always like that.
신경 쓰지 마. 그 사람 원래 그래.

풀이 죽어 있다	## feel down
	## feel small

A I'm worried about Jason.
제이슨이 정말 걱정돼요.

B I know. After he failed to get on the team he wanted, he seems down all the time.
맞아요. 원하던 팀에 들어가지 못한 후부터 언제나 풀이 죽어 있어요.

허영이 심하다

be fake

ex She's so fake. I know she's just borrowing that car from her sister.
그녀는 정말 허영이 심해. 내가 알기론 동생한테까지 차를 빌려 쓰고 있어.

허풍을 떨다

exaggerate

A You didn't read a million books in university. You are exaggerating!
너 대학교에 있는 책 백만 권 읽었다는 거 허풍이지?

B Just kidding.
농담이야.

회의적이다

be skeptical

A I'm skeptical about your opinions.
난 당신의 의견에 회의적입니다.

B Then take a look at these documents.
그러면 이 서류들을 봐 주십시오.

05 사람의 감정을 나타내는 말

마음에 안 들다

not like ~

A My teacher said he didn't like my attitude.
선생님은 내 태도가 맘에 안 든다고 말씀하셨어.

B What did you say?
그래서 뭐라고 했니?

A I said his class was boring.
선생님 수업이 지루하다고 말했지.

> Tip 태도 attitude

만족스럽다

be happy about
be satisfied with

> Tip 만족 satisfaction ⓔ Customer satisfaction is our number one priority. 고객 만족이 우리의 최우선입니다.

> Tip 고객 만족 customer satisfaction | 최우선 priority

신나다

be excited

A Our son is so excited when we go to the park.
공원에 가면 우리 아들은 신나서 어쩔 줄 몰라.

B That's why you go to the park 3 times a week.
그래서 일주일에 세 번씩 공원에 가는구나.

실망스럽다

be disappointed

A I was really disappointed with my exam results.
시험 결과에 몹시 실망했어.

PART 7 사람에 관련된 표현

425

B You should go to the tutoring center. They helped me a lot.

튜터링 센터에 가야겠구나. 난 거기서 도움을 많이 받았어.

심심하다

be bored

A After a few days in the country, I get very bored.

시골에서 며칠만 보내면 난 너무 심심해.

B I know what you mean. I'm a city person as well.

무슨 말인지 알아. 나도 도시 사람이야.

> **Tip** 감정은 느끼는 것이므로 -ed를 쓴다. -ing는 감정을 느끼게 만드는 것이다.
>
> 예 I'm boring. 나는 지겨운 인간이야.(남들을 지겹게 만들어.) | He's exciting. 그는 정말 재미있는 사람이야. | They are excited. 그들은 신이 났어. | The game was very exciting. 게임은 매우 흥미진진했어. | I was shocked by the news. 그 뉴스에 난 충격 받았어.

슬프다

be sad

A I feel really sad when I think about the sick children.

아픈 아이들을 생각하면 정말 슬프다.

B Me too. We should do something.

나도 그래. 우리가 뭔가 해야 돼.

어처구니가 없다.

I don't know what to say.

I'm speechless.

익숙하다 / 친숙하다

be familiar with

be accustomed with

A You have to be familiar with the culture to fit in.

문화에 적응하기 위해서는 친숙해져야 해.

B That's why I'm trying to learn the language.
그래서 언어를 배우는 중이야.

Tip 적응하다 fit

좌절하다

be desperate

Tip 좌절 despair

A I'm desperate. I'll do anything to get a job.
정말 절망적이야. 직업을 얻기 위해서라면 무엇이라도 할 거야.

B Relax. You'll find a job sooner or later.
진정해. 언젠가 직업을 찾게 될 거야.

짜증나다

be annoyed

be irritated

A Stop biting your fingernails. I'm getting really annoyed.
손톱 좀 그만 물어뜯어라. 정말 짜증난다.

B Did I do it again? Sorry.
내가 또 그랬어? 미안.

A That mosquito buzzing in my ear is really irritating. If I don't kill it, I won't be able to sleep.
귓가에서 윙윙거리는 모깃소리가 정말 짜증나. 잡지 않으면 잠을 못 잘 거야.

B Calm down! Let me find the mosquito spray.
진정해. 내가 모기약 찾아 볼게.

Tip 모기 mosquito | 윙윙거리다 buz

초조해하다

be nervous

A Will you just sit down for a minute and stop talking? You're making me nervous.
잠시만이라도 앉아서 말하지 말고 가만히 있을래? 너 때문에 불안해져.

B Sorry. I'm so worried about the test.
미안. 시험 때문에 너무 걱정이 돼.

충격을 받다	## be shocked
	A Did you read the newspaper this morning? 오늘 아침에 신문 봤니?
	B Yes. I saw that my favorite singer died. I was shocked by the news. 응. 내가 제일 좋아하는 가수가 죽었다는 기사 봤어. 그가 죽었다는 뉴스에 충격받았어.
화나다	## be angry ## be mad
	ex My mother was angry at me for teasing my little sister. 내가 여동생을 놀려서 엄마는 화가 났다.
	Tip 놀리다 tease

06 연애 중에

MP3 7-06 ▶

꼬시다

hook up with

A I'll go to a bar to hook up with a cute chick.
바에 가서 귀여운 여자애를 꼬셔야지.

B Good luck!
잘해 봐.

> Tip chick은 여자를 가리키는 속어.

> Tip flirt는 한국어로 '장난으로 사귀다, 희롱하다' 등 나쁜 뜻으로 쓰이는 경우가 많다. 그러나 언제나 나쁜 뜻은 아니다. 이성의 환심을 살 만하게 얘기하는 경우에도 쓸 수 있다.

다시 만나다

get back together

> ex. They got back together three months after they broke up.
> 그들은 헤어진 지 석 달 만에 다시 연인 사이가 되었다.

데이트하다

have a date with

go out

A They're been dating for three years. I wonder if they'll ever get married.
그들은 사귄 지 3년이나 됐는데 왜 결혼을 안 하는지 모르겠어.

B What? He still hasn't proposed to her? I can't believe it.
뭐라고? 아직도 청혼 안 했다고? 믿을 수가 없어.

맞선

arranged date

> Tip 연애에 관한 말

눈에 콩깍지가 씌다 Love is blind. | 독신 남자 single man, bachelor

PART 7

사람에 관련된 표현

429

| 독신 여자 single woman, bachelorette | 눈에서 멀어지면 마음도 멀어진다. Out of sight, out of mind. | 삼각관계 love triangle | 바람둥이 player | 연애 편지 love letter | 유부남 a married man | 유부녀 a married woman | 짝사랑 crush | 첫눈에 반하다 fall in love at first site | 프로포즈하다 propose | 그는 촛불이 켜진 저녁식사 시간에 그녀에게 프로포즈했다. He proposed to her over a candlelight dinner. | 채팅으로 만나다 meet over chatting over the internet

---

A Wow! Look at the ring! It looks so beautiful!
우와~ 반지 좀 봐! 너무 예쁘다.

B Thanks. Last night Tim proposed to me.
고마워. 어젯밤 팀이 청혼했어.

A Tell me more about it. What did he say?
좀 더 자세히 말해봐. 그가 뭐라고 말했어?

B We were having a romantic candlelight dinner and he kneeled down and said "You make me want to be a better man. Would you marry me?"
촛불 아래서 로맨틱한 저녁식사를 하는 중이었는데 그가 무릎을 꿇고 말했어. "당신은 내가 더 나은 사람이 되고 싶게 만들어줘. 나와 결혼해 주겠어?"

A Oh my God! That's so romantic.
세상에~ 너무 로맨틱하다.

B I couldn't say a word but nodded my head. I was deeply touched.
난 아무 말도 못하고 그냥 고개만 끄떡였어. 너무 감동했거든.

> Tip 감동하다 be touched, be moved

미팅 / 소개팅

a blind date

> Tip meeting은 주로 '회의'를 뜻한다. 만나기 전까지 얼굴을 모른다는 뜻으로 blind(눈먼)를 사용해서 '소개팅'을 표현한다.

A I don't like blind dates.
미팅하는 것 별로야.

B Come on! You will regret if you don't take this chance.
그러지 말고. 이번에 기회를 잡지 않으면 후회할 거야.

사귀다 / 연애하다	**have a relationship** **be seeing / meeting someone** A They have had a relationship for 2 years. 그들은 2년째 사귀는 중이야. B I guess they're serious then. 그러면 꽤 진지한 것 같네. **Tip** 친구와 애인 girlfriend, boyfriend는 애인이란 말과 친구란 뜻이 모두 있기 때문에 앞뒤 내용에 따라서 파악해야 한다. lover는 애인이라는 뜻이지만 많은 경우에 애인 몰래 바람피우는 상대를 지칭하기도 한다. 애인의 경우는 girlfriend, boyfriend가 가장 무난하다. 그냥 친구라는 뜻을 강조하기 위해서는 female friend, male friend를 사용하면 알기 쉽다.
소울 메이트	**soul mate**
연인	**boyfriend** **girlfriend** A How old were you when you had your first girlfriend? 첫 번째 여자 친구 사귈 때 몇 살이었니? B Well, let's just say I got a late start. 글쎄, 단지 내가 좀 늦게 시작했다고 해두지.
작업을 걸다	**work on** **hit on** A Jake had been working on her all night. But he didn't succeed. 제이크는 밤새 그녀에게 작업을 걸었지만 성공하지 못했어. B I knew it. 내가 그럴 줄 알았어. **Tip** 전치사가 없으면 완전히 다른 뜻이 된다. ⑩ hit 때리다 ǀ work 일하다

PART 7 사람에 관련된 표현

짝사랑하다	## have a crush on
	A When I was 10 years old, I had a crush on my math teacher. 10살 때 수학 선생님을 짝사랑했었어.
	B I remember him. 그 선생님 기억난다.
질투하다	## be jealous of
	A My boyfriend is jealous of my friends. He complains I spend too much time with them. 내 남자친구는 내 친구들을 질투해. 내가 너무 많은 시간을 그들과 보낸다고 불평하거든.
	B You should spend less time with your friends. 친구들과의 시간을 좀 줄이는 게 좋겠다.
(상대방을) 차다	## dump someone
	ex She dumped me. 그녀가 날 찼어.
	ex I'm through with her. 그녀와는 끝났어.
헤어지다	## break up
	A How's your girlfriend? 네 여자 친구는 어때?
	B We broke up yesterday. 우리 어제 헤어졌어.
	A I'm sorry to hear that. 안됐구나.
	B Well, I broke up with her. I'll tell you about it later. 글쎄, 내가 헤어지자고 했어. 나중에 더 얘기해 줄게.

432

미국의 결혼 풍습

미국에서도 혼수 비용이나 예단 비용이 있을까?

기본적으로 없다. 하지만 전통적으로는 신랑 부모 측에서 결혼식 전날 양가가족들과의 저녁 식사 비용을 내고 신부 부모 측에서 결혼 피로연 비용을 냈는데, 지금은 경우마다 다르다.

결혼식 때 축의금은 어떻게 하나요?

❶ Bridal shower - 결혼식 전에 신부 친구들끼리 모여 파티를 한다. 파티 중에 선물을 주고 공개한다.

❷ Registry - 결혼식에는 현금을 주는 것이 아니라 신랑과 신부가 정해놓은 장소, 즉 백화점, 할인점에 가서 선물목록을 보고 그 중에 원하는 선물을 산다. 목록은 매장 안 컴퓨터에 저장되어 있는 경우가 많고, 직원에게 문의해도 된다. 이렇게 하면 똑같은 선물을 하는 경우가 없고, 예비부부도 본인들이 원하는 품목을 받아서 매우 실용적이다.

결혼 피로연

미국의 결혼식 규모는 친한 친구와 친척만이 초대되고 100명 정도가 보통이다. 예식은 1시간 이내가 보통이고 주례는 자격증이 있는 사람만이 할 수 있다. 시청에서 하는 Civil ceremony처럼 간단히 할 수도 있다. 한국처럼 전문 예식장은 라스베가스를 제외하고 드물다.

결혼식장과 피로연은 다른 장소에서 하며 경우에 따라 운전을 해야 하는 경우도 있다. 피로연은 식사와 음악 등으로 저녁까지 계속 이어지는 경우가 많으며 손님 1인당 10만 원 이상의 비용이 소모된다.

피로연은 식사 후에 신혼부부가 첫 번째 춤을 추면 손님들도 춤을 추거나 이야기를 나눈다.

결혼 반지

남자가 청혼할 때는 반지(engagement ring)를 들고 청혼하는데, 결혼식장에서 결혼반지(wedding band / ring)를 서로 교환하기 때문에 신부 손가락에 반지가 두 개 껴져 있는 경우가 많다.

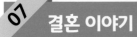

인간 관계에 대해

결혼을 차일피일 미루다	**delay the wedding**
	postpone the wedding
	put off the wedding

> A He postponed the wedding. I don't think he's that serious about getting married.
> 그가 결혼을 미루는 걸 보면, 결혼하려는 의사가 없는 거 같아.
>
> B Why don't you talk to him about it?
> 그와 얘기를 해보면 어떻겠니?

결혼 허락을 받다	**get permission for marriage**

부모님께 인사드리다	**meet one's parents**

> A We decided to meet his parents next week.
> 다음 주에 그 사람 부모님께 인사드리기로 했어.
>
> B That's great.
> 잘됐네.
>
> A I'm worried they might not like me.
> 그분들이 날 맘에 안 들어하실까 봐 걱정이야.
>
> B Don't worry. I'm sure you'll be fine.
> 걱정하지 마. 너는 잘 할 거야.

중매를 서다	**have an arranged marriage**

> Tip ◀ 중매쟁이 **matchmaker**

새어머니	**stepmother**

434

새아버지	**stepfather**
	Tip 피가 반만 섞인 형제 자매 **half brother, half sister** | 피가 섞이지 않은 새어머니나 새아버지가 데려온 의붓 형제 자매 **step brother, step sister** ⑩ Cinderella had two stepsisters. 신데렐라는 2명의 의붓언니가 있었습니다.
시댁, 처가 식구	**family in-law, in-laws**
	Tip 영어에는 시댁, 처가 구분이 없다. 결혼을 통해 생긴 가족은 **in-law**를 붙이면 된다.
시아버지, 장인	**father-in-law**
시어머니, 장모	**mother-in-law**
시동생, 매제	**brother-in-law**
시누이, 처제	**sister-in-law**
	Tip 시어머니와 며느리의 갈등이 많은 한국과 달리 미국에서는 장모와 사위의 갈등이 더 많다. 물론 한국처럼 극단적인 갈등보다는 약하다. 기본적으로 자식의 생활에 간섭하지 않는 문화이기 때문에 오히려 조금 불편한 것도 문제를 삼는 건지도 모르겠다.
전처	**ex-wife**
전남편	**ex-husband**
첫날밤	**the wedding night**

A I don't know what to say when people ask me about my wedding night.
사람들이 첫날밤에 대해 물을 때마다 뭐라고 말할지 모르겠어.

B You don't have to tell them anything.
아무 말도 할 필요없어.

결혼식과 절차에 대해

wedding card
invitation card

Tip 매우 친한 사람들에게만 주기 때문에 손님 명단(guest list)를 작성하고 응답 여부도 자세히 표시한다.

Martha Anne Johnson

and

Franklin Barbazon

together with their parents

request the honor of your presence

at the celebration of their marriage

Saturday, the twenty-seventh of May

two thousand and nine

at half past one o'clock

Westerly Road Church

Princeton, New Jersey.

마사 앤 존슨
그리고
프랭클린 바바존
저희는 부모님들과 함께
귀빈들을 모시고 결혼식을
올리고자 합니다.
2009년 5월 27일 토요일 1시 30분
웨스터리 로드 교회
프린스톤, 뉴저지

436

결혼식	wedding ceremony
결혼식장	wedding hall
신랑	groom
신부	bride
주례	wedding officiator
	the one in charge of a ceremony
주례를 서다	perform the marriage ceremony

Tip 한국처럼 본인이 존경하는 사람이 주례를 맡는 것이 아니라 자격증이 있어야 한다. 자격증 조건은 주마다 다르다.

신부 들러리	maid of honor
	bridesmaid
신랑 들러리	best man
피로연	wedding reception
피로연 장소를 물색하다	look for the place for the wedding reception

A I heard you're getting married next month. Congratulations!
다음 달에 결혼한다며? 축하해.

B Thanks.
고마워.

A How do you feel? Excited? Nervous?
기분이 어때? 신나? 걱정돼?

B I'm so busy these days. There are so many things to decide like the guest list, music for the wedding reception, food, and decorations. Besides that, we haven't decided where we want to go for our honeymoon.

요즘 너무 바빠. 손님 리스트, 리셉션에 쓸 음악, 음식, 장식 등 결정해야 될 것이 산더미야. 게다가 신혼 여행 장소도 아직 못 정했어.

A Sounds like a lot of work to do. Can I help you with anything?
해야 될 일이 많은 거 같구나. 내가 뭐 도와줄까?

B It would be great if you could be my bridesmaid.
네가 신부 들러리가 되어 준다면 정말 고마울 거야.

A Of course. I'd love to.
물론이지. 기꺼이 해야지.

B Thank you.
고마워.

A I'm looking forward to it.
정말 기대된다.

> **Tip** 기대하다 **look forward to**

| 예물 | **wedding gift** |

> **Tip** 결혼 반지 외에 특별한 예물은 없다. 물론 시계를 사주는 것도 없다.

| 신혼 부부 | **honeymooners** |
| | **newlyweds** |

| 신혼 여행 | **honeymoon** |
| 신혼 여행을 가다 | **go on a honeymoon** |

> **Tip** **go to**가 아니라 **go on**을 쓴다.

> **Tip** 허니문을 좋은 날의 대명사처럼 사용하여 '좋은 날은 다 갔다'를 **The honeymoon is over.**라고 표현하기도 한다.

> **ex** They went to Fiji for their honeymoon.
> 그들은 피지로 신혼 여행을 갔다.

438

Culture Note

한국과 달리, 미국에서는 결혼을 하기 위해서 피검사를 해야 하는 경우가 많다. 라스베가스의 경우 결혼식이 상업화되어 미국 내에서 가장 빨리 결혼이 가능한 곳이다. 피검사 없이 한 장의 종이에 인적 사항을 적은 뒤 수십 개의 결혼 전문 교회 중 한 곳에서 곧바로 결혼식을 할 수 있다. 이때 주례 역시 자격증을 가진 사람이 하고, 드레스·부케·음악 등이 즉석에서 다양한 가격으로 대여된다. 최근에는 즉흥적인 결혼을 막기 위해서 24시간 전에 미리 신청해야만 가능한 곳도 있다.

08 증상·병명에 관한 말

증상에 관한 말

가래	**phlegm**
	Tip 가래를 뱉다 hock up phlegm ㅣ 침을 뱉다 spit
가려워요	**feel itchy**
	A I couldn't sleep because my mosquito bites were too itchy.
	모기에 물려 가려워서 잘 수 없었어.
	B You should put on some ointment.
	연고를 좀 발라야겠다.
감기 같아요	**It seems like a cold.**
	Tip 독감 the flu
계단에서 넘어졌어요	**I fell down the stairs.**
계단에서 굴러 떨어졌어요	**I tumbled down the stairs.**
	Tip 구르다 tumble
기절할 것 같아요.	**I feel like I'm going to faint.**
	Tip 기절하다 faint
기침	**cough**
	A It's hard to speak since I cough too much.
	기침이 너무 많이 나와서 말하기가 힘들어요.
	B Why don't you have some warm water?
	따뜻한 물 좀 마시지 그래요?

눈이 가려워요.	My eyes are itchy.
눈에 뭐가 들어간 것 같아요.	I feel like there is something in my eyes.
눈이 부었어요.	My eyes are puffy.
다리가 부러졌어요.	My leg is broken.

다리를 질질 끌다

drag one's feet / leg

A Why are you dragging your feet?
왜 다리를 질질 끄니?

B I fell down the stairs.
계단에서 넘어졌어요.

Tip 영어로는 다리 대신 발을 쓴다.

다리에 쥐가 났어요.

I have a cramp in my foot.

Tip 경련 cramp

땀을 흘리다

perspire

sweat

A Why are you sweating so much?
왜 이렇게 땀을 흘리니?

B I don't know. I'm just feeling chilly.
몰라. 몸에 오한이 좀 나네.

두통이 심해요.

I have a bad headache.

Tip 편두통 migraine

머리가 지끈거려요.

My head is pounding.

Tip pound는 '탕탕 치다'라는 뜻으로, 누군가 내 머리를 내려치는 것 같다는 의미이다.

땅콩 알레르기가 있어요.	**I'm allergic to peanuts.**

A Would you care for a peanut butter sandwich?
땅콩 버터 샌드위치 드실래요?

B No, thanks. I'm allergic to peanuts.
아뇨, 괜찮아요. 땅콩에 알레르기가 있어요.

등이 아파 죽겠어요.	**My back is killing me.**
뜨거운 물에 데었어요.	**I got scalded by hot water.**

Tip 햇볕에 탄 것 sunburn

멍이 들었어요.	**I got a bruise.**

Tip 멍 bruise
Tip black eye는 검은 눈이 아니라, 맞아서 멍이 든 눈을 말한다.

목이 아파요.	**I have a sore throat.**

A Hey, Jim. How was your weekend?
안녕, 짐. 주말 어땠어?

B I can't talk because I have a sore throat.
목이 아파서 말을 못 하겠어요.

목이 부었어요.	**My throat is swollen.**
몸이 떨려요.	**I shiver.** **I have the shivers.**
오한이 나요.	**I have the chills.**
몸이 뻐근해.	**I feel stiff.**
몸이 좋지 않아요.	**I feel under the weather.**

442

A I always feel down / blue / depressed.
언제나 우울해요.

B You should see a psychologist.
심리학자를 만나 보는 게 좋겠어요.

발목을 삐었어요

I twisted / sprained my ankle.

A Why are you on crutches?
왜 목발을 짚고 있어요?

B I fell while I was hiking so I sprained my ankle.
하이킹하다가 넘어져서 발목을 삐끗했어요.

Tip 목발 crutch

(생리통으로) 배가 아파요

I have a cramp.

Tip 생리통 cramp

배에 가스가 찼어요

I have gas.

베다

cut

A He cut himself while he was shaving.
그 사람 면도하다가 베었어.

B Again?
또?

Tip cut은 벤 상처를 말하기도 한다. 예 paper cut 종이에 벤 상처

변비가 있어요

I suffer from constipation.

I am constipated.

부어오르다

swell

be swollen

	A My knee swelled up from my bicycle accident. 자전거 사고로 무릎이 부었어.
	B Sorry to hear that. 안됐구나.
설사	**diarrhea** ex I got diarrhea after I ate at the Mexican restaurant. 멕시코 음식점에서 먹은 후에 설사를 했다.
속이 거북해요	**I feel discomfort in my stomach.** Tip 불편한 discomfort
속이 매스꺼워요.	**I feel nauseous.** ex I feel nauseous from being on the bus for 3 hours. 버스를 세 시간 탔더니 속이 매스껍다.
어지러워요.	**I feel dizzy.** **I feel light headed.**
열이 나요	**I have a fever.** **A** Can I go home early today? 오늘 좀 일찍 집에 가도 돼요? **B** Are you OK? You look pale. 괜찮아? 창백해 보여. **A** I have a fever and the shivers. 열이 나고 몸이 으슬으슬해요. **B** Do you want me to call your parents? 부모님한테 전화해 줄까?

음식을 삼킬 수가 없어요.	I can't hold food down.
이 하나가 부러졌어요.	One of my teeth was chipped. Tip 깨지다, 부러지다 be chipped
입맛이 없어요.	I've lost my appetite. Tip 입맛 appetite
입안이 헐었어요.	I have a canker sore.
잇몸에서 피가 나요.	My gums are bleeding. Tip 잇몸 gums
자제가 안 돼요.	I can't control myself.
잠을 잘 못 자요.	I can't get to sleep. A I have little appetite and can't sleep well. 입맛이 없고 잠도 잘 못 자요. B Have you been under stress lately? 최근에 스트레스 받고 있나요? Tip 최근에 lately
재채기를 해요.	I'm sneezing. Tip 누군가 재채기를 하면 Bless you!라고 한다.
정상 범위	normal range A I will explain the results of your physical, Mrs. Kim. Almost everything is within the normal range. You are not underweight or overweight. You're at your ideal weight. For a woman your age, you're generally in good health. But, there are a few problems.

신체 검사 결과를 설명해 드리겠습니다. 거의 대부분이 정상 범위입니다. 과체중이나 저체중이 아닌 이상적인 체중입니다. 같은 연령대의 여성에 비해 매우 좋은 상태입니다. 그러나 몇 가지 문제점이 있군요.

B What's the problem, doctor?
선생님, 뭐가 문제죠?

A Your cholesterol is too high. You need to eat less red meat and eggs. Also, your blood pressure is high. It puts you at risk for a heart attack or stroke.
콜레스테롤 치수가 너무 높군요. 붉은 고기와 계란 등을 적게 먹어야 합니다. 또, 혈압도 높아요. 이러면 심장마비나 중풍의 위험이 있을 수 있습니다.

B What can I do?
제가 어떻게 해야 되나요?

A You need to eat less salt. And you need to exercise. You should do twenty minutes of strenuous exercise three times per week.
소금 섭취를 줄여야 합니다. 또한 운동하셔야 됩니다. 적어도 일주일에 세 번 20분 정도 격렬하게 운동하셔야 합니다.

B Exercise? What kind of exercise?
운동이요? 어떤 종류요?

A I would recommend running on a treadmill, climbing stairs, or jumping rope.
러닝머신과 계단 오르기, 줄넘기 등을 권해 드립니다.

B OK. I'll start today.
오늘부터 시작할게요.

> **Tip** 정상범위 the normal range | 혈압 blood pressure | 러닝머신 treadmill | 줄넘기 jumping rope

증상	symptoms
차멀미가 나요	I am carsick. I have carsickness. **Tip** 뱃멀미 seasick | 비행기멀미 airsick | 향수병 homesick
찬물을 마실 때 아파요	I have a sharp pain whenever I drink cold water.

446

체중이 많이 늘었어요.	**I've been gaining weight.**
	ex I've been gaining weight. So I decided to go on a diet.
	체중이 많이 늘어서 다이어트 하기로 했어.
	Tip 다이어트 하다 go on a diet
체한 거 같아요.	**I have an upset stomach.**
코가 막혔어요.	**I have a stuffy nose.**
코피가 나요.	**My nose is bleeding.**
	I have a bloody nose.
콧물이 나와요.	**My nose is running.**
	I have a runny nose.
토하다	**throw up**
	vomit
	gag
	Tip vomit은 의사들이 진찰할 때나 쓰는 말이고, 주로 throw up을 쓴다. gag는 '웃긴'이란 의미가 있지만 거의 쓰이지 않는다. 개그맨이란 말을 들으면 토하는 남자라는 뜻으로 알아듣게 된다.
	A I feel like throwing up because I drank too much.
	술을 너무 많이 마셨더니 토할 것 같아.
	B You shouldn't have had so much to drink.
	그렇게 많이 마시지 말았어야 했는데.
	A Leave me alone.
	날 좀 내버려둬.
피가 나다	**bleed**

PART 7 사람에 관련된 표현

피부가 건조해요.	**My skin is dry.**
	A My skin is so dry. It's cracking. 피부가 너무 건조해서 갈라져요. **B** Try this cream. It will help. 이 크림 써 봐. 도움이 될 거야. Tip 갈라지다 crack
하혈하다	discharge pass blood through the vulva / anus

병명에 관한 말

간염	hepatitis
간질	epilepsy
감기	a cold **A** Did you catch a cold? 감기 걸렸어요? **B** Yes. It's been one week. 1주일째예요.
결핵	consumption tuberculosis
골다공증	osteoporosis **A** A lot of old woman like my grandmother suffer from osteoporosis. 우리 할머니처럼 나이 든 여자들이 골다공증으로 고통받아. **B** You should make sure to drink milk. 너도 꼭 우유 마시도록 해.

골절	**fracture**
뼈가 부러지다	**break a bone**

관절통	**arthralgia**
관절염	**arthritis**

ex A lot of older people suffer from arthritis.
다수의 노인들이 관절염을 앓고 있다.

기억 상실	**amnesia**

A My grandmother suffered from amnesia after her stroke.
우리 할머니는 뇌출혈 이후에 기억 상실로 고통받으셨어.

B My grandfather had the same thing.
우리 할아버지도 그러셨어.

다운증후군	**Down's syndrome**

당뇨병	**diabetes**

A A dietary treatment is important for people with diabetes.
당뇨 환자는 음식 치료가 중요해.

B You're right. It's extremely important.
맞아. 아주 중요하지.

Tip 매우 **extremely**

독감	**the flu**

ex People should get a flu shot every year.
사람들은 매년 독감 주사를 맞아야 해.

Tip 독감 주사 **a flu shot**

동상	**frostbite**
	A Put on a hat and gloves before you go out. You'll get frostbite! 나가기 전에 모자 쓰고 장갑 껴라. 동상 걸릴라. **B** I'll be fine, Mom. 괜찮아요, 엄마.
류머티즘	**rheumatism** **arthritis**
무좀	**athlete's foot**
	A My feet are really itchy because of athlete's foot. 무좀 때문에 발이 가려워. **B** You should got some medicine for that. 그거 약 발라야 돼.
(뇌졸중 등의) 발작 / 뇌졸중	**stroke** ex He had a stroke after his 70th birthday. 그는 70세 생일 후에 뇌졸중으로 쓰러졌다.
백혈병	**leukemia**
불면증	**insomnia** ex I take a sleeping pill every night because of insomnia. 난 불면증 때문에 매일 수면제를 복용하고 있다.
불치병	**incurable disease** **fatal disease** Tip 치료 불가능한 incurable ㅣ 치명적인 fatal

	ex Although cancer was considered an incurable disease, nowadays, many people recover. 암은 불치병으로 알려졌지만, 지금은 많은 사람들이 회복된다. ex There is no hope for his recovery. 그는 회복할 가망이 없습니다.
빈혈	anemia
섭식 장애	eating disorder A Many women suffer from eating disorders. 많은 여성들이 섭식 장애를 겪고 있어. B I know. It's a big problem. 그래. 큰 문제야. Tip ~로 고통받다, 시달리다 suffer from
성병	VD(venereal disease)
성인병	adult disease
노인병	geriatric disease
노인 병동	geriatric ward
쇼크	shock
식물 인간	human vegetable
식중독	food poisoning ex You have to be careful to not get food poisoning in the summer. 여름에는 식중독에 걸리지 않게 조심해야 해.
심장마비	heart attack

cardiac arrest

A Why do you eat fast food so often? At your age, you could have a heart attack.
왜 패스트푸드를 그렇게 자주 먹는 거야? 네 나이에 심장마비가 올 수도 있어.

B I know. But it's really convenient.
나도 알아. 그런데 너무 간편하거든.

아토피성 피부염

dermatitis

알레르기

allergy

A Does this cake have peanuts in it? I have a severe peanut allergy.
이 케이크에 땅콩이 들어갔나요? 제가 심한 땅콩 알레르기가 있어서요.

B I'm not sure. I'll go and ask the pastry chef.
잘 모르겠어요. 가서 파티쉐에게 여쭤볼게요.

알츠하이머

Alzheimer's disease

ex President Reagan suffered from Alzheimer's
레이건 대통령은 알츠하이머로 고통받았다.

알코올 중독

alcoholism

암

cancer

A Cancer is getting more common than it used to be.
암이 예전에 비해 점점 흔해지고 있어.

B Scary, isn't it?
무서운 일이야. 그렇지 않아?

Tip 식도암 esophageal cancer | 직장암 rectal cancer | 대장암 colon cancer | 인후암 throat cancer | 위암 stomach cancer | 폐암 lung cancer

영양 실조	malnutrition
에이즈	AIDS (Auto Immune Deficiency Syndrome)
우울증	depression
위경련	stomach cramps
위궤양	ulcer
위염	gastritis
일사병	heatstroke
저혈압	hypotension low blood pressure
고혈압	hypertension high blood pressure

A When I was young, I worked too hard and didn't exercise enough. Now I have high blood pressure.
내가 젊었을 때, 일은 많이 하고 충분한 운동은 안 했어. 지금은 고혈압이 됐지.

B It's not too late to start exercising.
운동하기에 너무 늦진 않았어.

전염병	contagious disease
전염성의	contagious infectious

Tip epidemic은 전염성이 있는 유행병을 말한다.

PART 7 사람에 관련된 표현

종양	**tumor**
	A Did you get the result of the biopsy? 조직 검사 결과 나왔어?
	B Yes. The tumor is benign, thank God. 응. 양성 종양이래. 정말 다행이야.
	Tip◀ 악성 종양 a malignant tumor ┃ 양성 종양 benign tumor ┃ 수술할 수 없는 뇌종양 an inoperable brain tumor
중풍 / 마비	**paralysis**
	Tip◀ 소아마비 infantile paralysis ┃ 뇌성마비 cerebral paralysis
지병	**chronic disease**
직업병	**occupational hazard**
	A I've got bad shoulders. 난 늘 어깨가 아파.
	B I heard that's an occupational hazard for teachers. 내가 듣기론 교사들의 직업병이래.
천식	**asthma**
	A My little sister has severe asthma. 내 여동생은 천식이 심해.
	B She'll grow out of it. 크면 괜찮을 거야.
치매	**dementia** **senility**
	A My grandfather had dementia before he died. 내 할아버지는 돌아가시기 전에 치매에 걸리셨어.
	B That's a very difficult situation. 참 힘든 상황이었구나.

치질	**hemorrhoids**
~통	**~ache** Tip ear, tooth, stomach, back, head 뒤에 ache를 붙이면 ~통이 된다. 그 외에 신체 부위에는 붙이지 않는다. 예 치통 toothache ㅣ 귀앓이, 이통 earache ㅣ 두통 headache ㅣ 복통 stomachache ㅣ 요통, 등의 통증 backache
근육통	**muscle pain**
편두통	**migraine**
피로	**fatigue** A Did you see a doctor? What did he say? 의사 만나 봤어? 뭐라고 해? B My doctor said I'm suffering from chronic fatigue. 의사가 내가 만성 피로로 아픈 거라고 했어. Tip 만성 피로 chronic fatigue
합병증	**complication**
화상	**burns**

임신·출산에 관하여

난산	**difficult delivery**
모유	**breast milk**
분유	**powder milk**
분만 예정일	**baby due** **anticipated delivery date**

A I heard you're pregnant. When is the baby due?
임신했다고 들었는데. 분만 예정일이 언제예요?

B The anticipated delivery date is February tenth. But you can never be sure.
예상일은 2월 10일이에요. 하지만 확실할 순 없죠.

ex Where are you expecting?
분만 예정일이 언제예요?

불임 치료중이에요.

I'm having infertility treatments.

Tip 불임 치료 fertility treatment

A How are the fertility treatments going?
불임 치료 잘 돼가니?

B We have not been successful yet. We're thinking we just might adopt a baby.
아직 성공하지 못했어. 입양하는 것을 고려중이야.

산파

midwife

ex A midwife delivered the baby.
산파가 아기를 받아냈다.

산후조리원

after birth clinic

Tip 북미에는 없다.

ex In Korea, after a woman has a baby, she must eat seaweed soup and stay in a warm room for three weeks.
한국에서는 아이를 출산한 후. 반드시 미역국을 먹고 따뜻한 방에서 3주 정도 지내야 한다.

Tip 미역국 seaweed soup

소변 검사

urine test

아내가 딸을 낳았습니다.

My wife had a baby girl.

아내가 임신했습니다.	**My wife is expecting.**
아내는 임신 5개월입니다.	**My wife is 5 months pregnant.**

양수	**water**
	amniotic fluid

> ex My water broke.
> 양수가 터졌어요.

양수 검사	**amniotic fluid test**

> ex The amniotic fluid test is recommended for pregnant women who are over 35 years old.
> 양수 검사는 35세 이상의 임산부에게 권장된다.

인큐베이터	**incubator**

A How's your sister's baby?
네 여동생 아기는 어때?

B He's in an incubator now. The doctors aren't sure what's wrong.
지금 인큐베이터 안에 있어. 의사들도 뭐가 문제인지는 정확히 몰라.

> Tip 한국에서 임신 기간은 10개월, 미국에서는 9개월이라고 한다.

임산부	**a pregnant woman**

입덧	**morning sickness**

> Tip 입덧은 주로 아침에 심하기 때문에 morning sickness라고 한다.

> ex I'm worried about my wife since she can't eat anything because of morning sickness.
> 아내가 입덧 때문에 거의 먹지를 못해서 걱정이에요.

입양하다	**adopt**

자연 분만	**natural childbirth**

자연 유산	**miscarriage**

A Miscarriages are more common in older women.
자연 유산은 나이든 여자들에게 더 흔하다.

B I heard that too.
나도 그렇게 들었어.

인공 유산	**abortion**
제왕 절개 수술	**c-section(Caesarean section)**
조산	**premature childbirth**

ex Although the baby was born premature, he recovered and is living a normal life.
비록 그 아기는 조산으로 태어났지만 회복해서 정상적인 삶을 살아가고 있다.

Tip 회복하다 recover

진통이 시작됐어요.	**My labor has started.**
태아	**embryo**
태반	**placenta**
피임약	**birth control pills**
	the pill

A Congratulations! You're pregnant.
축하합니다! 임신입니다.

B I can't be pregnant! I'm on the pill!
임신일 리가 없어요. 피임약을 복용 중이에요!

미국에서는 초음파 검사(ultra sound)를 한국처럼 자주 하지 않는다. 성별도 원하면 가르쳐 준다.

출산을 앞두고 여자 친구들과 모여 아이에게 줄 선물을 가지고 모여서 베이비샤워(Baby Shower)를 한다. 이때 간단한 다과를 같이 하며 선물을 개봉한다.

한국에서 출산하면 한동안 샤워도 못하고 찬물을 마시지도 못하게 하지만 북미에서는 출산하고 차가운 주스를 마시거나 샤워를 하는 일이 보통이다.

진료 과의 종류와 치료에 관한 말

MP3 7-09 ▶

진찰 시에 의사가 하는 말

검사를 위해 입원하세요.	Be in the hospital for tests.

구토 증세가 있습니까?	Do you feel nauseous?

A Do you feel nauseous?
구토 증세가 있습니까?

B Yes. I think it's something I ate.
예. 아마 제가 먹은 것 때문인 것 같아요.

그 밖에 또 아픈 곳이 있습니까?	Do you have pain anywhere else?

대변은 규칙적으로 보십니까?	Are your bowel movements regular?

맥박을 재겠습니다.	Let me take your pulse.

뭔가 이상한 증상이 있습니까?	Is there anything unusual?

A Is there anything unusual?
뭔가 이상한 증상이 있습니까?

B No. You're in great shape.
아니요. 다 좋습니다.

바로 누우세요.	Lie on your back.
엎드려 누우세요.	Lie on your stomach.
옆으로 누우세요.	Lie on your side.

수술하신 적이 있나요?	Have you ever had surgery?
	Tip 수술 surgery
숨을 깊게 쉬세요	Please take a deep breath.
숨을 내쉬세요	Breath out.
숨을 들이 쉬세요	Breath in.
알레르기 있습니까?	Do you have any allergies?
	A Are you allergic to any medicine? 약에 대한 알레르기 있습니까? B I'm allergic to penicillin. 페니실린에 알레르기가 있습니다.
어디가 안 좋으십니까?	What's wrong? What's the problem?
증상을 말해 주십시오	Please tell me the symptoms.
어디가 아프십니까?	Where does it hurt? What seems to be the problem?
언제부터 그랬습니까?	When did it start?
얼마나 오랫동안 통증이 있었습니까?	How long have you had this pain?
	A How long have you had this pain? 얼마나 오랫동안 통증이 있었습니까? B Since last week. It is the worst at night. 지난주부터요. 밤에는 더 심했어요.
엑스레이 찍겠습니다.	I'll x-ray it.
왼쪽 소매를 걷으세요	Roll up you left sleeve, please.

PART 7

사람에 관련된 표현

전에도 이런 증상이 있었습니까?	**Have you had this before?**
정기적으로 복용하는 약이 있습니까?	**Are you taking any medicine regularly?** Tip 정기적으로 regularly
정확히 하기 위해 몇 가지 검사를 해보겠습니다.	**Let's run some tests to make sure.** A Have you had trouble sleeping? 주무시는 데 문제가 있나요? B Yes. 예. A And have you had any problems with your eyes? 눈에도 문제가 있나요? B Yes. When I'm tired, my vision gets blurry. Is it serious? 예. 피곤할 때 눈이 침침해요. 심각한 건가요? A Probably not. But let's run some tests to make sure. 아무 일도 아닐 겁니다. 하지만 정확히 하기 위해 몇 가지 검사를 해보겠습니다. B I see. 예. 알았습니다. Tip 침침한, 흐릿한 blurry
진찰해 보겠습니다.	**Let me examine you.** Tip 북미에서는 병원에 갈 때 응급 상황이 아니라면 미리 예약을 해야 한다. 가끔 그날 취소된 시간에 운이 좋으면 들어갈 수도 있다. 처음 진료 시에는 많은 질문이 적혀진 설문지에 답하는 경우가 많고 진료 시간도 긴 편이다.
처방전을 써드리겠습니다.	**I'll give you a prescription.**
체온을 재겠습니다.	**Let me take your temperature.**

혀를 보겠습니다.	Show me your tongue, please.
혈압을 재겠습니다.	Let me check your blood pressure.
환부에 약을 바르세요.	Apply medicine to the affected area.

진료과의 종류

가정의학과	general practice
	family medicine
가정의학과 의사	general practitioner

A I asked a general practitioner about my head-
aches.
가정의학과 선생님한테 내 두통에 대해 물어 봤어.

B What did he say?
뭐라셔?

A He referred me to a specialist.
날 전문가에게 보냈어.

내과	internal medicine
내과 의사	physician
	internist

산부인과	obstetrics and gynecology clinic

성형 외과	plastic surgery

A Hey Mark, it's been a long time. You look
great.
마크, 오랜만이네. 좋아 보이는데.

B Thanks to plastic surgery.
성형 덕분이지.

소아과	pediatrics
소아과 의사	pediatrician
수의사	veterinarian
안과	ophthalmic clinic
	eye doctor

Tip 근시 near-sighted | 난시 distorted vision | 원시 far-sighted | 색맹 color-blind | 다래끼 sty | 눈곱 gunk

외과	surgery

A I'm looking for Dr. Lee's office.
이박사님 사무실을 찾는데요.

B That's in surgery. Go down the hall and turn left.
외과에 있습니다. 내려가셔서 왼쪽으로 가십시오.

외과 의사	surgeon
이비인후과	ENT(ear nose and throat)
재활원	rehab

A Did you hear about Kevin? He checked out of rehab after just one day.
캐빈에 대해 들었어? 하루 만에 재활원에서 나왔대.

B Really? That's strange.
정말? 이상하네.

정신과	psychiatric department
정신과 의사	psychiatrist
정신 병원	a mental hospital

Tip 한의원 Oriental medicine clinic | 동물 병원 animal hospital, veterinary clinic

---

정형외과

orthopedic department

A Carl was in a car accident. Now he's in the orthopedic department of the hospital.
칼이 교통사고 나서 정형외과에 입원해 있대.

B Really? Is it serious?
정말? 많이 다쳤대?

A He got whiplash.
목을 삐끗했나봐.

B Is that right? We'll have to visit him in the hospital this weekend.
그래? 주말에 같이 병문안 가자.

치과

dental clinic

치과 의사

dentist

Tip 치실 floss | 치아 교정하다 to need braces | 어금니 molar, back teeth | 송곳니 canine teeth | 앞니 incisor, front teeth | 틀니 dentures | 유치 baby teeth | 영구치 permanent tooth | 의치 false tooth | 위턱 upper jaw | 아래턱 lower jaw

---

피부과

dermatology clinic

skin doctor

A How did you get such clear skin, Laura?
로라야, 너 어쩜 그렇게 맑은 피부를 갖고 있니?

B My father is a dermatologist. He always gives me tips on how to take care of my skin.
우리 아빠가 피부과 의사잖아. 언제나 어떻게 피부 관리를 해야 하는지 조언을 해 주셔.

Tip 땀띠 heat rash | 두드러기 hive | 습진 eczema | 여드름 pimple, acne | 뾰루지 rash | 사마귀 mole | 물집 blister | 티눈 corm | 혹 bump | 기미 faint flecks | 주근깨 freckles

PART 7 사람에 관련된 표현

치료법 · 약

가루약	powder
시럽	syrup
알약	pills tablets

감기약	cold medicine
변비약	laxatives
안약	eye drops

골수 이식	bone-marrow transplant

구급차	ambulance

기브스를 하다	have a cast

A What happend to your leg?
다리가 어떻게 된 거야?

B I broke my leg while skiing. That's why I have a cast.
스키 타다가 부러졌어. 그래서 기브스한 거야.

기증자	donor

A Nicole, how's your grandmother doing?
니콜, 네 할머니 어떠시니?

B Not good. We're on the list of kidney donors.
좋지 않으셔. 콩팥 기증을 기다리고 있어.

`Tip` 여러 가지 기증자

혈액 blood ㅣ 콩팥 kidney ㅣ 간 liver ㅣ 심장 heart

내시경	**endoscope**
위내시경	**gastroscope**

A We'll have to use a gastroscope to see the problem.
뭐가 문제인지 위내시경을 해야겠습니다.

B I see. By the way does it hurt?
알겠습니다. 그런데 아픈가요?

들것	**stretcher**
링거를 맞다	**get an IV**
몇 바늘 꿰매다	**got(put) stitches**

> Tip 실밥을 풀었어요. **My stitches have been removed.**

> ex I got stitches in my hand.
> 손을 몇 바늘 꿰맸어요.

A Look at you. What happened?
얘 좀 봐. 어떻게 된 거니?

B I had a cut on my forehead and got ten stitches.
이마가 찢어져서 10바늘 꿰맸어요.

물리 치료	**physical therapy**
밴드	**band-aids**

A I have a paper cut.
종이에 벴어.

B You should put a band-aid on it.
그 위에 밴드를 붙여.

붕대	**bandage**

백신	**vaccine** **immunization**
병문안 가다	**visit someone at the hospital** **A** I visited my aunt Ann at the hospital. 어제 앤 이모 병문안 갔었어. **B** How is she? 좀 어떠셔? **A** After she had an operation, she seems better. She's going to check out of the hospital next week. 수술 받고 좋아진 것 같아. 다음 주에 퇴원하신대. **B** I'm glad to hear that. 다행이다.
병동	**ward** Tip 한국에서는 대부분 환자 가족이 환자를 보살피는 반면, 미국에서는 병원 직원(hospital staff)이 돌봐준다.
병실	**sickroom** **hospital room**
보험 카드	**insurance card**
부작용	**side effects** **A** One side effect of this medicine is hair loss. 이 약의 부작용 중 하나는 머리카락이 빠진다는 것입니다. **B** Does everyone who takes this medicine go bald? 이 약을 복용하는 사람은 모두 대머리가 되나요?
산소호흡기	**oxygen breathing apparatus**

소독약	**antiseptic**
	A To get rid of the lice you have to put this antiseptic powder in your hair.
	이를 없애기 위해 머리에 이 가루 소독약을 뿌려야 해.
	B Isn't there any kind of shampoo?
	샴푸 종류는 없어요?
소화제	**antacid**
	A I feel yucky. I have a stomachache.
	속이 안 좋아. 배가 아픈데.
	B Why don't you take some antacid?
	소화제 좀 먹지. 그러니?
수면제	**sleeping pill**
진통제	**pain killer**
	A I have a bad earache.
	귀가 너무 아파.
	B Do you need some pain killer?
	진통제 필요하니?
항생제	**antibiotic**
해독제	**antidote**
	ex There is no antidote for certain snakes since the poison is so strong.
	독이 너무 강한 특정 뱀들은 해독제가 없다.
수술하다	**have an operation**
	Tip 외과 수술 surgery | 내과 수술 operation
	ex She got plastic surgery.
	그녀는 성형 수술을 받았어.

A My sister had an operation last week.
누나가 지난주에 수술받았어.

B How is she doing?
지금은 좀 어때?

A You need to be hospitalized.
입원하세요.

B Is it a very serious case?
심각한 건가요?

A Not really. You need to get a simple operation.
아니에요. 간단한 수술이에요.

B How long will it take to recover?
회복하려면 얼마나 걸릴까요?

수혈하다

give a blood transfusion to someone

ex He was infected with AIDS as a result of a contaminated blood transfusion.
그는 오염된 혈액을 수혈 받아 에이즈에 걸렸다.

Tip 감염되다 be infected

수혈의 제공자

blood donor

식이요법

a dietary treatment

ex One of the bad parts of diabetes is that the patient has to get a dietary treatment, which means he can't eat whatever he wants.
당뇨병의 안 좋은 점 중 하나는 환자가 식이요법을 해야 한다는 것인데, 환자가 먹고 싶은 것을 먹을 수 없다.

신체 검사

physical examination

A That was a pretty good dinner. How about going for a drink?
저녁식사 맛있었어요. 한잔 하러 갈래요?

B I can't eat and drink after 10 P.M. today for my physical examination tomorrow.

내일 건강 검진 때문에 오후 10시 이후에는 아무것도 먹지도 마시지도 못해요.

암으로 판정받다	**be diagnosed with cancer**
항암제	**anti-cancer medicine**
항암 치료	**cancer treatment**
화학 치료	**chemotherapy**

ex She started chemotherapy and her hair fell out.
그녀는 항암 치료를 받기 시작하면서 머리카락이 빠졌다.

A I'm sorry to hear your mother has cancer.
네 어머니가 암에 걸리셨다니 정말 안됐구나.

B Thanks. But she's very brave. She's having chemotherapy and fighting as much as she can.
고마워. 그래도 어머니는 용감하셔. 항암 치료를 받으시면서 최선을 다해 투병중이셔.

약국	**pharmacy**

A I want this prescription filled, please.
약 좀 조제해 주세요.

B You can buy this pill over the counter.
이 약은 그냥 창구에서 사시면 돼요.

엑스레이 검사	**X-ray**

ex Although she couldn't even stand up because she had a serious pain for the last three months, nothing strange was discovered when she got an X-ray at the hospital.
그녀는 최근 3개월 동안 고통이 심해 서 있기조차 힘들었지만, 병원에서 엑스레이 검사 결과 이상이 발견되지 않았다.

A Is my ankle broken, Dr. Pembroke?
제 발목 부러졌나요, 펨브로크 선생님?

B We don't know yet. We'll have to take an X-ray.
아직 모르겠습니다. 엑스레이 검사를 해야 합니다.

응급실	ER(emergency room)
응급 치료	emergency care
위약 / 플라시보	placebo
정관 수술	vasectomy
조직 검사	biopsy
주사를 놓다	give a shot
주사를 맞다	get a shot

A I heard the ambulance last night. What happened?
어젯밤에 구급차 소리를 들었는데, 무슨 일 생겼어?

B My baby got up in the middle of the night and had a really high fever. So I called an ambulance.
우리 아기가 한밤중에 일어났는데 열이 정말 높아서 구급차를 불렀어.

A That's awful! Is he OK now?
어떡해! 지금은 괜찮아?

B After we arrived at the ER, he got an IV for 2 hours. Then he finally fell asleep.
응급실에 도착한 다음 링거를 2시간 동안 맞았어. 그리고 나서야 겨우 잠이 들었지.

A What did the doctor say?
의사선생님이 뭐래?

B She is not sure what's wrong. He has to get some tests. We'll know if it's anything serious in a few days.
뭐가 문젠지 아직 모른대. 몇 가지 검사를 받아야 해. 며칠 후에는 뭐가 문제인지 알 수 있을 거야.

A That's too bad. Is there anything I can do?
걱정되겠군. 내가 도울 수 있는 일이 있어?

B Thanks. But we're got everything under control.
고마워. 하지만 다 잘되어 가고 있어.

Tip 한밤중에 **in the middle of night**

주치의

private doctor

중환자실

intensive care unit

A Can I see him now?
지금 만날 수 있나요?

B I'm afraid not. He's in the intensive care unit.
안 돼요. 그는 지금 중환자실에 있어요.

진단하다

diagnose a disease

Tip 진단 **diagnosis**

ex He lived for twenty years after he was diagnosed with cancer.
그는 암이라고 진단받은 후 20년간 살았다.

처방전

prescription

A How much are those sleeping pills?
저런 수면제는 얼마나 하나요?

B You can't buy that over the counter. You need a prescription from a doctor.
그건 카운터에서 그냥 살 수 없어요. 의사의 처방전이 필요해요.

청진기

stethoscope

체온계

thermometer

ex Please put the thermometer in your armpit.
체온계를 겨드랑이에 꽂으세요.

초음파	**ultrasound**
	ex. According to the ultrasound, your baby is healthy. 초음파를 보면 아기는 건강합니다.
치료비	**the cost of treatment**
	ex. I was shocked how expensive the cost of treatment was. 치료비가 얼마나 비싼지 난 충격을 받았다.
퇴원하다	**check out of the hospital**
	ex. You can check out of the hospital in three days. 3일 후에 퇴원하실 수 있어요.
헌혈	**blood donation**
호전되다	**get better**
	A How's Jim doing? 짐은 어때? B He got better after the operation. 수술 후에 호전됐어.
휠체어	**wheelchair**

한방 치료

보약	**restorative medicine**
진맥하다	**check one's pulse**
침을 맞다	**have acupuncture**

한약	## Oriental herbal medicine
	## Chinese medicine

A I heard you're been having some back pain.
너 허리 아프다며?

B That's right. I've been taking some herbal medicines and going to a Chinese medicine clinic.
맞아. 한약 먹으면서 한의원 다니는 중이야.

A Do you really believe in that stuff?
그런 걸 정말 믿어?

B I didn't. But then I tried. And it has worked really well for me.
안 믿었는데 해 봤어. 그런데 정말 효과가 좋아.

한약을 달이다	## boil down

한의원	## Oriental medicine clinic

A How are your hands these days, Dean?
딘, 요새 네 손 어때?

B Much better. I've started having acupuncture treatments at a local Oriental medicine clinic. And the pain has disappeared.
훨씬 좋아. 동네 한의원에서 침을 맞기 시작했더니 통증이 사라졌어.

Tip 사라지다 disappear

memo

PART 8
시사 용어 · 비교 어휘

단어를 모르면 통 대화에 낄 수 없는
시사 용어들.
신문에서 자주 쓰는 말, 뉴스에서 자주 쓰는 말은 따로 있다.

정치면

MP3 8-01 ▶

개각	**reshuffle the cabinet**
	ex The president announced that he will reshuffle the cabinet.
	대통령은 개각을 단행할 것이라고 발표했다.
	Tip 내각 the cabinet

거부권 / 거부하다	**veto**
	ex The president vetoed the bill.
	대통령은 그 법안을 거부했다.
	Tip 법안 bill

국회	**the National Assembly** (한국)
	Congress (미국)
	Parliament (영국)
	Tip 상원 senate | 하원 House of Representatives

임시 국회	**extra session of the National Assembly**
	ex The president suggested to convene a extra session of the Assembly.
	대통령은 임시국회를 소집하자고 제안했다.
	Tip 소집하다 convene

국회의원	**congressman / congresswoman**
	congressperson
	senator

뇌물	**bribes**

A I'm very disappointed to hear that my favorite congressman has been accused of taking bribes in return for giving large contracts.
내가 좋아하는 국회의원이 큰 계약건과 관련되어 뇌물을 받은 것으로 기소되다니 정말 실망이야.

B Nothing's been confirmed yet. You should wait a little longer.
아직 확실히 밝혀지진 않았으니 좀 더 기다려 봐야지.

Tip 기소되다, ~로 비난받다 be accused of ~ 예 She was accused of murder. 그녀는 살인죄로 기소됐다. | 뇌물을 받다 take bribes

---

당선되다	**be elected**
낙선하다	**be defeated in an election**

ex He was defeated in the general election.
그는 총선에서 낙선했다.

무효가 되다	**be invalidated / annulled**

ex His election was invalidated due to bribery.
뇌물 수뢰 때문에 그의 당선은 무효가 되었다.

Tip 때문에 due to | 뇌물 수뢰 bribery

대변인	**spokesperson**

Tip 여당 대변인 a spokesperson for the ruling party | 야당 대변인 a spokesperson for the opposition party

---

민생	**the livelihood of the people**
	public welfare

A What do you think about the performance of the president these days?
요즘 대통령이 하는 일에 대해 어떻게 생각하세요?

B I don't have any specific opinion about the president. I just hope he will make a better effort to improve public welfare.

전 별로 특별한 의견은 없어요. 단지 좀 더 민생을 잘 돌봐줬으면 좋겠어요.

보수

conservative

ex Conservatives opposed the gun control legislation.

보수당은 총기 제한 법률 제정에 반대했다.

Tip 반대하다 oppose | 법률 제정 legislation

불법 도청

illegal wiretapping

ex The president's aide was convicted in a federal court for the wiretapping of the opposition party's headquarters.

대통령 측근은 야당 본부를 불법 도청한 혐의로 연방법원에서 유죄 판결을 받았다.

Tip 유죄 판결을 받다 be convicted ⓓ He was convicted of murder. 그는 살인죄로 유죄 판결을 받았다.

비례 대표

proportional representation

선거

election

ex The competition is getting more serious as each party begins to select its candidate before the presidential election.

대통령 선거를 앞두고 각 당의 후보자 경쟁이 치열해지고 있다.

Tip 치열해지다, 심각해지다 to get more serious | 후보자 candidate

A Who do you support for the presidential election?

어느 대통령 후보를 지지하세요?

B I'm sorry, but I don't like talking about politics over dinner.

죄송합니다만, 저녁식사 시간에 정치 얘기는 하고 싶지 않군요.

Tip 지지하다 support

Tip 정치, 종교, 성 얘기는 아주 친한 사이가 아니라면 대화 주제로 적당하지 않다.

대통령 선거	**presidential election**
국회의원 선거	**general election**

ex It will be the lowest voter turnout ever for the general election.
이번 국회의원 선거는 사상 최저의 투표율을 기록할 것이다.

Tip 미국 국회의원 선거는 congressional election이고, 상원 (Senate)과 하원(House of Representation)으로 나뉘어 있다.

시사	**news and current affairs**

Tip 많은 시사 용어들은 대개 한문을 많이 쓴다. 한문은 뜻 글자로 깊은 뜻을 내포하는 경우가 많다. 이것을 영어로 바꿀 때 짧은 단어로 많은 것을 함축하기는 어렵다. 영어로 바꾸는 것이 불가능하거나 뜻을 풀어서 설명해야하는 경우가 많다. 무조건 단어 하나하나로 바꾸면 한국인들만 이해하는 영어가 된다.

야당 통합	**merger of the opposition parties**

ex In this election, the possibility of a merger of the opposition parties is getting higher.
이번 선거에서는 야당 통합의 가능성이 높아지고 있다.

여당 / 집권당	**majority party**
	ruling party
야당	**opposition party**
	minority party

Tip 여당 ruling party ↔ 야당 opposition party, 여당 majority party ↔ 야당 minority party

ex I voted for the ruling party this time.
난 이번에 집권당에 투표했다.

PART 8 시사 용어 · 비교 어휘

여당의 원내 총무	the majority leader
야당의 원내 총무	the minority leader

임명하다	**appoint**
	ex The president appointed the ambassador to Japan. 대통령은 일본 대사를 임명했습니다.

입당하다	**join a political party**
탈당하다	**withdraw from a political party**
	leave a political party

정당	**political party**
	Tip 미국에서 큰 정당으로는 공화당(the Republic party)과 민주당 (the Democratic party)이 있다.

보수당	**conservative party**
	Conservatives
	ex The Conservatives were swept into power. 보수당이 압승을 거두었습니다.

우파	**the right wing**
좌파	**the left wing**
군소 정당	**minor political parties**

중도	**moderate**
진보	**progressive**
	liberal
	ex Democratic Party liberals and moderates failed to reach an agreement.

민주당의 진보와 중도파는 합의에 이르는 데 실패했다.

Tip 합의 협정 **agreement** | 합의에 이르다 **reach an agreement**

진영	**camp**
진보 진영	**progressive camp**

투명성	**transparency**

Tip 투명 인간 **the invisible man** | 투명한 창문 **transparent window**

투명성을 확보하다	**ensure transparency**

A Do you know about the new law about the construction industry?
건설업계에 관한 새로운 법을 알아?

B I know that the new law seeks to create transparency in the construction industry. I hope it will make the price of apartments cheaper.
새로운 법이 건설업계의 투명성을 갖게 하고자 하는 것이라는 건 알아.
그 법이 아파트 가격을 좀 내리게 했으면 좋겠어.

Tip 찾다 **seek** 📖 구하라, 그러면 찾을 것이다. **Seek, and you will find it.** | 건설업계 **construction industry**

투표 / 투표하다	**vote**

투표율	**voter turnout**

ex Voter turnout is expected to be the lowest in ten years.
투표율이 10년 만에 가장 낮을 것으로 예상됩니다.

ex The government is seeking the ways to increase voter turnout.
정부는 투표율을 올리기 위한 방안들을 모색하고 있습니다.

A Have you voted yet?

투표했어?

B No, not yet. I can't decide which candidate I should vote for. I don't really like either of them.

아직 못했어. 어떤 후보자를 뽑아야 할지 모르겠어. 정말 마음에 드는 사람이 없거든.

회동하다

have a meeting

gather together

경제면

강세 시장	**bull market**
약세 시장	**bear market**

A Are you having any luck with the stock market these days?
요새 주식으로 재미 좀 봤어?

B Not at all. Since we're in the middle of a bear market, I'll have to wait for a while.
전혀. 약세 시장이라 한동안 기다려야 할 것 같아.

Tip 한동안 **for a while**

개미 주주 / 소액 주주	**small-sum stockholder**
	minor stockholder

A I read that minor stockholders play a greater role in investment trends than they used to.
투자 경향이 소액 주주들이 예전보다 더 큰 역할을 한다고 읽었어.

B That's right. Because of mutual funds, there are a lot more of them.
맞아. 뮤추얼 펀드 때문에 보다 많은 소액 주주들이 있지.

거치 기간	**grace period**
경기	**economy**
	business
	market

경기 부양책	## boost
	## economic stimulus package
	boost는 '밀어주다, 후원하다'의 동사 및 명사로 쓰인다. 경기를 밀어 준다는 뜻으로 '경기 부양'이라고 한다.
	ex The government announced a plan to boost the economy. However, many economists disagreed, citing the need to follow market principles.
	정부는 경기 부양책을 발표했다. 그러나 많은 경제학자들은 시장 원 리에 따라야 한다는 인용을 들어서 반대했다.
	Tip 인용하다 cite ㅣ 시장 원리 market principle
경기 침체	## recession
	## economic slump
	ex The number of applications for personal bankruptcy has increased as the recession lingers.
	경기 침체가 장기화되면서 개인 파산 신청자가 늘고 있다.
경쟁력	## competitive power
	## competitiveness
	Tip 국제 경쟁력 international competitiveness ㅣ 가격 경쟁력 price competitiveness
	ex Korea's price competitiveness is decreasing.
	한국의 가격 경쟁력이 약화되고 있다.
	Tip 하락하다 decrease
	A Did you read the article about Korea's competitiveness ranking decreasing to number 38 in the world?
	한국 경쟁력이 세계 38위로 떨어졌다는 기사 봤어요?
	B Yes I did. It's a big problem.
	네. 봤어요. 큰일이에요.

고용 시장	# job market

job market

> ex The job market has been steady since January of this year.
> 고용 시장은 올해 1월 이후에 안정적이다.

Tip 안정된 steady

구조 조정	# restructuring

restructuring

A What's your brother doing? I haven't seen him for a while.
네 남동생 요새 뭐해? 만난 지 오래됐네.

B He's been laid off because of restructuring.
지난 구조 조정으로 일자리를 잃고 지금 직장을 찾는 중이야.

A I'm sorry to hear that.
정말 안됐구나.

Tip 그런 말을 들으니 안됐어요. 유감이네요. I'm sorry to hear that.

> ex X motor company has announced a plan for restructuring amid decreased global demand.
> X자동차회사는 세계적으로 수요가 감소함에 따라 구조 조정 계획을 발표했다.

Tip ~동안에 amid | 감소하는 decreased

기업 합병	# M&A : Mergers and Acquisitions

M&A : Mergers and Acquisitions

Tip 적대적 합병 hostile acquisition | 호의적 합병 merger

> ex The value of A's stock skyrocketed as rumors of its acquisition spread.
> A기업의 합병설이 나돌자 A기업 주가가 폭등했다.

> ex Foreign companies have accelerated their mergers and acquisitions(M&A) of Korean mobile phone manufactures.
> 외국업체들이 한국 휴대전화 제조업체를 인수 합병(M&A)하려는 움직임이 활발해지고 있다.

Tip 활발해지다, 가속화하다 accelerate | 제조업체 manufactures

내수	domestic demand
내수 부진	domestic slump
내수 부양	domestic boost
	domestic support
내수 경기 부양책	a stimulus package to boost the domestic economy

대박 나다   **get a big hit**

A Have you heard about Tom?
탐 얘기 들었어?

B What about him?
무슨 얘기?

A I heard he hit it big with the stock he bought last week.
지난주에 산 주식이 대박 났대.

B Really?
정말?

A It's just not fair. The penny stocks I bought are just going down.
이건 정말 불공평해. 내가 산 싸구려 주식은 점점 내려가는데.

B Just give it some time.
좀 더 기다려봐.

> Tip 정말 불공평해. It's just not fair.

미국 중앙 은행   **The Federal Reserve**

> ex The chairman of the Federal Reserve increased interest rates by a quarter of a percent to avoid inflation.
미 중앙 은행장은 인플레이션을 피하기 위해 금리를 0.25퍼센트 인상했다.

배당(액)   **dividend**

Kookmin Bank has announced that they will increase their dividend.
국민은행은 배당액을 인상한다고 발표했다.

분산 투자	**diversifying one's portfolio**
	diversified investment

A I bought all stocks with the money I got from my inheritance.
이번에 유산 받은 걸로 모두 주식을 샀어.

B Really? Why didn't you buy any bonds?
그래? 채권도 좀 사지 그래?

A Well, I think bonds are a little conservative.
채권은 좀 보수적인 투자라서.

B Don't you know about diversifying your portfolio? Don't put all your eggs in one basket.
분산 투자 몰라? 모든 계란을 한 바구니에 담지 말라는 말도 있잖아.

A Let me think about it.
생각해 볼게.

Tip 보수적인 conservative

주식	**stocks**

A How are you doing? You look very tired.
요새 잘 지내? 많이 피곤해 보여.

B So so. I just feel anxious because as soon as I bought that company's stock, its value started to drop.
그럭저럭 지내. 내가 산 회사의 주식이 내가 사자마자 계속 떨어지고 있어서 마음이 답답해.

Tip (마음이) 답답하다 be anxious

싼 주식	**penny stocks**

시장 점유율	**market share**

PART 8 시사 용어 · 비교 어휘

ex IBM Server market share has increased by 2.1% compared to the winter quarter last year.
IBM 서버 시장 점유율은 지난 해 동기 대비 2.1% 증가했다.

연착륙 / 소프트랜딩	**soft landing**

Tip 경기가 둔화되기는 하지만 침체까지 이어지지는 않을 것으로 본다는 이야기이다.

경착륙	**hard landing**

Tip 급격한 경기 침체로 이어지는 것

외환 딜러	**foreign exchange dealer**

외환 보유고	**foreign exchange reserve**

ex The Bank of Korea is aggressively intervening in the foreign exchange markets.
한국은행은 외환 시장에 적극 개입하고 있다.

Tip 적극 개입하다 **intervene aggressively** | 외환 시장 **the foreign exchange markets**

원화 상승	**an increase in Korean currency**
원화 하락	**a decline in Korean currency**

유가 증권	**securities (stock and bond)**

적자가 나다	**be in the red**
흑자가 나다	**be in the black**

A We're in the red this year. But we expect to be back in the black next year because of an increase in exchange rates.
올해는 적자가 났지만 내년부터 환율 인상으로 인해 흑자로 전환될 것이 기대됩니다.

B That's the news that I want to hear.
내가 듣고 싶던 뉴스군요.

Tip 환율 exchange rates

Tip What + 주어 + 동사를 써서 '~하는 것'이라는 유용한 구(useful phrase)를 만들 수 있다.

ⓔ 내가 갖고 싶어하는 것 what I want to get | 내가 보고 싶어하는 것 what I like to see | 네가 하고 싶어하는 것 what you want to do

---

정보 기술

IT(information technology)

ex The IT industry has revolutionized consumer awareness.
IT 기술로 소비자 정보에 대변혁이 일어났다.

Tip 소비자 정보, 소비자 이해 consumer awareness

A What do you think is the best industry in Korea?
한국에서 가장 발달한 산업이 뭐라고 생각하세요?

B Isn't it information technology?
IT 산업이 아닐까요?

A That's right.
맞아요.

증시 / 주식 시장

Stock Market

급락하다

drop

ex Stock Market Plunges 237 points

ex Yesterday, the stock market dropped 237 points, or 10%.
주가 급락 237포인트
어제 주식시장이 237포인트, 10% 하락했습니다.

충격

crash

ex The crash, which started at 1 P.M. (local time) and continued until 2:30, caused the markets to close for the day.
오후 1시부터 시작된 충격이 2시 30분까지 계속되어 결국 시장이 조기 마감되었습니다.

ex The sudden decrease in stock prices was precipitated by skyrocketing crude oil prices globally as a cold spell throughout China spurred demand.

주가의 갑작스러운 하락은 국제 원유가의 급등과 중국의 한파로 인한 수요 급증으로 예견되었습니다.

Tip 갑작스러운 하락 sudden decrease

수익 리포트

earnings report

ex Investors are eagerly awaiting the reopening of the market tomorrow as several tech companies will issue earnings reports.

투자자들은 기술 기업들이 수익 리포트를 내일 발표함에 따라 내일 시장의 재개장을 간절히 기다리고 있습니다.

Tip 간절히 eagerly

A How's the stock market these days?
요즘 증시가 어때?

B Since business isn't so good, it's hit rock bottom.
경기가 안 좋아서 계속 바닥이야.

Tip 바닥 rock bottom

채권

bond

회사채

corporate bond

국공채

public bond

틈새시장

niche market

ex The new restrictions on checked baggage in American airports has created a niche market overnight.

미국 공항에서 화물에 대한 제한법은 갑작스럽게 틈새시장을 만들었다.

A Could you explain the key to your success?
성공하신 비결을 말씀해 주시겠습니까?

| 파산 / 도산 | **bankruptcy** |

| 개인 파산 | **personal bankruptcy** |

> Tip 파산하다 go bankrupt | 돈이 한푼도 없어. 빈털터리야. I'm broke. / I'm flat broke. / I'm penniless.

A One of my friends applied for personal bankruptcy last week.
내 친구 한 명이 지난주에 개인 파산 신청을 했어요.

B That's too bad. According to the newspaper, the number of applications for personal bankruptcy has increased as the recession has lingered.
정말 안됐네요. 신문에 따르면 경기 침체가 장기화되면서 개인 파산 신청자가 늘고 있다더군요.

A I don't know when business will get better.
언제 경기가 좋아질지 모르겠군요.

> Tip ~를 신청하다 apply for ~ | 더 좋아지다 get better

| 해고하다 | **lay off** |
| | **fire** |

> ex You are fired!
> 당신 해고야!

A We must lay off workers to cut down on expenses in order to maximize profits.
우리는 최대한의 이윤 창출을 목표로 비용절감을 위해 일부 직원을 해고해야 합니다.

B I disagree. We'll need more workers next year when we launch our new product line.
전 동의하지 않습니다. 내년에 예정된 신상품 출시로 인해 곧 직원이 많이 필요하게 될 것입니다.

> Tip 출시하다 launch

PART 8 시사용어 · 비즈니스 어휘

493

핵심 기술	**core technology** ex Some employees from AB electronics were caught stealing company secrets related to core technology. AB일렉트로닉스 직원들이 핵심 기술에 관련된 회사 기밀을 훔치려다 잡혔습니다.
환율 변동	fluctuation in exchange rate
환율 인상	an increase in exchange rates
환차익	exchange commission
환차손	a loss from the difference of quotation of foreign exchange

국제 · 사회 · 문화면

국제

거품 붕괴	**bubble decay**

ex The bubble decay from the America in real estate sector has spread all over the world.
미국발 부동산 거품 붕괴가 전세계로 확산되고 있다.

교섭	**negotiation**

ex Israel and Palestine failed to reach a peace agreement despite days of negotiation.
이스라엘과 팔레스타인은 며칠에 걸친 교섭에도 불구하고 평화 협정 합의에 실패했다.

Tip 평화 협정 **peace agreement**

국제기구	**UN(United Nations)**

A I'm proud that the Secretary General of UN is Korean.
유엔 사무총장이 한국인이라는 게 너무 자랑스러워요.

B That's right. According to news, UN Secretary General Ki-moon Ban visited Africa.
맞는 말이에요. 뉴스를 봤더니 어제 반기문 사무총장이 아프리카를 방문했더군요.

국제기구 명칭

· IMF(국제통화기금)   **International Monetary Fund**
· 안보리(안전보장이사회)   **UN Security Council**
· UN 아동기금(UNICEF)   **United Nations International Children's Emergency Fund**

PART 8   시사 용어 · 비교 어휘

495

- · UN 평화유지군   UN Peacekeeping forces
- · UN 식량농업기구   UN World food program
- · 세계보건기구(WTO)   World Trade Organization
- · 국제원자력기구(IAEA)   International Atomic Energy Agency
- · 관세 무역 일반 협정(GATT)   the General Agreement on Tariffs and Trade
- · 동남아 국가연합(ASEAN)   Association of Southeast Asian Nations
- · 경제협력 개발기구(OECD)   Organization for Economic Cooperation and Development
- · 유럽연합(EU)   European Union
- · 사무국   UN Secretary-General

국제 분쟁 지역

troubled parts of the world

ex ◂ Many of the most troubled parts of the world are located in Africa.
국제 분쟁 지역의 대부분이 아프리카에 (위치해) 있다.

국제 유가

global oil price

ex ◂ Global oil prices have reached record levels for the second time this month.
국제 유가가 이달에 두 번째로 최고 기록을 경신했다.

기아

famine

Tip ◂ 굶주림 starvation

ex ◂ North Korean citizens appear to be facing a famine.
북한 주민들은 기아에 직면하게 될 것으로 보인다.

나노 기술

nanotechnology

ex ◂ Breakthroughs in nanotechnology may eventually result in a cure for cancer.

나노 기술을 통한 갑작스러운 성공은 결국 암 치료의 결과를 가져올지도 모른다.

Tip 갑작스러운 성공 breakthrough

ex Nanotechnology is applied science and technology whose theme is the control of matter on the atomic and molecular scale.

나노 기술은 원자·분자 단위의 물질을 연구하는 응용 과학이자 기술이다.

Tip 원자 atomic | 분자 molecular

논쟁거리

controversial issue

hot issue

hot potato

Tip 난제, 난국, 다루기 어려운 일. 그대로 직역하여 '뜨거운 감자'라고 쓰기도 한다. 속어적 표현.

ex The racial discrimination issue in the U.S. is always a political hot potato.

미국에서 인종 차별 문제는 언제나 정치적 난제이다.

A What are the hot issues these days?
지금 이슈가 되고 있는 게 뭐죠?

B Well, a lot of people are participating in candle light demonstrations to show their opposition to importing American beef and fears of mad cow disease.

글쎄, 많은 사람들이 미국 쇠고기 수입 반대와 광우병의 위험을 알리기 위해 촛불 시위에 참가하고 있어요.

Tip 참여하다 participate | 촛불 시위 candle light demonstration | 두려움 fear

---

망명

asylum

ex The former KGB agent is seeking asylum in the UK.

전 KGB 요원은 영국에 망명을 요청하고 있다.

Tip 망명을 요청하다 seek asylum | 정치적 망명 political asylum

반도체	**semiconductor memory chip**
	ex A group of semiconductor companies has created a new, very powerful memory chip. 반도체 회사들이 모여 새롭고 강한 메모리 칩을 만들어냈다.
보이콧	**boycott** **pull out**
	ex Several Hollywood stars have suggested that the U.S. should pull out of the Beijing Olympics. 많은 헐리우드 스타들이 베이징 올림픽을 보이콧하자고 제안했다.
불법으로 국경을 넘다	**cross the border illegally**
	ex Every day, hundreds of Mexicans cross the border illegally. 매일 수백 명의 멕시코인들이 불법으로 국경을 넘는다.
빈곤층	**poverty**
	ex Nearly half of the population of the world live in poverty. 세계 인구의 거의 반이 빈곤층으로 살아간다.
절대 빈곤층	**extreme poverty**
	ex People who live in extreme poverty can not afford basic necessities like food andwater. 절대 빈곤층의 사람들은 음식과 물 등 기본적인 생필품을 살 수 없다.
성인 비만	**adult obesity**
	A I read that adult obesity is a big problem in the United States these days. 미국에서는 요새 성인 비만이 큰 사회 문제라는 기사를 읽었어요. B That's right. When I was in the U.S., I saw that a lot of people don't walk or drive, and they eat food with a lot of calories. We have to be careful

as well. I feel our lifestyle is growing similar to that in the U.S.

맞아요. 제가 미국에 있을 때 사람들이 걷지 않고 운전하고 고칼로리 음식을 먹는 것을 많이 봤어요. 우리도 조심해야 해요. 우리 생활 방식도 미국과 점점 비슷해지는 것 같아요.

Tip 생활 방식 lifestyle

식량 위기

food crisis

ex UN aid workers were sent after the earthquake so that the food crisis would not get worse.

지진 이후에 UN 국제 구조 활동 요원들이 보내져서 식량 위기가 더 악화되지 않았다.

Tip 악화되다 get worse

신용 경색 / 신용 위기

credit crunch

ex The world's economies are slowing down because of the global credit crunch.

세계 경제는 세계 신용 경색으로 인해 둔화되고 있다.

FTA

Free Trade Agreement

A What do you think about the free trade agreement?

FTA에 대해 어떻게 생각하세요?

B Well, it is the most controversial issue in Korea. A lot of farmers and labor unions protested against it. In my opinion, it may be bad for exports. On the other hand, it's good for consumers.

한국에서 가장 큰 논쟁거리죠. 많은 농부들과 노동조합원들이 반대했고요. 제 생각으로는 수출에는 불리할 것 같아요. 이에 반해 소비자에게는 좋을 것 같아요.

Tip 제 생각으로는 in my opinion | ~에 좋다 good for ~ | ~에 좋지 않다 bad for ~ | 소비자 consumers

올림픽 성화

Olympic torch

	ex In downtown Seoul, thousands of Chinese students came to protect the Olympic torch and clash with Korean protestors. 서울 시내에 수천 명의 중국 학생들이 올림픽 성화를 보호하기 위해 왔고, 한국 데모자들과 마찰을 일으켰다.
유전	**oil field** ex the discovery of new oil fields in Saudi Arabia 사우디아라비아에서의 새 유전의 발견
자연 재해	**natural disaster** A There are many natural disasters happening all over the world. 세계 각국에서 자연 재해가 참 많이 일어나는군요. B That's right. Everyday I read about some typhoon, wildfire, earthquake, or tornado. I wonder if it is just natural disasters or whether we did something wrong like global warming or destroying ecosystems. 맞아요. 거의 매일 태풍, 산불, 지진, 토네이도 등 어떤 종류의 자연 재해에 대한 기사를 보게 되는군요. 이것이 단순이 자연 재해인지 아니면 지구온난화나 자연 파괴 같은 인간의 잘못인지 모르겠어요. A I don't know exactly, but it seems an important matter. 잘은 모르겠지만 중요한 문제 같군요. Tip 산불 wildfire ｜ 태풍 typhoon ｜ 지진 earthquake
줄기 세포	**stem cell** ex Although stem cell research has been controversial, it has attracted the attention of top scientists around the globe. 줄기 세포 연구가 논쟁의 여지가 있지만, 전세계의 최고 과학자들의 관심을 받고 있다.
중동 사태	**Middle East situation**

| 중장거리 미사일 | **long range missile** |

Tip 유도 미사일 guided missile

ex North Korea test fired two long range missiles early this morning.
오늘 이른 아침에 북한이 2개의 중장거리 미사일을 실험 발사했다.

Tip 실험 발사하다 test fire

| 지구 온난화 | **global warming** |

A What is your view on global warming?
지구 온난화에 대해 어떤 의견을 갖고 계시나요?

B Well, I didn't believe it at first. But as time passes, there is more and more scientific evidence to support it. So I think it is a very serious problem. What do you think?
처음에는 믿지 않았는데, 시간이 지나면서 그것을 뒷받침할 만한 과학적인 증거가 많더군요. 지금은 심각한 문제라고 생각해요. 어떻게 생각하세요?

A I think so, too.
저도 그렇게 생각해요.

Tip 처음에는 at first | 시간이 지나면서 as time passes, as time goes by

Tip 어떻게 생각하세요? What do you think? : How를 사용하면 안 된다.

| 촉구하다 | **demand** |

ex The Korean government demanded an apology from Japan over the comfort women issue.
한국 정부는 위안부 문제에 대한 일본의 사과를 촉구했다.

Tip 사과 apology | 사과하다 apologize

A It makes me angry to see Japanese politicians

pushing their agenda about the comfort women issue.
몇몇의 일본 정치인들이 위안부 문제에 대해 거짓말하는 것을 보면 화가 나요.

B Me too. They ought to recognize their errors and apologize.
저도요. 잘못을 인정하고 사과해야죠.

친환경 / 환경 친화

environmentally friendly

eco-friendly

nature friendly

친환경 제품

eco products

ex In recent years environmentally friendly products and eco tourism have become fashionable in Western countries.
최근 몇 년 동안 서양에서 친환경 제품과 친환경 여행이 인기가 있다.

7성급 호텔

seven star hotel

ex The Burj Al Arab Hotel in Dubai, a seven star hotel, is one of the most luxurious in the world.
두바이의 비즈 알 아랍 호텔은 7성급 호텔로 세계에서 가장 호화로운 호텔 중의 하나이다.

탈북자

North Korean refugee

Tip 난민 수용소 refugee camp

ex North Korean refugees who escape to China are often brought back to North Korea by Chinese authorities.
중국으로 도망간 탈북자들은 종종 중국 당국에 의해 북한으로 되돌려 보내진다.

Tip 탈출하다 escape | 되돌려 보내지다 be brought back | 당국, 기관 authority

---

특허	license
(발명품) 특허	patent
특허권 침해	patent infringement

ex The American movie industry has expressed its frustration at the Chinese government for not enforcing copyright infringement laws.
미국의 영화 산업계는 중국 정부가 특허권 침해 단속을 하지 않는 데 대해 좌절감을 표현했다.

Tip 단속하다 enforce

ex The computer companies sued each other for patent infringement.
그 컴퓨터 회사들은 특허권 침해로 서로 고소했다.

Tip 고소하다 sue

저작권	copyright

파병	dispatching of forces
	sending an army

ex The Korean government decided to dispatch forces to Iraq.
한국 정부는 이라크 파병을 결정했다.

A A rally was held to protest the dispatch of troops to Iraq.
어제 이라크 파병 반대 집회가 열렸어요.

B I saw that, too. It is a very hard issue to say anything about.
저도 봤어요. 뭐라고 말하기 매우 어려운 문제인 것 같아요.

폭로되다	be exposed

ex The truth about 'Nogunri' was exposed.
노근리에 관한 진상이 밝혀졌다.

핵 문제	nuclear issue

ex The six party talks to discuss the North Korean nuclear issue were held.
북한의 핵 문제를 논의하기 위한 6자 회담이 열렸다.

A There will be the six party talks in Geneva to discuss the North Korean nuclear issue next month.
다음 달에 제네바에서 북한 핵 문제를 논의하기 위한 6자 회담이 열린다는군요.

B I hope everything will work out.
잘 됐으면 좋겠어요.

Tip 6자 회담 the six party | 일이 잘 해결되다 work out

사회

가정 폭력

domestic violence

A Did you hear that Mr. Simpson and Mrs. Simpson finally got divorced?
심슨 부부가 결국 이혼했다는 얘기 들었어요?

B I didn't know that. What happened?
몰랐어요. 어떻게 된 거예요?

A Something related to domestic violence.
가정폭력과 연관된 거래요.

B That's terrible!
끔찍해라!

Tip 관련된 related to

경제적 위기 / 파산 위기

financial crisis

ex There have been fewer applicants to private schools every year since there has been a financial crisis.
일부 사립대학은 매년 응시생 미달 사태가 벌어져 이미 파산 위기에 몰려 있다.

고발

accusation

고발하다

accuse

make a complaint

A I found a bug in the baby powder can yesterday. I'm so angry. What should I do?
어제 분유통에서 벌레가 나왔어요. 너무 화가 나는데 어떻게 해야죠?

B That's horrible. You should take a picture as proof and make a complaint to the company.
끔찍하군요. 증거로 사진 찍고 회사를 고발하세요.

Tip 분유 baby powder | 증거 proof

고소할 거야.

I'll sue you.

Tip I'll see you in court.는 '법정에서 보자.' 즉 '고소하겠다.'는 말이다.

고소를 취하하다

drop the case

소송

law suit

case

ex A law suit was brought against the oil company.
오일 회사를 상대로 소송이 이루어졌다.

소송을 걸다

sue

ex The designer was sued for copyright violation.
그 디자이너는 저작권 위반으로 피소되었다.

A I heard Erin's company sued their biggest competitor for copyright violation.
에린의 회사가 저작권 위반으로 라이벌 회사를 고소했대.

B What happened?
어떻게 됐어?

A Her company won. The competitor took Erin's design and just copied it.
그녀의 회사가 이겼어. 상대방이 에린의 디자인을 가져다 그대로 베꼈거든.

맞고소	counter suit
법적 조치	legal action
공금 횡령	embezzlement

A Mr. Pitt was arrested yesterday.
피트 씨가 어제 체포됐어요.

B Why?
왜요?

A For embezzlement from his company.
다니던 회사의 공금을 횡령했다는군요.

B I can't believe it! He seems so hardworking and sincere.
믿을 수가 없군요. 부지런하고 성실해 보였는데.

Tip 체포되다 be arrested | 열심히 일하는 hardworking | 진실한 sincere

광우병	mad cow disease

ex There was a huge demonstration last night downtown. The candle light protest was held to protest the import of beef from the United States due to mad cow disease.
어젯밤 시내에서 큰 데모가 있었다. 촛불 시위자들은 광우병의 이유로 미국산 쇠고기 수입에 반대했다.

교통 사고	car accident

ex My sister broke her leg in a car accident.
내 여동생이 교통사고로 다리가 부러졌다.

그것은 위법입니다.	This is against the law.
	It's illegal.

A What's the problem, officer?
뭐가 문제인가요?

B You can't make a left turn back there. It's illegal.
저 뒤에서 좌회전하실 수 없습니다. 위법입니다.

급증하다

skyrocket

shoot up

increase rapidly

A My son started middle school. I'm worried.
우리 아들이 이번에 중학교에 입학하는 데 걱정이에요.

B Why?
왜요?

A You know, there's been a rapid increase in cases of school violence. And the problem of bullying is serious.
학내 폭력 사건이 급증세를 보이잖아요. 왕따 문제도 심각하고요.

B Don't worry too much. Just try to talk with your kid so you know what your kid's school life is like.
너무 걱정하지 말고 아이와 많은 대화를 하면 아이 학교 생활을 잘 알게 될 거예요.

A I'll do it.
해볼게요.

Tip 폭력 violence | 왕따 bullying

A My son doesn't want to go to school these days. I don't know what to do.
아들이 요즘 학교를 안 가려고 해요. 어떻게 해야 할지 모르겠어요.

B Did he say why?
이유를 말하던가요?

A Not much.
안 해요.

B Then you need to talk to his teacher first.
그러면 먼저 선생님과 상담을 해보는 게 좋겠군요.

노숙자	**homeless (people)**

A I was surprised to see homeless people sleeping in the subway station yesterday.
어제 지하철역에서 노숙자들이 자고 있어서 깜짝 놀랐어요.

B The number of homeless people has increased dramatically since the 1997 foreign currency crisis.
노숙자의 수가 1997년 IMF 이후에 계속 빠르게 증가하고 있어요.

> Tip 매우 빠르게, 드라마틱하게 **dramatically**

다문화 가정	**multicultural family**

> ex Legislation has been proposed to give special protection to children from multicultural families.
다문화 가정의 아이들을 보호하기 위한 법안이 상정되었다.

독거 노인	**old people living alone**

두각을 나타내다	**distinguish oneself**

> ex Parker distinguished himself during the World Cup in Germany.
파커 선수는 독일 월드컵에서 두각을 나타냈다.

A He distinguished himself as a leader on his employee evaluation.
이번 사원 업무 평가에서 그가 리더로서 두각을 나타냈어요.

B That's right. He seemed insufficient before. But now he's showing an outstanding handling ability compared to others.
맞아요. 예전까지는 뭐가 부족했었는데 지금은 다른 사람보다 월등한 업무 처리 능력을 보여주고 있군요.

> Tip 업무 처리 능력 **handling ability**

맞벌이 부부	**husband and wife both are working**

> ex The number of married couples who both

work is increasing because of financial reasons.
경제적 이유로 맞벌이 부부가 늘어나고 있다.

> Tip DINK(Double Income No Kids)는 '아이 없는 맞벌이 부부'를 뜻한다.

명예 훼손

libel

defamation of character

ex The congressman sued the newspaper for libel.
그 국회의원은 그 신문사를 명예 훼손으로 고소하였다.

A Do you know that our congressman sued the newspaper for libel?
그 국회의원이 신문사를 명예 훼손으로 고소한 거 알아요?

B I heard about it.
들었어요.

A Who do you think will win?
누가 이길 것 같아요?

B Who knows?
그걸 누가 알겠어요.

> Tip ~로 고소하다 to sue one for ~ | 누가 알겠어요? 아무도 몰라요. Who knows? Nobody knows.

미궁에 빠지다

be left unsolved

A Do you know what happened with those serial murders?
연쇄 살인 사건이 어떻게 됐는지 알아?

B Nobody knows. I'm afraid the murder may be left unsolved.
아무도 몰라. 유감스럽게도 그 살인 사건은 미궁에 빠질 것 같아.

> Tip 연쇄 살인 사건 serial murders | 연쇄 살인마 serial killer

미혼모

single mother

ex Single mothers must face challenges in and out of the home.

미혼모는 가정 안과 밖에서 많은 어려움을 직면하게 된다.

미흡하다	**be insufficient**
	be inadequate
	be not enough

ex It's necessary to make the public aware of the issue.

여론을 형성하기에는 아직 미흡합니다.

ex Although it's not that good, it's what I've written so far.

미흡하지만, 제가 써본 거예요.

발표하다 / 공표하다	**announce**
	make public
	express

ex This morning, the coach announced the final cuts to the press.

오늘 아침 코치가 최종 선수 명단을 언론에 발표했다.

방과후 교육	**after school classes**

ex The number of students taking after school classes has increased in recent years.

최근 몇 년새 방과후 수업을 듣는 학생 수가 증가하고 있다.

방화	**arson**

ex People were shocked by the news that the Namdaemoon fire was caused by arson.

남대문에 난 불이 방화라는 것이 밝혀지자, 사람들은 충격을 받았다.

배심원	**jury**
	ex The man was judged guilty by the jury.
	그는 배심원에게 유죄를 받았다.
범죄	**crime**
법원	**court**
	Tip 지방법원 local court ㅣ 고등법원 high court ㅣ 대법원 supreme court ㅣ 판사 judge ㅣ 변호사 attorney, lawyer ㅣ 검사 prosecutor ㅣ 피고인 defendant ㅣ 고소인 plaintiff
	ex She took her case to the Supreme Court.
	그녀의 소송은 최고 법원까지 갔다.
부실한, 불충분한	**lack of**
	ex The suspect was freed due to lack of evidence.
	용의자는 증거불충분으로 석방되었다.
빈부 차이	**the difference between the rich and poor**
	ex The difference between the rich and poor has been widening as a result of the digital divide.
	디지털 격차의 결과로 빈부 차이가 점점 벌어지고 있다.
빈곤층	**working class / blue collar**
사스	**SARS**
	(Severe acute respiratory syndrome)
	ex Government officials in China denied a third SARS outbreak.
	중국 정부는 사스의 3번째 발생을 인정하지 않았다.
	A I'm planning to go to China next month.
	다음 달에 중국에 가려고 해.

B Do you really have to go?
꼭 가야만 해?

A What do you mean?
그게 무슨 소리야?

B I'm just concerned about several SARS outbreaks in China.
중국에서 발생한 사스가 염려스러워서.

Tip 염려하다 be concerned

사이비 / 이단	false
	fake
	pseudo
사이비 기자	quasi reporter
사이비 과학	pseudoscience

사이비 종교	cult

A I heard Susan ran away from home.
수잔이 집을 나갔대요.

B What's the reason?
이유가 뭐에요?

A Susan has joined a cult.
사이비 종교 때문이래요.

사이비 교주	cult leader

사이비에 빠지다	become a member of a cult

ex There was a report on cults yesterday on the news. It has caused public outrage.
어제 사이비 종교에 대한 뉴스가 방영되어, 큰 파장을 일으켰다.

산성비	**acid rain**

> ex Acid rain has caused damage to several historic buildings downtown.
> 산성비로 인해 시내의 역사적 건물들이 피해를 입었다.

살인	**murder**
	killing
	homicide

상대적 박탈감	**a feeling of being unable to measure up**

> Tip 한글뜻 그대로 명사로 사용하면 어색하다.

A So, how do you like living in Manhattan? Isn't it much better than Brooklyn?
맨하탄에 사는 거 어때요? 부루클린보다 훨씬 낫지요?

B You know, I don't really feel that way. I feel like I can't measure up to my neighbors. Everyone seems to have more money than my family.
글쎄. 꼭 그렇지도 않아요. 내가 이웃들 수준에 맞지 않는 거 같아요. 모두가 내 가족보다 돈이 많아 보이거든요.

A That's interesting. I hadn't thought about that.
그거 흥미롭네요. 그렇게는 생각해 보지 않았어요.

> Tip 필적하다, 부합하다 measure up

A I've heard the difference between the rich and poor is growing.
빈부의 격차가 점점 커진다는군요.

B That's the problem. As it gets worse, it's getting to be a social problem.
큰일이에요. 결국 상대적 박탈감이 커지면 결국 커다란 사회 문제가 될 거예요.

> Tip 사회 문제 social problem

상류층	## rich ## upper class ex Harvard University is no longer a university for only the upper class. 하버드는 더 이상 상류층 계급만의 대학이 아니다. Tip '중산층'은 middle class라고 한다. 예 The president proposed tax cuts for the middle class. 대통령은 중산층에 대한 감세를 제안했다. Tip propose는 '청혼하다' 외에도 '제안하다'로도 쓰인다. 제안 proposal ｜ 감세 tax cut
상투적이다 / 전형적이다	## be typical A I got a call yesterday telling me I'd get a tax refund. 어제 세금을 환급해준다는 전화가 왔었어. B Did he ask for your bank account number? 은행 계좌번호를 묻지 않았어? A How did you know that? 어떻게 알아? B That's typical. It's what con artists do. 전형적이군. 그게 사기꾼들의 상투적인 수법이야. Tip 세금 환급 tax refund ｜ 은행 계좌번호 bank account number ｜ 사기꾼 con artist
선출하다	## select ## elect A I'm going go on a picnic with my family tomorrow on election day. 내일 투표일에 가족들과 소풍갈 거예요. B Make sure you vote before you go. 꼭 투표하고 가세요. A Of course. 당연하지요. Tip 투표하다 vote ｜ 선거일 election day

prostitution

ex Nevada is the only state in which prostitution is legal.
네바다는 유일하게 성매매가 합법적인 주이다.

A Next week the list of names of criminals who were involved in prostitution will be made open to the public.
다음 주에 성매매자들을 포함한 범죄자의 이름이 공개된대요.

B It should be.
그래야지요.

Tip 대중에 공개되다 be made open to the public

side effects of plastic surgery

A Do you want to have lunch with me?
점심 같이 먹을래?

B Sorry, but I'm on a diet so I don't eat lunch.
미안하지만 요새 다이어트 중이라 점심 안 먹어.

A What? You look very slim already.
뭐라고? 지금도 날씬하잖아.

B Not really. There are so many beautiful girls on the street. Actually, I'm thinking about getting plastic surgery on my nose, too.
그렇지 않아. 거리에 얼마나 예쁜 여자들이 많은데! 사실 코 수술도 할까 생각 중이야.

A Give me a break! That's what people call lookism. There are also so many cases where patients sue their plastic surgeon after suffering severe side effects from plastic surgery.
그만 좀 해라. 그게 사람들이 말하는 외모지상주의야. 또 환자들이 심각한 성형수술의 부작용으로 고통 받아 의사를 고소하는 경우가 많다는 것도 기억해.

Tip 다이어트 중이야. I'm on a diet. | 길가에 on the street

Tip 북미 여성들보다 한국 여성들의 미에 대한 관심은 집착에 가까울 정도로 표현되는 경우가 많다. 한국인의 보통 사이즈인 66은 미국에서는 꽤 마른 편이다. 다이어트나 미에 관한 지나친 관심은 북미인에게는 '자신감의 결여(lack of confidence)'로 보인다.

PART 8 시사 용어 · 비교 어휘

515

성학대

sexual abuse

ex The Catholic church is still suffering from allegations of sexual abuse by clergy members.
카톨릭 교회는 사제들에 의해 행해진 성학대에 관한 혐의들로 인해 고통받고 있다.

성희롱

sexual harassment

A Don't be mad. It's just a joke.
화내지 마. 농담일 뿐이야.

B You know what? Sexual jokes can be considered sexual harassment.
그거 알아요? 직장에서의 성적인 농담은 성희롱에 속해요.

Tip 우리나라에서 단순한 남의 가족일로 처리되는 것과 달리 북미에서 가정 폭력은 심각한 범죄이고 처벌도 엄하다. 직장 내 성희롱 역시 마찬가지이다. 친구들끼리 술 한잔 하면서 하는 농담과는 전혀 다른 문제이다. 일단 직장 내에서는 육체적인 묘사는 설사 칭찬이라도 하지 말아야 한다. 예를 들면 You look very curvy in that skirt. (그 치마를 입으니 매우 글래머같이 보이네요.)와 같은 말도 해서는 안 된다.

Tip 글래머 curvy

성범죄자

sex offender

ex Convicted sex offenders will be forced to wear electronic ID bracelets from September first.
9월 1일부터 성범죄자에게 전자팔찌가 착용된다.

아동 성추행

child molestation

ex The singer is suspected of child molestation.
그 가수는 아동 성추행 혐의를 받고 있다.

아동 성추행범

child molester

ex Personal information of convicted child molesters can be released to the public.
아동 성추행범의 신상 정보는 일반에게 공개될 수 있다.

Tip 관련된 related to

세대 차이	**generation gap**

A Since my daughter started high school, she hardly talks to me anymore. She says she can't talk to me because of generation gap.

딸이 고등학교에 들어간 이후에 거의 나랑 말을 안 해. 세대 차이가 나서 말 못 하겠대.

B Don't worry. Just give her some time. She knows you love her and she will understand later.

걱정하지 마. 시간을 좀 줘. 딸도 자네가 얼마나 사랑하는지 알고 이해하게 될 거야.

소매치기	**pickpocket**

ex As in all big cities, pickpocketing is a problem in New York.

다른 대도시처럼 뉴욕에서도 소매치기가 큰 문제이다.

Tip **shoplift**는 주로 '대형 가게 안의 물건을 훔쳐 나오는 행위'를 의미한다.

Tip 미국에서 소매치기를 당했을 때는 무조건 가까운 경찰서로 가서 신고(**report**)하는 것이 가장 좋다. 보험에 든 품목이 있을 때는 경찰신고서 (**police report**)를 반드시 받아야 한다.

실직자	**unemployed (people)**

A The economy is not so good these days. I don't have a single customer.

요즘 경기가 좋지 않아요. 손님이 전혀 없어요.

B At least you have your own store. There are a lot of unemployed people.

그래도 본인 가게를 갖고 계시잖아요. 실직자가 얼마나 많은데요.

FTA 반대 데모	**demonstration against the Korean American Free Trade Agreement**

ex Farmers against the Korean American FTA held a demonstration in Gwanghwamun.

FTA에 반대하는 농민들의 시위가 광화문에서 열렸다.

Tip 반대하는 **against**

boom

> **ex** boom in teaching how to write essays
> 논술 과외 열풍

A I've decided to move to Canada for my kid's education.
애들 교육 때문에 캐나다로 이민 가기로 했어.

B I know what you mean. I'm worried about my kids as well.
무슨 말인지 내가 알지. 나도 애들 때문에 고민이야.

A There has been a boom of Koreans emigrating to Canada for their children's education.
애들 교육 때문에 한국에서 캐나다로 이민 가는 열풍이 불고 있는 거 같아.

lookism

> **ex** Lookism came into use after appearing in William Safire's New York Times column. It then became popular as a new ideologue. Now, appearance has replaced virtue has something we must possess.
> 외모지상주의는 뉴욕 타임즈의 칼럼리스트 윌리엄 새파이어가 처음 사용하면서 일반화되었다고 한다. 새로운 이데올로기 이른바 외모지 상주의는 날로 그 위세를 떨치고 있다. 이젠 외모도 갖추어야 할 덕목 의 하나로 둔갑해 버린 것이다.

> **ex** From adolescence to old age, the spread of plastic surgery can be thought of as an effect of lookism.
> 청소년에서 노인에 이르기까지 성형수술이 만연하는 것은 외모지상 주의의 영향이라고 생각한다.

crime-ridden district

high crime area

> **ex** Experts warn 24 hour fast food restaurants could become high crime areas.
> 전문가들은 24시간 영업하는 패스트 푸드점이 또 다른 청소년 우범 지역이 될 것이라고 경고한다.

위조 지폐	## counterfeiting
	ex The United States accuses North Korea of counterfeiting American dollars. 미국은 북한이 미국 달러를 위조했다고 비난했다.
유가 인상	## rise in oil prices
	ex These days more and more people are going to work by bicycle due to the rise in oil prices. 요즈음 유가 인상으로 보다 많은 사람들이 자전거로 출근한다.
유괴	## kidnap
	ex The rate of kidnapping has decreased in recent years due to education programs in elementary schools. 초등학교의 교육 프로그램으로 인해 유괴 발생률이 최근에 줄어들고 있다.
	A I'm afraid of sending my kids to the playground these days. 요새 아이들을 놀이터에 보내기가 무서워요.
	B The number of kidnapping cases is increasing, so I take my kids everywhere. 유괴 사건이 증가하고 있어서 애들이 가는 곳은 어디든 제가 데리고 가려고요.
	Tip 두렵다 afraid of ┃ 놀이터 playground
음주 운전	## drunken driving ## DUI(driving under the influence)
만취 음주 운전	## DWI(driving while intoxicated)
	ex He hit the utility pole while driving intoxicated. 만취 상태에서 음주 운전하다 전신주를 들이받았다.
	Tip 전신주 utility pole

online banking

A The online banking is not working. What's going on?
인터넷 뱅킹이 안되네요. 무슨 일이죠?

B There's a problem with the bank's server so the network is down.
지금 은행 인터넷 서버에 문제가 생겨서 다운됐어요.

일하는 엄마

working mom

전업 주부

housewife

> Tip 남자의 경우는 **househusband**라고 한다.

A I can't work late because my child is sick.
아이가 아파서 야근할 수 없겠는데요.

B I see. It must be hard to be a working mom.
알았어요. 일하는 엄마라서 힘들겠군요.

A Sometimes I'm jealous of housewives.
가끔씩 전업 주부가 부러워요.

> Tip 부럽다 **jealous of**

자살률

suicide rate

A I was shocked because of the news saying Korea's suicide rate has surpassed Japan's.
한국의 자살률이 일본을 능가했다는 뉴스를 보고 충격을 받았어요.

B Unbelievable!
믿어지지 않는군요.

> Tip 능가하다 **surpass** | 믿을 수 없는 **unbelievable**
> Tip '충격을 받다'는 느낌을 받는 경우이기 때문에 **~ed**의 형태이다.
> 예 충격을 받았어. **I was shocked.** | 충격적이야! **It is shocking!**

재벌

conglomerate

ex Korea's economy depends on several family run conglomerates.
몇몇 가족 경영을 하는 재벌에 한국 경제가 달려 있다.

Tip ~에 달려 있다, 의지하다 depend on ~

A I don't know why people have a bad image of conglomerates.
왜 사람들이 재벌에 대한 인상이 나쁜지 모르겠어요.

B I guess people watch a lot of negative news about conglomerates.
사람들이 재벌에 대한 많은 좋지 않은 뉴스를 보니까 그런 것 같아요.

A However, some conglomerates give big donations and contribute to society.
그래도 어떤 재벌들은 많은 기부를 하고 사회에 많은 공헌을 하잖아요.

Tip 기부하다 donate | 기부 donation | 공헌하다 contribute

재판

trial

판결하다

judge

make a judgment

판결문

verdict

A Did you hear about the police officer who shot that teenager?
청소년을 쏜 경찰관 얘기 들었어?

B I read about it in the newspaper. What happened?
신문에서 읽었어. 어떻게 됐어?

A The jury reached a verdict. The police officer was acquitted.
판사가 판결했어. 경찰관은 석방됐어.

B I don't believe it! That's outrageous!
믿을 수가 없네. 터무니없군.

Tip ~을 석방하다 acquit | 터무니없는 outrageous

절도	**theft** **stealing**
조기 유학 조기 유학생	**early education** **children studying abroad** ex◀ The number of children studying abroad has increased dramatically. 조기 유학생 수가 급격히 증가했다.
조류 독감	**AI(avian influenza)** **bird flu** **avian flu** A How's your new restaurant? 새로 오픈한 음식점은 어때? B Not so good. 별로 좋지 않아. A Why not? 왜? B Since the bird flu broke out, nobody wants to eat chicken. 조류 독감 발생한 후에 사람들이 닭고기를 먹지 않아. Tip◀ 발생하다 **break out**
주5일 근무제	**five-day workweek** ex◀ Most big businesses have changed to a five-day workweek. 대부분의 대기업에서 주5일 근무제를 시행하고 있다. ex◀ In Korea, children don't go to school on the second and fourth Saturday of the month. 한국의 학교에서는 둘째, 넷째 주 토요일에 학교에 가지 않는다. Tip◀ '놀토'에 딱 들어맞는 단어가 따로 있지 않으므로 **don't go to school**이라고 하면 된다.

직위 해제되다	## be released

<ex> An elementary school teacher was released after requesting money from students' parents.

한 초등학교 교사가 학부모에게 돈을 요구했다가 직위해제되었다.

<Tip> 금전을 요구하다 request money

집단 식중독 발생

outbreak of food poisoning

A My son didn't go to school today.
우리 아들이 오늘 학교에 안 갔어.

B Why not?
왜 안 갔어?

A There was an outbreak of food poisoning, so the school closed temporarily.
집단 식중독이 발생해서 학교가 임시 휴교야.

B That's horrible.
저런, 안됐네.

<Tip> 일시적으로, 임시로 temporarily

청소년 탈선

juvenile delinquency

<ex> Juvenile delinquency has passed the point of no return.
청소년 탈선이 위험 수위를 넘었다.

<Tip> 위험 수위를 넘다 pass the point of no return

학교 폭력

school violence

<ex> It is necessary to pass laws to protect children from school violence.
학교 폭력으로부터 아이들을 보호하기 위한 법률 제정이 필요하다.

한류

the Korean wave

A How was your trip to Vietnam?
베트남 여행 어땠어?

B I was surprised to see so many pictures of Korean entertainers because of the Korean wave.

한류의 영향으로 여기저기 한국 연예인들 사진을 보고 놀랐어.

> **Tip** 한류는 주로 동남아시아에서 유행이기 때문에 북미 사람에게 말할 때는 무엇인지 설명하는 것이 좋다.

> **ex** The Korean wave is the phenomena of Korean dramas, music, and movies spreading to other countries.
>
> 한류란 한국의 드라마, 음악, 영화 등이 다른 나라에서 큰 성공을 거둔 것을 의미한다.

항소

appeal

> **ex** The singer decided to appeal the case.
>
> 그 가수는 항소하기로 결정했다.

> **Tip** 상고 final appeal | 승소 winning of the case | 패소 losing of the case | 증인 witness | 증거물 evidence

---

협박

blackmail

> **ex** The actor's mistress tried to blackmail the actor into giving her millions of dollars.
>
> 그 배우의 내연녀는 수백만 달러를 요구하며 그를 협박하려고 했다.

황사

yellow dust

A There are a lot of people wearing masks in the street because of yellow dust in April.

4월에는 황사로 인해 마스크를 한 사람들이 길가에 많아.

B I bought a special mask designed to block yellow dust yesterday as well.

나도 어제 황사 방지를 위해 만든 특별한 마스크를 샀어.

문화

대필 작가	**ghost writer**

A I read Connie Kwan's biography. Then I heard it was written by a ghost writer.
코니 권의 자서전을 읽었는데, 그게 대필 작가가 쓴 거래.

B No way!
말도 안 돼!

독점 계약	**exclusive contract**

ex The Dodgers signed the rookie to an exclusive three year contract.
다저스 팀은 신인 선수와 3년 독점 계약에 서명했다.

매진되다	**be sold out**

분쟁에 휘말리다	**be involved in a trademark dispute**

ex The two movie studios have been involved in a trademark dispute for over five years.
두 개의 영화사는 5년 이상 상표권 분쟁에 휘말려 있다.

상표권	**trademark**

ex Nike sued the Chinese company for using Nike's Swoosh trademark without permission.
나이키는 허가없이 나이키 상표를 사용한 중국 회사를 고소했다.

신간 서적	**new publication**
	recent release

신간이 나오다	**be released**

A Loot at the book review. A new Harry Potter book has been released. I'm a big fan.
신간 소개 좀 봐. 해리포터의 신간이 나왔어. 난 열렬한 팬이야.

B Me too. Let's go get it after class.
나도 그래. 수업 끝나고 사러 가자.

box office

A I'd like 2 adult tickets for 'The Rainbow' at 7 P.M.
오후 7시 '무지개' 어른 두 장 주세요.

B The seven o'clock show is sold out.
7시는 매진됐습니다.

A When is the next show?
다음 회는 언제인데요?

B It's at 9:20 since it's on two screens.
2시간짜리라서 다음 회는 9시 20분이에요.

A Then I'll take two tickets for 9:20.
그러면 9시 20분 걸로 두 장 주세요.

B Alright. Eighteen dollars even.
알았습니다. 18달러입니다.

A My friends and I are going to see the musical Les Miséables downtown on Saturday night. Do you want to go?
친구들과 레미제라블 뮤지컬 보러 토요일 밤에 시내 갈 건데 같이 갈래?

B Really? I'd love too! I've wanted to see Les Miséables for years.
정말? 당연히 가야지. 레미제라블을 얼마나 보고 싶었는데.

영화 비평가

food critic

맛집 평가 / 레스토랑 리뷰

restaurant review

A I went to that new Greek restaurant over the weekend.
지난주에 새로 생긴 그리스 식당에 갔었어.

B Do you mean the one downtown? The restaurant review said it was fantastic.
시내에 있는 것 말야? 맛집 평가에 아주 맛있다고 돼 있던데.

	A That's right.
	정말 말 그대로 좋았어.
자선 파티	**charity event**
	A Did you see the pictures of Angela Jolie on the internet?
	인터넷에서 안젤리나 졸리 사진 봤니?
	B You mean from that charity event? Yeah, she looked very elegant.
	자선파티 사진 말하는 거야? 그럼, 정말 우아해 보였어.
저자 사인회	**book signing**
	A I went to Kyobo bookstore for a book signing.
	교보문고에서 열린 저자 사인회에 갔었어.
	B Who was the author?
	저자가 누구였는데?
저작권	**copyright**
	ex Copyrights for the author's works expire fifty years after his/her death.
	작가 사후 50년이 넘은 작품은 저작권이 소멸된다.
인터넷 저작권	**copyright on the internet**
저작권 위반	**copyright violation**
	Tip 위반, 침해 violation, infringement
전시회	**exhibition**
	A Wow! This exhibit is fantastic. I've always loved Picasso!
	와! 이번 전시회는 정말 굉장해. 피카소는 언제나 너무 멋져.
	B I like it, too. But I don't understand abstract art. It's above me.
	나도 좋아해. 그런데 추상화는 이해하기가 어려워. 내 수준보다 위야.

PART 8 시사 용어 · 비교 어휘

A It's not that complicated. You just have to find something you like. That is how to appreciate abstract art.

그렇게 복잡한 거 아니야. 그냥 네가 좋아하는 것을 찾으면 돼. 그렇게 추상화는 즐기는 거야.

B I guess I prefer traditional art.

난 전통적인 그림이 더 좋아.

Tip 복잡한 complicated | 추상화 abstract art | 내가 이해하기 너무 어려워, 내 수준보다 한 단계 위야. It's above me.

패션쇼

fashion show

ex Andre Kim will hold a fashion show in Rome next month.

앙드레 김 패션쇼가 다음 달 로마에서 열린다.

Tip 열다, 주최하다 hold

04 스포츠 · 날씨 · 띠와 운세

스포츠

격파하다	**crush**

ex The Yankees crushed their opponents 10 to 1.
양키즈는 상대편을 10대 1로 격파했다.

결승전	**final match**

A Are you going to watch the final match?
내일 결승전 볼 거야?

B Of course. It's their first time to enter the finals in 20 years, so I wouldn't miss it.
당연하지. 20년 만에 처음으로 우승 후보가 됐는데 놓칠 수 없지.

A I will go to a sports bar with some guys to watch. Would you like to join us?
친구들 몇 명이랑 스포츠바에 가서 보기로 했는데, 같이 볼래?

B I'll be there.
같이 보자.

Tip 우승후보가 되다(결승전에 올라가다) enter the finals

구원 투수	**relief pitcher**

ex The manager put in a relief pitcher in the eighth inning.
감독은 8회에 구원 투수를 내보냈다.

Tip 농구 감독 coach | 야구 감독 manager | 축구 감독 coach

금메달을 따다	**win a gold medal**

A Did you see the swim match yesterday?
어제 수영 경기 봤어요?

PART 8 시사 용어 · 비즈니스 어휘

529

B Yes. It was really exciting. I'm so happy to see my favorite swimmer won a gold medal.
예. 정말 신나더군요. 제가 제일 좋아하는 선수가 금메달을 따서 정말 기뻐요.

끝내주는 / 아주 멋진

awesome

A Did you see Bryant's slam dunk yesterday?
어제 브라이언트의 슬램덩크 봤어?

B Sure. Kobe Bryant is awesome.
물론이지. 코비 브라이언트, 정말 끝내주더라.

A Yeah. He's one of the best players in the NBA.
맞아. NBA 최고 선수 중의 하나야.

Tip 친구들끼리 운동 경기를 보다가 평가할 때 쓰는 말

+	−
awesome	horrible
kick ass	suck
amazing	pathetic

A Did you see the Chicago Cubs game yesterday?
어제 시카고 컵스 게임 봤어?

B Yes. I can't believe the Cubs. They suck this year!
응. 정말 믿을 수가 없더라. 올해는 정말 엉망진창이야.

A Yeah. They played the LA Dodgers. The Dodgers are amazing this year.
맞아. LA 다저스랑 게임했지. 다저스는 올해 끝내주게 잘하는 것 같아.

득점왕

the top scorer

홈런왕

the home run king

ex Barry Bonds passed Hank Aaron to become the new home run king.
베리 본즈는 행크 아론을 제치고 홈런왕이 되었다.

최고의 타자

the top hitter

맞대결하다	**confront**
	ex The LA Lakers will confront the Boston Celtics in the final game.
	LA 레이커스는 결승에서 보스톤 셀틱스와 맞대결할 것이다.
무승부	**tie**
	ex The score was tied one to one when it started to rain.
	비가 오기 시작했을 때 점수는 1대1 무승부였다.
물리치다 / 꺾다	**defeat**
	ex The Lakers defeated the Detroit Pistons at the Staples Center.
	레이커스는 스태이플즈 센터에서 디트로이트 피스톤즈를 물리쳤다.
방출되다	**be released**
	ex Chan-ho Park was released by the Texas Rangers.
	박찬호는 텍사스 레인저스에서 방출되었다.
승부차기	**shoot-out**
	ex The game was finally decided by a shoot-out.
	그 경기는 결국 승부차기로 판가름났다.
16강	**final 16**
	A How is Korea doing?
	한국 팀은 잘하고 있어요?
	B They were eliminated already! They didn't even make the final 16.
	벌써 탈락됐어요. 16강에도 진출하지 못했어요.
	A Bummer.
	저런 (안됐군요)!

4강에 들다	**enter the final four**
올해의 신인	**the rookie of the year**
	ex He was given the rookie of the year award.
	그는 올해의 신인상을 받았다.
위성 중계	**satellite hook-up**
	ex A satellite hook-up will allow Manchester United fans all over the world to watch their favorite team live.
	위성 중계로 전세계 맨체스터 유나이티드 팀 팬들은 그들의 팀 경기를 라이브로 볼 수 있다.
위성 중계로 생방송되다	**be telecast live via satellite**
	ex The World Cup qualifying matches will be telecast live via satellite.
	월드컵 예선 경기가 위성 중계로 생방송되었다.
	Tip 예선 경기 qualifying match
응원하다	**cheer for**
	A So, what team are you cheering for?
	어느 팀을 응원하세요?
	B I'm cheering for Korea. It's my mother country.
	한국 팀을 응원해요. 제 조국이거든요.
	Tip 조국 mother country
이기다	**win against ~**
	ex Korea won the game against Japan two to one.
	한국 팀은 일본에게 2대 1로 이겼다.
자살골	**own goal**

ex An own goal by the defender cost Chelsea the game.
첼시는 수비수의 자살골로 인해 경기에 졌다.

전성기	**be in one's prime**
	be in one's heyday

ex When he was in his prime, no one could defeat Mohamamed Ali.
무하마드 알리가 전성기일 때는 아무도 그를 꺾지 못했다.

중계 방송	**relay (broadcast)**
	hook-up

ex Today's tennis match is being relayed from London.
오늘의 테니스 경기는 런던으로부터 중계 방송되고 있습니다.

ex The soccer game, which will be played in Germany, will be seen live throughout Asia through a relay broadcast.
이번에 독일에서 열리는 축구 경기는 중계 방송을 통해 아시아 전역에 생방송된다.

최고의 선수	**the best player**
	MVP(most valuable player)

패하다	**lose to ~**

ex The Japanese soccer team lost to the U.S. two to three.
일본 축구팀은 미국 팀에게 2대 3으로 패했다.

PART 8

시사 용어 · 비교 어휘

533

Culture Note

미국에서 쉽게 친구를 사귀려면?

북미 사람들 대부분이 한국인들보다 운동을 좋아하고, 또 대부분 즐겨 한다. 해외 연수나 여행을 갔을 때 원어민 친구를 사귀려고 시도한다면 함께 술을 마시는 것보다는 운동을 하거나 운동 얘기를 하는 것이 더 좋은 방법이다.

같이 운동을 하거나, 미국에서 인기 있는 종목에 대해서 해박하면 더 좋다. 한국인들이 좋아하는 축구는 미국에서 인기 있는 종목이 아니다. 초등학교 때는 많은 아이들이 축구를 하면 지내는데 나이가 들면서 축구에 대한 관심은 사라진다. 따라서 지나친 축구에 대한 얘기는 별로 좋은 반응을 얻지 못한다. 한국 선수들 중에 외국에서 활동하는 선수들 위주로 설명을 하는 것이 좋다.

미식축구(**American football**)는 대학생들 사이에서 가장 인기 있는 종목이다. 이 밖에도 야구, 농구 등은 자기가 좋아하는 팀 위주로 모이게 된다. 운동 경기 시즌에는 술집에서 모여 경기를 같이 보며 술을 마시는 광경을 볼 수 있다.

날씨

가뭄으로 인한 농작물 피해가 속출하고 있습니다.	The drought has caused great damage to crops. Tip ◀ 가뭄 drought │ 피해 damage │ 농작물 crop
금요일 오후 늦게 천둥을 동반한 폭풍우가 올 것으로 보입니다. 따라서 벼락치기의 위험을 줄이기 위해 수영이나 골프 등의 운동을 삼가하시기 바랍니다.	Thunderstorms are predicted for late Friday afternoon. So make sure to avoid activities such as swimming and golf to reduce the risk of being struck by lightning. Tip ◀ 천둥 thunder │ 번개 lightning │ 벼락치다 be struck by lightning
내일은 기온이 뚝 떨어지겠습니다.	Temperatures will drop tomorrow. Tip ◀ 뚝 떨어지다 drop
내일은 전국적으로 구름 없는 맑은 날씨가 되겠습니다.	Tomorrow the sky will be clear throughout the country.

내일 해 뜨는 시간은 새벽 6시 34분입니다.	**Sunrise will be at 6:34 tomorrow.** Tip 해 뜨는 것 sunrise | 해 지는 것 sunset

눈이 온다.

It's snowing.

Tip 폭설 a snowstorm | 눈보라 snow flurries | 심한 눈보라 a blizzard

A It's snowing like crazy outside!
밖에 눈이 엄청 내린다.

B Yeah. I heard the weather forecast.
응. 오늘 날씨예보 들었어.

A I heard it's supposed to continue until tonight.
오늘 밤까지 계속 온대.

덥고 습하다.

It's hot and humid.

Tip 습한 humid

A Oh man! I can't stand it. It's hot and humid.
이런! 너무 덥고 습기가 많아서 참을 수가 없어.

B Why don't we stop by for ice cream?
아이스크림이라도 먹으러 갈까?

지옥 같은 무더위다. /
끔찍하게 덥다.

It's hotter than hell.

덥고 끈적끈적하다.

It's hot and sticky.

비가 온다.

It's raining.

비가 올 것 같다.

It might rain.

A It looks like it might rain.
비가 올 것처럼 보이네요.

B Yeah, I'm afraid so.
예. 그럴 것 같아요.

비가 쏟아진다.

It's raining hard.

It's pouring.

> Tip '물을 붓다'의 pour를 써서 하늘에서 양동이로 물을 퍼붓는 것처럼 비가 오는 것을 표현한다.

It's raining cats and dogs.

> Tip 관용적인 표현으로 폭우가 오는 모습.

비가 부슬부슬 온다.

It's sprinkling.

3개월의 가뭄 끝에 단비가
골짜기에 내렸습니다.

A long awaited rain ended a three month long drought in the valley.

> Tip 단비 awaited rain

서늘하다.

It's cool.

춥다.

It's cold.

> Tip 좀 춥다. It's chilly. | 얼어죽겠다. It's freezing.

A It's cold today, isn't it?
오늘 춥네요. 그렇죠?

B Yes. I saw it was sunny in the morning. But now it's very cold.
네. 아침엔 햇빛이 참 좋았는데. 지금은 굉장히 추워요.

> Tip 섭씨와 화씨 바꾸기 Unit Conversion Fahrenheit and Centigrade
> 미국은 화씨를 쓰기 때문에 우리가 섭씨로 얘기하는 것은 아무 도움이 되지 않는다. 섭씨 0도가 화씨 32도이다.

시내에 내린 폭설로
정전이 되고 도로가
마비되었습니다.

Heavy snowfall downtown caused power outages and clogged roads.

> Tip 정전 power outage | (도로가) 마비되다 be clogged

어젯밤 늦게 내린 우박으로 유리창이 깨지고 자동차 피해가 발생했습니다.	A hail storm last night broke windows and damaged cars. Tip 우박 hail (storm)
오늘 밤은 부분적으로 구름이 끼고 바람이 강하게 불겠습니다.	Tonight we will have partly cloudy skies with strong winds.
이번 겨울은 작년보다 더 추울 것으로 예상됩니다.	It is predicted that this winter will be colder than last year.
이번 주 일요일에는 소나기 올 가능성이 있습니다.	There is a chance of showers this Sunday. Tip 소나기 shower
일기 예보	weather forecast
장마	rainy season monsoon ex This year the rainy season will start in the middle of August. 올해에는 장마가 8월 중순부터 시작되겠습니다.
전국 일기 예보는 네바다 동쪽으로 홍수 경보를 발령했습니다.	The national weather service has issued a flood warning for eastern Nevada. Tip 홍수 flood
허리케인이 시내에 큰 홍수를 일으켰습니다.	The hurricane resulted in heavy flooding of the downtown area.

띠와 운세

띠

zodiac sign

the Chinese zodiac

A What's your Chinese zodiac?
띠가 뭐예요?

B I was born in the year of the monkey.
원숭이 해에 태어났어요.

A How are your wedding preparations going, Bonnie?
결혼식 준비 어떻게 되어 가니?

B I'm having a problem. My mother says we shouldn't get married because a fortune teller told her our zodiac signs don't go together.
문제가 생겼어. 점쟁이가 우리 띠가 안 맞는다고 말해서, 우리 어머니가 우리 결혼하지 않아야 한다고 하시네.

A Does your mother really believe in that?
너희 어머니는 정말 그런 거 믿으시니?

B I'm afraid so.
(유감스럽게도) 그런 것 같아.

별자리

sign

A What's your sign?
별자리가 뭐야?

B I was born in the middle of March so I'm a Pisces.
난 3월 중순에 태어났으니까 물고기자리야.

오늘의 운세

today's horoscope

Tip 점이나 미신은 미국에도 있지만 대부분 그냥 흥미삼아 이야기하는 경우가 대부분이다. 한국인들이 좋아하는 혈액형 타입도 별로 인기가 없다. 교통사고를 당하거나 특별히 검사하지 않는다면 본인들의 혈액형도 모르는 사람이 있을 정도이다.

A According to today's horoscope, I will have many problems today.
오늘의 운세를 읽었더니. 오늘 문제가 많이 생긴다고 하네.

B Are you kidding me? We read it just for fun.
농담하는 거지? 그런 건 그냥 재미로 보는 거잖아.

A Yeah, but it's better to be careful.
그래도 조심하면 좋잖아.

B Cut it out.
제발 좀 그만해라.

Tip 재미로 for fun

계략을 짜다 / 서로 음모를 꾸미다	**conspire with** **collude with**

A Did you see the soccer game last night? I couldn't believe Germany lost to Paraguay!
어젯밤 축구 경기 봤어? 독일이 파라과이한테 지다니, 믿을 수가 없어!

B I read that the coach from Paraguay's team is in collusion with the South American referees. I don't know if it's true though.
진짜인지는 잘 모르겠는데, 어디서 읽었는데 파라과이 코치가 남미 심판과 서로 짰대.

귀찮게 하다	**get in someone's hair**

A My neighbor's twins get in my hair.
옆집 쌍둥이들이 귀찮게 해서 죽겠어.

B Why?
왜?

A They come to ask me to play ball everyday.
매일 나한테 공놀이 하자고 와.

B Poor you.
불쌍하게 됐구나.

그러던가 말던가 상관 안 해. / 상관없어.	**Whatever. I don't care.** **Don't care.**

A Hey Mikey, do you want to go to the mall?
미키야! 쇼핑몰 갈래?

B Whatever. I don't care.
그러던가 말던가 상관없어.

기가 죽다 / 기가 꺾이다	**lose one's nerve**

ex The major of New York City entered the presidential race. But he lost his nerve after a scandal about his family business broke.

뉴욕 시의 시장은 대통령 선거에 뛰어들었으나 가족 사업 스캔들이 알려진 후에 기가 꺾였다.

껴안기	**snuggle / cuddle / hug**

Tip hug는 기본적으로 '포옹, 껴안다'의 뜻이다. ⓔ 한번 안아 보자. Give me a hug.

cuddle은 hug보다 애정 어린 표현으로, '머리서부터 꼭 껴안거나 부둥켜안다'라는 뜻이다.

A What do you like to do on a date?
데이트할 때 뭐 하고 싶어?

B I just like to stay home with my girlfriend, watch a movie, and cuddle.
그냥 여자 친구와 집에서 영화 보면서 꼭 껴안고 있고 싶어.

난장판 / 아수라장	**mess**

A How's your family, Glen?
글렌. 네 가족은 요새 어때?

B It's a mess. My parents are always fighting. My brother just got fired from his job. And my sister's in rehab. It's a total disaster.
부모님은 언제나 싸우고 형은 직장에서 잘리고, 누나는 재활원에 있어. 완전히 엉망진창이야.

내가 그럴 거라 그랬지.	**I told you that would happen.**

A Ouch, I hurt my ankle!
아야. 발목 삐었어!

B You shouldn't jump down the stairs. I told you that would happen.
계단에서 점프하지 말았어야지. 내가 그럴 거라 그랬지.

누가 아니래. / 당연하지.	Tell me about it.
눈엣가시	**eyesore**

A Did you see the new City Hall?
너 새로 지은 시청 봤니?

B Yes. It's a real eyesore. I don't know what the architect was thinking.
응. 눈엣가시 같더라. 도대체 건축가가 무슨 생각을 했는지 모르겠어.

노리개	**plaything**
	toy

A Have you met Jane's boyfriend, Mark? I heard he's a lot older than her.
마크, 제인 남자 친구 만나 봤니? 듣기엔 훨씬 연상이라던데.

B I don't know if I'd really call him a boyfriend. He just treats her like a plaything.
남자 친구라고 부를 수 있을지 모르겠다. 제인을 노리개처럼 다루던데.

놀고 있어.(백수)	**I'm just goofing around.**
	I'm doing nothing.

A What are you up to these days?
요즘 뭐해?

B I'm just doing nothing in my parents' basement. I guess I should look for a job or something.
부모님 지하실에서 빈둥거리는 중이야. 직장을 알아보거나 뭐 좀 해봐야 될 거 같아.

A You should get off your butt and do something with your life. You're pathetic.
그렇게 빈둥거리지 말고 뭐라도 해봐. 정말 한심하다.

> **Tip** get off your butt은 속어적인 표현으로, 가만히 있지 말고 움직이라는 뜻.

돌겠군 / 속수무책이야	**be at the end of one's rope**

A What's wrong, Sally?
샐리, 무슨 문제라도 있어?

B I'm at the end of my rope. I have three teenaged boys at home, my husband is on a business trip, and now I'm coming down with a bad cold.
완전히 속수무책이야. 집에는 사춘기 아들이 3명이지, 신랑은 출장갔지, 난 지독한 감기에 걸렸지.

두고 보다.	**Wait and see.**

A Have you decided to sell your stock yet?
주식 팔기로 결정하셨어요?

B I'll wait and see. I'm still hopeful it will be better next year.
좀 두고 보자구. 내년엔 나아질 거라고 기대하고 있으니까.

두고 보자, 가만히 안 둘	**I'll get you back.**

Tip '나중에 두고 보자, 복수할 거야' 등의 구어적 표현이다.

뭐바지 준비	**last minute preparation**

ex China is busy making last minute preparations for the Beijing Olympic Games.
중국은 베이징 올림픽 막바지 준비가 한창이다.

몰라서 그래?	**Don't you know?**

무색하다	**pale beside**

A The new Peter Jackson movie is awesome.
새로 나온 피터 잭슨 영화 정말 끝내주더라.

B It's good. But it pales beside the 'Lord of the Rings' movies. You can't compare the two.
좋은 영화지. 그런데 '반지의 제왕' 옆에선 무색해지지. 두 개를 비교할 수도 없을 걸.

뭔가 수상한 냄새가 나는데.	# Something smells fishy.

Tip 무엇인지 몰라도 수상하고 이상한 느낌이 들 때 쓰인다.

뭔가 잘못되었다는 느낌이 들어. / 느낌이 좋지 않아.	# I smell a rat.

A My mom didn't tell me anything after she talked to the teacher.
엄마가 선생님이랑 얘기한 후에 나한테 아무 말도 없어.

B Maybe he didn't tell her about your test results.
선생님이 네 시험 성적에 대해 얘기를 안 했을지도 모르지.

A Are you kidding? That was the reason why she went to school. I smell a rat.
농담해? 그것 때문에 엄마가 학교에 간 건데. 뭔가 잘못되었다는 느낌이 들어.

미소 짓다	# smile

ex Look at the camera and smile!
카메라를 보면서 웃어라!

소리내어 웃다	# laugh

Tip 억지웃음 smirk | 킬킬거리며 웃는 것 giggle

배꼽 빠지게 웃다	# in stitches

Tip 꼬맬 때 1바늘, 2바늘 하는 것이 stitch이다. 너무 웃어서 배가 갈라져서 꼬맬 정도로 웃겼다는 뜻.

A Because of his jokes, we were in stitches at the party last night. I didn't know that he was such a comedian before!
어젯밤 파티에서 그의 농담 때문에 우리 모두 배꼽 빠지게 웃었어. 그렇게 재미있는 사람인지 전엔 몰랐었어.

B You're right! He's usually so quiet at the office.
맞아. 그는 사무실에서는 보통 무지 조용하잖아.

민심	**public sentiment**
	ex◀ At first, the war in Iraq was popular with the citizens. But after it become known that there were no weapons of mass destruction, public sentiment become very critical. 처음의 이라크 내 전쟁은 시민들에게 평판이 좋았다. 그러나 후에 대량 살상 무기가 없는 것이 알려지자, 민심은 매우 비판적이 되었다. Tip◀ 대량 살상 무기 mass destruction ┃ 비판적 critical
밤길 조심해.	**Watch your back.**
복고풍	**retro**
	A What are you wearing? Didn't that go out of style twenty years ago? 뭘 입고 있는 거야? 그거 20년 전의 한물 간 스타일 아니야? B Do you mean my dress? It came back. It's retro. 내 원피스 말이니? 복고풍이야.
실토하다	**spit it out** **own up to**
	경찰서에서 A Where were you at 10 P.M. last night? 어젯밤 10시에 어디 있었지? B I told you. I was with my girlfriend. 여자 친구랑 같이 있었다고 말했잖아요. A I have a witness who saw you in the bar. Spit it out. 바에서 너를 봤다는 목격자가 있어. 얼른 불어.
까발리다 / 고자질하다	**tell on** **snitch on**

A How could you snitch on your best friend to the teacher?
어떻게 제일 친한 친구를 선생님께 고자질할 수 있니?

B I just did what he did last week.
지난주에 그가 한 대로 했을 뿐이야.

상투적인 / 진부한 (표현)

cliche

A If you practice the piano for an hour everyday, you'll be much better in a year. Practice makes perfect.
네가 매일 1시간씩 피아노를 연습하면 1년 후에 훨씬 나아질 거야. 연습은 완벽함을 만들지.

B That is so cliche. I'll barf if I have to hear that again.
너무 상투적이야. 또 그 이야기 들으면 토할 거야.

세뇌하다

brainwash

> **Tip** 글자 그대로 머리속을 청소하고 원하는 내용을 집어넣는다는 뜻.

A I believe watching TV is bad for children.
전 TV 시청이 아이들에게 나쁘다고 생각합니다.

B But they can learn many things from TV.
그러나 TV를 통해 많은 것을 배울 수도 있지요.

A Don't forget they can be brainwashed by violence from TV.
TV에서 나오는 폭력성에 세뇌당할 수도 있다는 것을 잊으면 안 되죠.

B It's hard to believe that.
믿기는 좀 어렵군요.

속보

news flash

> **ex** News flash : There has been a 8.5 earthquake in LA. Hundreds are feared dead. We now take you to Sandy Kim in LA.
뉴스 속보 : LA에서 8.5강도의 지진이 일어났습니다. 수백 명이 죽음의 공포에 떨고 있습니다. LA의 샌디 킴에게 연결해 보겠습니다.

스스로 자초한 일이야.	## That's what you deserve.
네가 저지른 일이야.	## You deserve it.

Tip deserve는 충분히 그럴 자격이 된다는 칭찬의 뜻으로도 쓰일 수 있고, 스스로 자초한 불행이라는 비난의 말로도 쓰일 수 있다.

실마리를 잡다

get a clue

A Did the police catch the robbers that broke into your house yet?
경찰이 너희 집을 턴 강도 잡았니?

B They said they have some leads, but they haven't caught anyone yet though.
실마리를 잡았다곤 했는데. 아직 누구도 잡지 못했어.

Tip 실마리 lead

썰렁한 사람

wet blanket

A Aren't you going to invite Jake to the party? He's very close to you.
너 파티에 제이크를 초대하지 않을 거야? 너랑 친하잖아.

B But he is such a wet blanket. I don't want to invite him to the party.
그 친구는 너무 썰렁해서 파티에 초대하고 싶지 않아.

알아서 해.

Figure it out.

A I just failed my chemistry exam. What am I gonna do?
화학 시험 낙제했어. 어떻게 하지?

B Figure it out. What do you want me to do?
알아서 해! 내가 어떻게 해줄까?

역효과가 나다

backfire

A I heard your company adopted some incentive program to increase productivity.
자네 회사가 생산성을 높이기 위해 인센티브제를 도입한다고 들었네.

B They tried. But it backfired. All the employees said it was insulting.
시도는 해봤는데, 역효과가 났어. 모든 직원들이 모욕을 주는 거라고 했거든.

> Tip 모욕하다 insult

옷차림이 끝내준다

be dressed to kill

> ex Everybody was dressed to kill at the prom.
모두들 졸업 파티에서는 옷차림이 끝내줬어.

이제 죽었다. /
난 이제 끝장이다.

I'm doomed.

> Tip 본인이 뭔가 잘못해서 큰일 났을 때 쓰이는 말 = I'm dead (meat). / I'll be dead.

A What shall I do? I'm in trouble.
어떡하지? 큰일 났어!

B What's the problem?
무슨 문젠데?

A I broke the teacher's vase. I'm doomed.
선생님 꽃병을 깨뜨렸어. 이제 죽었어.

B Just tell him first and apologize.
먼저 말씀 드리고 사과 드려.

일깨우다

open one's eyes

A How was the Consumer Electronic Show in Las Vegas last week?
지난 주 라스베가스의 소비자 일렉트로닉 쇼 어땠어?

B It was amazing. It really opened my eyes to what's possible these days because of improving technology.
굉장했어. 발전하는 기술 때문에 오늘날 무엇이 가능한지를 일깨워 주었지.

임시방편	**makeshift**
	temporary solution
	_ex_ After the hurricane, the city's indoor football stadium was used as a makeshift shelter for people who lost their homes.
	허리케인이 지나간 후에 그 도시의 실내 풋볼 경기장이 집을 잃은 사람들의 임시 보호소가 되었다.
	Tip 보호소 **shelter**

잠적하다	**vanish**
	disappear
	hide
	A What ever happened to your cousin Dennis?
	네 사촌 데니스 도대체 무슨 일이 생긴 거야?
	B He was in the army for a few years. Then he got out and vanished without a trace. No one knows where he is now.
	군대에 몇 년 있다가 흔적도 없이 잠적해 버렸어. 어디에 있는지 아무도 몰라.
	A That's kind of weird.
	정말 이상한데.

정신 차려라.	**Get with it.**
	A The bus just pulled up. Run or we'll miss it!
	버스 왔어. 뛰어. 안 그러면 놓칠 거야.
	B Huh?
	어?
	A The bus. Hurry or we'll miss the bus. Get with it!
	버스! 빨리. 버스 놓치겠어. 정신 차려!

| 제가 보는 바는 이렇습니다. | **It's the way I see.** |
| | **It's what I see.** |

조강지처	## first wife
	Tip 영어로는 단순히 첫번째 부인이라는 뜻이다. 힘든 시간을 같이 보냈다는 뜻은 포함되지 않는다.

졸속	## mad rush
	ex The construction workers were forced to complete the bridge in a mad rush due to budget problems. However, the bridge later collapsed.
	공사장 인부들은 재정 문제로 다리를 졸속으로 완성하라는 강요를 받았다. 그런 후에 다리가 무너졌다.
	Tip 재정 문제 budget problem ㅣ 무너지다 collapse

찾아보다	## look for
	A What are you looking for?
	뭐 찾고 있어?
	B I've just dropped my glasses. Can you help?
	안경을 막 떨어뜨렸어. 도와 줄래?

쳐다보다	## look at
	A Where is the cake I bought yesterday? I'm sure I put it in the refrigerator.
	어제 산 케이크 어딨지? 분명히 냉장고에 넣었는데.
	B What? Don't look at me the like that. It wasn't me.
	뭐? 그렇게 쳐다보지 마. 난 아냐.

쳐다보다 / 물끄러미 보다	## stare at
	A Stop staring at me!
	그만 좀 쳐다봐!
	B Was I? Sorry. I was just thinking about something.
	나? 미안. 그냥 다른 생각하고 있었어.

대충보다	**skim**
	ex I skimmed through the newspaper. 신문을 대충 한번 훑어봤다.

자세히 보다	**examine** **look in detail**
	A What seems to be the problem? 뭐가 문제인 거 같나?
	B The computer crashes every time it starts to analyze the data. 데이터 분석할 때마다 컴퓨터가 꺼지는데요.
	A Let's look at what the problem is in detail. 어디가 잘못되었는지 자세히 좀 봐라.

살짝 엿보다	**peek**
흘끗 보다	**glance**
	ex I glanced at the clock. 시계를 흘끗 봤다.

굽어보다	**look down**
	ex He looked down at the village from the top of the mountain. And he started to ski down. 그는 산 위에서 주위 마을을 굽어보았다. 그리고 그는 스키를 타고 내려왔다.

초만원	**overcrowded**
	A How was the concert? 콘서트 어땠어?
	B The stadium was overcrowded with screaming teenagers. 그 스타디움은 소리지르는 청소년들로 초만원이었어.
	A I told you that would happen. 내가 그럴 거라고 했지.

초읽기	**countdown** ex The countdown to the holiday shopping season has begun. 명절 쇼핑 시즌 초읽기가 시작되었다.
한번 해보자는 말이야?	**Do you want to mess with me?** Tip 상대방을 위협하거나 시비걸 때 쓰는 표현.
한판 붙자는 거야?	**Do you want a piece of me?** A I told you to shut up. 입 닥치라고 말했지. B Who the heck are you? Do you want a piece of me? 무슨 헛소리야? 한판 붙자는 거야?
혀가 굳었니?(왜 말 안해?)	**What's the matter? Cat got your tongue?**
혀끝에서 맴돈다.	**It's on the tip of my tongue.** Tip 분명히 아는 말인데 기억나지 않을 때. A Who's the president of France? Wait, don't tell me. It's on the tip of my tongue. 프랑스 대통령이 누구지? 말하지 말고 기다려봐. 혀끝에서만 맴도네. B I know who you're talking about. Do you want me to give you a hint? 누군지 알겠는데, 힌트 좀 줄까?
화가 머리끝까지 뻗치다 / 뚜껑 열리다 / 꼭지가 돌다	**hit the ceiling** A When he saw his girlfriend walking with another man on the street, he hit the ceiling. 여자 친구가 다른 남자랑 거리에서 걷고 있는 것을 봤을 때 그는 화가 머리끝까지 뻗쳤지. B What did he do? 어떻게 했어?

	A He attacked the guy and screamed at his girlfriend. 그놈을 공격하고 여자 친구한테 소리를 질렀지. **B** I can imagine. 상상이 간다.
미치겠다	**drive someone nuts / bananas** **drive someone up a wall** **A** I can't stand my little brother. He drives me up a wall. 내 동생 때문에 참을 수가 없어. 그 녀석 때문에 미치겠어, 정말. **B** What did he do this time? 이번엔 무슨 짓을 했니? **A** He took my mp3 player without asking me. And then he filled the hard drive with some weird psycho movies. 나한테 묻지도 않고 내 MP3 가져가고, 컴퓨터엔 이상한 사이코 영화들을 잔뜩 저장해 놨어.
(인심이) 후하다	**tender** **hospitable** **warm hearted** Tip (보수 · 돈이) 후하다 generous **A** How was your trip to Italy? 이태리 여행은 어땠어? **B** I loved it. People there were so hospitable. 너무 좋았어. 사람들이 너무 친절했어.

| 가명 / 예명 | **pseudonym** |
| | **stage name** |

ex He created a stage name when he made his debut.
그는 가수로 데뷔하면서 예명을 썼다.

| 가십 기사 | **gossip column** |

| 감독 | **director** |

Tip 영화 감독 **movie director** ｜ 조감독 **assistant director**

A He was very excited to get a role in this movie.
그는 이번 영화에 배역을 맡게 되어 매우 흥분했어.

B Why? I don't get it. He is not even a main character.
왜? 이해가 안 가. 주연도 아닌데.

A It will look good because the director is one of the best directors in Hollywood.
그 감독이 할리우드에서 가장 유명한 감독 중 하나잖아. 앞으로 경력에 많은 도움이 될 거야.

| 개봉 영화관 | **opening** |
| 개봉 / 초연하다 | **premiere** |

ex Steven Spielberg's new movie will premiere in New York tomorrow.
스티븐 스필버그의 새 영화가 내일 뉴욕에서 개봉할 거야.

관객	## audience

관객

audience

> **Tip** 운동장에 모이는 관객은 **spectator**라고 한다.

A 'Yes man' has been seen by three million people.
'예스맨'은 300만 관객을 동원했어.

B Three million people! Wow, that's a big hit!
300만 관객이라고! 와, 대단한데!

A How was the movie?
영화 어땠어?

B Everyone had a different reaction to the movie.
사람들의 반응이 제각각이었어.

A How about you?
넌 어때?

B I don't know. It was just way too complicated to understand.
잘 모르겠어. 단지 너무 복잡해서 이해하기 어려웠어.

대사

line

A What's the secret to your great acting?
완벽한 연기의 비결이 뭔가요?

B I just stand in front of the mirror and practice my lines for three hours each day.
단지 하루에 3시간씩 거울을 보고 대사를 연습합니다.

A Practice makes perfect.
연습이 완벽을 만드는 거군요.

더빙

dubbing

A Hong Kong Kung Fu movies have the worst dubbing.
홍콩 쿵후 영화는 엉터리 더빙이 많아.

B Actually, they're gotten better. Sometimes you can't even tell they're dubbed.
사실 점점 나아지고 있어. 어떤 땐 더빙하고 있는지도 모를걸.

PART 8 시사 용어 · 비교 어휘

데뷔	## debut
	<ex> The director's debut was successful. 그 감독의 첫 데뷔는 성공적이었다.
루머	## rumor
	<ex> There is a rumor that he is dating his costar. 그가 상대 배우와 연애한다는 소문이 있다.
	A He got busted for doing drugs again. 그가 또 마약하다가 잡혔대.
	B Again? This is the third time since he broke up with his girlfriend. 또? 이번이 여자 친구와 헤어진 이후로 세 번째야.
	A He should get a life. 정신을 좀 차려야 하는데.
	B Also there is a rumor he's dating a married woman. 또 유부녀랑 사귄다는 루머가 있어.
	A Oh my God! 세상에!
	Tip 마약하다가 잡히다 get busted for doing drugs
리메이크	## remake ## be remade
	A Korean movies are being remade in Hollywood. 할리우드에서 한국 영화들이 리메이크되고 있어.
	B Wow! That's cool. 우와! 멋진데.
리얼리티 쇼	## reality show
	<ex> Realities shows are the most popular kind of show these days. 리얼리티 쇼가 요즘 가장 인기 있는 장르이다.

몰래 카메라	**hidden camera**
	A What's your favorite TV program? 무슨 TV프로그램 좋아해요?
	B 'Hidden Camera' is really funny. 몰래 카메라가 제일 재밌어요.
	A Isn't it controversial since it can invade people's privacy? 그건 사생활 침해가 문제 될 수 있어서 논란거리 아닌가요?
	B Yes, but reality shows do the same thing. 그렇긴 한데 그렇다면 리얼리티 쇼도 마찬가지죠.

방송국	**station**
방송(하다)	**broadcasting**
	broadcast
	ex Millions of people watched the broadcast of the Super Bowl. 수백만의 사람들이 슈퍼볼 중계를 본다.

방송 사고	**broadcasting incident on the air**
	A Did you watch the incident on the air? 어제 방송 사고 난 거 봤어?
	B You mean when one of the music group members took off his pants? 음악 그룹 멤버 한 명이 바지 벗은 거 말야?
	A Yeah. That was shocking. 응. 그거 충격적이었어. Tip 충격적 shocking

배급하다	**distribute** Tip 배급 distribution | 배급하는 사람 distributor

배역	**role**

PART 8 시사 용어 · 비교 어휘

A She was very satisfied with her role in the movie.

그녀는 그 영화의 배역에 매우 만족했어.

B I bet she was. I wish I got paid that much for working.

당연하지. 나도 그만큼 돈을 받아 봤으면.

배우 개런티

guarantee

Tip 개런티는 guaranteed fee로, 이것은 한국에서 쓰는 영화 한 편당 받는 돈(출연료)의 개념이 아니다. 이는 출연하기로 계약을 하고 받기로 한 돈의 일정 부분을 미리 받는 계약금이라고 볼 수 있다. 만약 출연 결정을 취소하면 몇 배의 보상금을 내야 한다.

ex Julia Roberts received a $10 million guarantee for this movie.

이 영화의 줄리아 로버츠의 개런티는 천만 달러였다.

ex She commands more that $10 million per film.

그녀는 영화 한 편당 천만 달러 이상을 받는다.

백댄서

backup dancer

ex The singer was originally a backup dancer.

그 가수는 원래 백댄서 출신이야.

번역하다

translate

A I read that Ben Stiller's new comedy did well in the United States but bombed in Korea.

벤 스틸러의 새로운 코미디 영화가 미국에서는 성공했는데, 한국에서는 실패했다고 들었어.

B I guess it's because the humor doesn't translate very well.

글쎄, 유머가 제대로 번역되지 못해서 그런 거 같아.

비보이

B-boy

break dancer

A A Korea break dancer won the contest in Germany.
한국 비보이가 독일에서 열린 콘테스트에서 우승했어.

B Cool!
대단하다!

사생활

privacy

> ex She told the paparazzi not to take pictures of her children to protect their privacy.
> 그녀는 파파라치에게 자녀들의 사생활을 보호하기 위해 사진을 찍지 말라고 말했다.

> Tip 사생활 보호법 privacy protection policy

사인을 받다

get an autograph

A How was the movie you watched yesterday?
어제 본 영화 어땠니?

B It was great. The main actors came and had interviews.
좋았어. 주연 배우들이 나와서 인사도 했어.

A Did you get an autograph?
사인은 받았니?

B Of course! Look at this!
당연하지! 이것 좀 봐!

상영 중이다

be showing

A What movies are showing now?
현재 어떤 영화가 상영되고 있습니까?

B At 1, 3 and 5 'The Bomb' will be showing on screen 1.
1관에서 '폭탄'이 1, 3, 5시에 상영되고 있습니다.

생방송하다

broadcast live

> ex Her interview was broadcast live on national TV.
> 그녀의 인터뷰는 생방송으로 전국에 나갔다.

생중계하다	**carry live**
	hook-up
	live

A You look very tired.
몹시 피곤해 보여.

B Yes. I didn't sleep a wink last night because I was watching a live soccer game from England.
응. 어제 영국에서 하는 축구경기를 생방송으로 보느라고 잠을 한숨도 못 잤어.

> Tip 한숨도 못 자다 not sleep a wink

재방송(하다)	**rerun**
	rebroadcast

> ex The Sunday afternoon football game was rebroadcast at 1 A.M.
> 일요일 오후의 축구 경기가 새벽 1시에 재방송되었다.

성우	**voice actor / actress**

A Did you see the new Disney movie? My son loved it.
디즈니 새 영화 봤어? 아들이 좋아하던데.

B Yeah. It was really good. Chris Rock does a great job as a voice actor as well.
응. 아주 괜찮던걸. 크리스 락이 성우로도 아주 대단하던걸.

세트장	**set**
스튜디오	**studio**

> Tip 방송과 관련된 Konglish

① 피디(PD) - Producer의 약자로 한국에서만 쓰인다. 약자로 쓰지 말고 Producer라고 해야 하는데 원래 PD는 police department의 약자이기 때문이다. TV나 영화의 수사물을 보면 경찰차 밖에 NYPD(뉴욕경찰), LAPD(엘에이경찰)이라고 써 있는 것을 볼 수 있을 것이다.

② 엔지(N.G) - No Good의 약자로 한국에서 만든 영어. 영어로는 blooper이다.

③ 탤런트(talent) - 영어로는 TV actor / actress. talent는 '재능'이라는 뜻이다. 예 그는 재능이 풍부하다. He is very talented.

④ 개그맨(gagman) - 영어로는 comedian. gag의 뜻 중에는 재밌는 (funny)의 뜻이 있지만, 주로 '토하다'라는 뜻으로 쓴다. 예 그는 토하는 중이다. He is gagging.

⑤ CF - TV advertisement 또는 TV ad가 맞는 영어 표현이다.

⑥ 드라마(drama) - Soap opera라고 해야 한다. Drama는 영화의 한 종류이다.

스캔들	**scandal**

ex Hollywood is full of scandals.
할리우드는 스캔들로 가득 차 있다.

Tip ~로 가득하다 be full of

스타	**star**

ex She was already a star by the time she turned twenty.
그녀는 20살이 되었을 때 이미 스타였다.

스태프	**staff**

시나리오를 쓰다	**write a movie script**

시청률	**ratings**

Tip 시청률 전쟁 rating war

ex The Super Bowl this year got record ratings.
올해 슈퍼볼이 최고 시청률을 기록했다.

Tip 최고 시청률 record ratings

신인	**new face**

ex Hollywood is always looking for a new face.
할리우드는 언제나 신인을 찾고 있다.

Tip 찾고 있다 look for

암표를 팔다	**scalp tickets**

A I went to the concert held in Jamshil stadium yesterday.
어제 잠실경기장에서 열린 콘서트 갔었어.

B How did you get tickets? They were sold out last week.
티켓을 어떻게 구했어? 지난주에 다 팔렸던데.

A We had to pay two hundred dollars for these scalped tickets.
암표 사느라 200달러나 썼어.

Tip 표가 다 팔리다 the tickets were sold out

애드립하다	**ad-lib**

ex Stage actors naturally ad-lib better than screen and television actors.
연극 배우는 탤런트보다 자연스럽게 애드립에 강하다.

앵커	**anchor**

ex He just retired after being the anchor on a news show for thirty years.
30년 동안 뉴스 앵커였던 그가 막 은퇴했다.

ex She finished as an anchor.
그녀는 앵커 생활을 마감했다.

엑스트라	**extra**

A Did you see the new Tom Hanks movie?
새로 나온 탐 행크스 영화 봤어?

B Yeah, you know, my roommate was an extra in that movie.
응. 내 룸메이트 그 영화에서 엑스트라 했잖아.

MC	**master of ceremonies**
연예인	**entertainer**
	ex Most entertainers have short careers.
	많은 연예인은 활동 기간이 짧다.
영화광	**movie fan**
	movie buff

ex I've been a movie buff since I saw 'The Godfather'.
'대부'를 본 이후로 난 영화광이 됐어.

A Do you like movies?
영화 좋아해?

B Are you kidding me? I'm a big movie buff. I collect movie posters and go to see a movie every weekend.
당연하지. 난 영화광이야. 포스터도 모으고 주말마다 영화 보러 가는데.

Tip 영화의 종류

가족 영화 family movie | 경찰극 police drama | 다큐멘터리 documentary | 멜로 drama | 성인 adult movie | 스릴러 thriller | 만화 영화 animation, cartoon | 액션 action | 어드벤처 adventure | SF science fiction | 코미디 comedy | 전쟁 war | 역사 history, historical fiction | 로맨틱 코미디 Romantic comedy

영화 비평가	**movie critics**

A Do you want to go see a movie tonight?
오늘 밤에 영화 보러 갈래?

B Sound's good. What do you want to watch?
좋아. 무슨 영화 보고 싶어?

A How about 'Perfume'? This movie received good reviews from critics.
'향수' 어때? 영화 비평가에게 좋은 평가를 받았던데.

B Great!
좋아.

영화를 상영하다	**show a movie**
	A Do you know what movies they will show at the Sundance film festival this year? 올해 선댄스 영화제에서 무슨 영화가 상영되는지 아니?
	B I heard most of the movies will be independent films. 내가 듣기로는 대부분 독립영화일 거래.
	A I think she must be a big / amazing writer. 그녀가 대단한 작가인 것 같아요.
	B What do you mean? 무슨 소리죠?
	A She hasn't even finished the movie script yet, but she's already gotten several proposals to make a movie. 아직 시나리오도 끝나지 않았는데, 이미 영화를 만들자는 제의가 여기저기서 왔어요.
영화를 찍다	**make a film** **shoot a movie**
영화 시사회	**(cinema, movie) preview**
	A I have two tickets for a sneak preview. Do you want to go with me? 영화 시사회 표가 두 장 있는데 같이 갈래?
	B Sure. I've never been to a sneak preview. 당연하지. 영화 시사회는 처음 가보는 거야.
예고편	**trailer** **preview**
	A Let's watch 'Perfume' next month. 다음 달에 향수 보러 가자.
	B It hasn't been released yet. 아직 극장에서 상영하지도 않잖아.

A I know. I just saw a trailer and it looked great.
나도 알아. 예고편 봤는데 좋았어.

| 우정 출연 | **cameo** |

ex Michael Caine made a cameo in a recent independent movie.
마이클 케인이 독립 영화에 우정 출연했다.

| 특별 출연 | **guest appearance** |

| 유명 인사 | **celebrity** |

Tip 꼭 연예인이 아니더라도 신문이나 뉴스에 자주 이름이 오르는 사람을 말한다.

A Let's go the ABC restaurant next week.
다음주에 ABC 레스토랑에 가자.

B That's a very famous and expensive restaurant.
거기 아주 유명하고 비싼 곳이잖아.

A You know what? The restaurant is famous because many celebrities go there.
그거 알아? 그 음식점은 유명 인사들이 많이 오는 걸로 유명한 곳이야.

B I'd love to see many stars. OK. Next week.
스타 보는 거 너무 좋아. 알았어. 다음주에 보는 거야.

| 인기 있다 | **be popular** |

A Hollywood movies are popular all over the world.
할리우드 영화는 전 세계적으로 인기가 있어.

B Yes. But there's a lot more competition than there used to be.
맞아. 하지만 예전보다 경쟁이 훨씬 심해졌어.

Tip 경쟁 competition

ex His first movie was a hit all over the country.
그의 첫 번째 영화는 전국적으로 히트를 쳤다.

A Her popularity started to go back up when she released an album in English with an American record company.

그녀가 미국 음반 회사와 같이 영어 음반을 내자 다시 인기가 오르기 시작했어.

B Who? Do you mean that French Canadian singer?

누구? 프랑스 출신 캐나다 인이야?

A That's the one. What was her name?

바로 맞아. 이름이 뭐였지?

인터뷰 | **interview**

A Did you see Tom Cruise jump the couch on the Oprah Winfrey Show?

탐 크루즈가 오프라 윈프리 쇼 중에 소파에서 방방 뛰는 거 봤어?

B Yeah. I don't understand what the hell he's doing during his interviews.

응. 도대체 어떻게 인터뷰 중에 그렇게 하는지 이해가 안 돼.

자막 | **subtitles**

ex I like DVDs because they have subtitles in different languages.

DVD는 다른 언어로 자막을 볼 수 있어서 좋아.

장면 | **scene**

화면 | **screen**

A How's your French studying going?

프랑스어 공부 잘 돼가?

B I got 3 DVDs and watched them with subtitles several times.

DVD 3편을 사서 자막과 함께 여러 번씩 봤어.

A Wow, you're working very hard.

우와! 정말 열심히 하네!

주연	**main character**
	Tip 주연급 배우 A-list actor / actress ㅣ 주연을 맡다 be given the major role

조연	**supporting actor**
	supporting actress

처녀작	**first movie**
	debut

ex Although it was the first movie he directed, it is considered a masterpiece.
그 작품은 그가 처음 연출한 영화임에도 명작으로 알려져 있다.

A Can you believe that was the first movie he made?
저게 그 감독의 첫 작품이라는 게 믿어져?

B Really? He must be a genius.
정말? 천재임에 틀림없어.

A That's why he received an award at Venice.
그러니까 베니스 영화제에서 상을 받은 거야.

캐스팅하다	**cast**
	discovered

ex The studio's idea of casting Tom Cruise as a Catholic priest surprised many people.
탐 크루즈를 천주교 사제로 캐스팅하기로 한 스튜디오의 생각은 많은 사람들을 놀라게 했다.

ex Lily Donaldson was discovered by an agent while shopping.
릴리 도날슨은 쇼핑하던 중 에이전트에게 발탁됐다.

커밍아웃	**coming out**
	Tip coming out of the closet은 '옷장에 숨어 있다가 나온다'라는 말로 '동성애자임을 공식적으로 밝히다'라는 뜻의 관용적인 표현이다.

A Did you hear that Helen, the famous talk show host, came out of the closet?

유명한 토크쇼 진행자 헬렌이 커밍아웃한 거 들었어?

B Really? I had no idea she was a lesbian.

그래? 레즈비언인지 전혀 몰랐어.

Tip 전혀 모르다 had no idea

콘서트

concert

ex Ten thousand people came to his concert.

그의 콘서트에 만 명이 모였다.

Tip 음악의 종류

OST soundtrack | 힙합 hiphop | 컨추리뮤직 country | R & B originally rhythm and blues | 팝 pop | 락 rock | 클래식 classical
: classic은 '오래되었지만 인기가 높은'의 뜻이다. 예 classic movie 명화 / classic car 명차 | 재즈 jazz | 아이돌 idol

Tip 리사이틀(Recital) vs 콘서트(Concert)

리사이틀은 주로 클래식 음악의 작은 규모의 공연을 말하고, 콘서트는 어떤 종류의 음악을 막론하고 리사이틀보다 큰 규모의 공연을 말한다.

특수 촬영

special effects

ex Special effects are very important in science fiction movies.

SF 영화에서는 특수 효과가 매우 중요한 요소이다.

파파라치

paparazzi

ex The paparazzi secretly take pictures of entertainers and sell them to magazines.

파파라치는 연예인을 쫓아다니며 몰래 사진을 찍어서 잡지사에 판다.

A Look at this photo. The actress made it clear that there was no scandal on TV.

이 사진 좀 봐. 이 여배우는 스캔들에 대해 아니라고 TV에서 해명했었어.

B Well, this picture says something different. They are kissing in the house.

글쎄. 이 사진은 좀 다른데. 집에서 키스하고 있잖아.

A That's right. The paparazzi must have made a lot of money out of it.
맞아. 파파라치가 이걸로 돈 꽤나 벌었을 거야.

fan
팬

> ex I've been a fan of ABC since their first album.
> 난 ABC의 첫 번째 앨범부터 팬이었어.

A I joined my favorite singer's fan club.
좋아하는 가수 팬클럽에 가입했어.

B What do you have to do next?
그럼 뭐 하는 거야?

A I have to send in a $10 membership fee. Then I can share information with other members and go to the show where he is singing.
가입비로 10불을 내야 돼. 그러면 회원들이랑 정보를 나눌 수 있고, 그가 출연하는 음악 쇼에도 가.

Tip 팬클럽 fan club | 가입비 membership fee

plagiarize
표절하다

copy

A People suspect that singer plagiarized his hit song.
그 가수의 히트한 노래가 표절 의혹을 받고 있어.

B I will be very sad if that's true.
그게 진짜라면 정말 슬플 거야.

Tip 의심하다 suspect

hot issue
핫이슈

A The famous actor came out of the closet during an interview yesterday.
그 유명한 남자 배우가 어제 인터뷰 중에 본인이 게이라고 발표했어.

B That hunk?
그 몸짱이?

A Yeah. That will be a hot issue for a while and girls will have a broken heart.

응. 한동안 핫이슈겠군. 여자들 맘이 아프겠어.

Tip 몸짱 hunk

혼전 계약서

prenuptial agreement

Tip 혼전 계약서는 결혼하기 전에 이혼할 때를 대비해 서로 나눌 재산이나 조건을 명시한 것이다.

ex A lot of celebrities sign prenuptial agreements before getting married.

많은 유명인들이 결혼 전에 혼전 계약서를 만든다.

그 외에 방송 끝이나 중간에 쓰이는 말들

· 시청해 주셔서 감사합니다.　　Thank you for watching.

· 오늘은 여기까지입니다.　　That's all for today.

· 많은 시청 바랍니다.　　I hope to see you next time.

· 청취해 주셔서 감사합니다.(라디오에서)

　　Thank you for listening.

· 여러분은 FM 102.3을 청취하고 있습니다.(라디오에서)

　　You are listening to WHS FM 102.3.

· 채널 고정하십시오.　　Please stay tuned.

· 잠시 후에 뵙겠습니다.　　I'll be right back.

· 여러분은 지금 '투나잇쇼'를 시청하고 계십니다.

　　You are watching 'The Tonight Show'.

· 이 방송은 생방송으로 진행되고 있습니다.

　　This show is broadcast live (in front of a studio audience).

MP3 8-07 ▶

| 개인 정보 보호 정책 | **personal information protection policy** |

ex. The government introduced a new personal information policy to protect internet users.
정부는 인터넷 사용자를 보호하기 위해 새로운 개인 정보 보호 정책을 만들었다.

고장나다

be broken

not work

out of order

A My computer is not working. I have to call to get it fixed.
제 컴퓨터가 고장나서 수리하기 위해 전화해야 해요.

B If you need to, use my computer.
필요하시면 제 컴퓨터를 쓰세요.

Tip '컴퓨터가 고장났어요'는 My computer crashed.라고도 한다. '화면이 안 나와요'는 The screen died.

구글 스토킹

google-stalking

cyber stalking

Tip 타인의 신상 정보를 지나치게 검색하는 행위

네티즌

internet user

Tip '네티즌'은 한국과 중국에서 사용되는 표현이다.

다운로드	download
	A I can't see this page. What's wrong? 이 페이지가 안 보여. 뭐가 잘못된 거지? **B** To view this page, you must download the new version. 이 페이지를 보려면 최신 버전을 다운로드 받아야 해.
닫기	close
대화 상대 목록 저장	save contact
댓글을 달다	reply
돌아가기	go back
로그인하려면 여기를 클릭하세요	Click here to log in.
로그아웃하려면 여기를 클릭하세요	Click here to log out.
무료 사이트	free site
	ex Is it a free site or a pay site? 무료 사이트예요, 유료 사이트예요?
문자 메시지 보내기	send message
받은 파일 열기	open saved file
받은 편지함	Inbox
보낸 편지함	Sent mail

불법 복제	**illegal copy**
	copyright violation

ex The Chinese are notorious for copyright violation.
중국은 불법 복제로 악명 높다.

Tip 악명 높은 notorious for

블로그	**blog**
	weblog

A Do you have a blog?
블로그 있어?

B No.
아니.

A Unbelievable! Don't you know how popular blogs are among college students?
믿을 수가 없군. 대학생들 사이에 블로그가 얼마나 인기 있는 줄 모른단 말야?

사양	**specs**

Tip specification의 줄임말.

ex What are the specs on this computer?
이 컴퓨터 사양이 어떻게 되나요?

사용 약관	**user agreement**

ex Click OK if you accept the user agreement.
사용 약관에 동의하면 OK 버튼을 누르시오.

사이버콘드리아	**cyberchondria**

Tip 인터넷상의 잘못된 의학 정보만을 믿고 자가 진단을 하는 행위

수신 확인	**check messages**
	messages received

악플	## flame

<ex> Charles was flamed after posting a stupid question on an internet bulletin board.
찰스는 인터넷 게시판에 바보 같은 질문을 올린 후에 악플을 받았다.

위키피디홀리즘	## wikipediholism

Tip 온라인 백과사전 위키피디아에 지나치게 몰입하는 행위

Tip 영어 약어(Abbreviation) - 게임/인터넷 용어 축약 표현

한글에서 말을 줄여서 쓰는 것처럼 영어에서도 채팅을 할 때나 온라인 게임을 할 때에 약어를 쓰는 경우가 많다. 영어의 축약은 발음에 따라서 한다. 예를 들면 Are → r, you → u, see → c, for → 4, to → 2, before → b4 등으로 발음된다. Are를 a라고 하는 것은 틀리다. 즉 who a u란 말은 오직 한국인들만 알 수 있는 콩글리쉬이다. Who r u라고 해야 정확한 표현이다. I see. → I C, See you later → C U later.

여러 단어를 축약하는 경우도 있다. LOL → Laughing out loud(크게 웃다), GL → Good luck(행운을 빌다), BRB → Be right back(금방 돌아올게), TY → Thank you(고마워), OMG → Oh my God(세상에!), MYOB → Mind your own business(네 일이나 잘해라), IMHO → In my humble opinion(제 짧은 소견으로는), ASAP → As Soon As Possible(가능한 빨리) 등이 있다. 사용 빈도는 높지만 거친 표현으로는 LMAO → Laughing my a XX off(미친 듯이 웃다), WTF → What the fuXX(젠장할) 등이 있다.

이모티콘 emoticon(emotion + icon) 특수문자를 사용해서 감정을 표현하는 그림말은 보면 뜻을 연상할 수 있다.

음성 채팅 시작	## start voice chatting

이메일 주소가 어떻게 되세요?	## What's your e-mail address?

A Did you get my e-mail?
내 이메일 받았어요?

B I haven't checked my e-mail yet.
아직 이메일을 확인하지 않았어요.

인스턴트 메시지 보내기	## send instant message

인터넷 사용 예절	**netiquette (internet+etiquette)**

A You look very angry.
너 매우 화난 거 같아.

B That's right. I got flamed.
맞아. 악플에 상처 받았어.

A Some internet users need to learn etiquette.
일부 네티즌들은 에티켓을 배워야 해.

ex Writing words in all capital letters goes against the rules of netiquette.
문장을 대문자로만 쓰는 것은 네티켓에 어긋나는 일이다.

Tip 네티켓(인터넷 예절) netiquette

인터넷 서핑	**Internet surfing**

A What did you do last weekend?
주말에 뭐했어?

B I stayed home and surfed the internet all day.
집에서 하루 종일 인터넷 서핑했어.

A Watch out! You can get addicted.
조심해라! 그러다가 중독돼.

Tip 중독 addiction

인터넷 중독 증세	**Internet addiction**

인터넷 채팅	**chatting on the internet**

A How did they meet?
그들은 어떻게 만났어요?

B They met chatting on the internet.
인터넷 채팅을 통해서 만났어요.

초기 화면	**startup screen**
	splash screen

파일을 받다	**receive** **download files** A These days downloading and watching movie files is really popular. 요즈음은 영화 파일을 받아서 보는 것이 정말 인기야. B Yes, but I prefer watching movies at the theater. 그렇긴 한데, 난 영화는 영화관에서 보는 게 재밌더라.
파일을 저장하다	**save file** ex Don't forget to save your files. 파일 저장하는 거 잊지 마. A While I was writing a report, the power went out. 리포트 쓰다가 전기가 나갔어. B You saved the file, right? 파일은 저장했지? A No. 아니. B Bummer. 이런!
포토러킹	**photolurking** Tip 생면부지의 사람이 만든 블로그들을 돌아다니며 사진을 뒤적거리는 행위
프로그램을 깔다	**install a program** A My computer froze. What should I do? 화면이 움직이질 않아. 어떻게 하지? B Just turn it off. Turn it back on again and then install an antivirus program. 껐다가 다시 시작해. 그리고 안티 바이러스 프로그램을 깔아봐. Tip 멈추다 froze

프로그램을 실행하다	**run a program**

A My computer is very slow and won't open any files.
내 컴퓨터가 너무 느리고 파일이 열리지 않아.

B Don't worry. Let me check. I think it's infected with a virus. Run the antivirus program.
걱정 마. 내가 한번 볼게. 내 생각엔 바이러스에 감염된 거 같아. 바이러스 퇴치 프로그램을 실행해 봐.

항상 위	**always on top**
화상 채팅 시작	**start webcam**
홈페이지를 만들다	**making a homepage**

ex They're making a family homepage.
그들은 가족 홈피를 만드는 중이다.

A I finally finished my homepage.
드디어 홈페이지 다 만들었어.

B Congratulations!
축하해!

A Please visit my personal profile.
내 홈피에 놀러 와.

B Of course.
당연하지.

Tip 홈페이지를 구성하는 메뉴들
게시판 bulletin board | 공지 사항 bulletin | 관련 사이트 링크 related links | 글쓰기 write, compose | 방명록 guestbook | 내 방명록에 기록을 남겨줘. Sign my guestbook. | 업데이트 update | 자료실 source | 링크 link | 주인장 소개 profile | 채팅방 chat room | 포털사이트 internet portal | 회원 가입 join | 가입하려면 클릭하세요. Click to join. | 팝업창 pop up window

Tip '싸이(질)한다'는 Cyworld의 개인 홈페이지를 관리하는 일을 말하는데, 이것은 영어로는 manage one's web page라고 한다.

| 개굴개굴(개구리) | ribbit |
| | croak |

거친	rough
	ex◀ The dog's paw was rough.
	개의 발바닥은 거칠거칠하다.

| 구구(비둘기) | coo |

귀뚤귀뚤(귀뚜라미) / 귀뚜라미가 울다	chirp
	ex◀ The chirping of the crickets in the country is so peaceful.
	시골에서 귀뚜라미 우는 소리는 참 평화롭다.

| 까악(까마귀) | caw |

깜빡깜빡 / 깜빡이다	flicker
	ex◀ After lightening struck nearby, the lights flickered and then went out.
	근처에서 번개가 친 후에 불이 깜빡거리다가 전기가 나갔다.
	Tip◀ 번개 lightening

깡충깡충 / 깡충깡충 뛰다	hop
	ex◀ The rabbit hopped down the trail.
	그 토끼는 길을 따라 깡충깡충 뛰어갔다.

꼬끼오(닭)	**cock a doodle do**
수탉이 울다	**crow**
	ex I woke up this morning with the crowing of the rooster.
	난 수탉이 우는 소리로 아침에 깼다.
꼬르륵 / 꼬르륵거리다	**growling**
	ex I could hear my sister's stomach growling at church.
	교회에서 여동생 뱃속에서 꼬르륵거리는 소리를들었다.
꽝 / 꽝 하고 충돌하다	**crash**
	ex She heard the cars crash.
	그녀는 자동차가 꽝 하고 충돌하는 소리를 들었다.
꽥꽥(오리)	**quack**
꿀꿀(돼지)	**oink**
끼익 / 끼익 소리를 내다	**squeal**
	ex The wheels of the motorcycle squealed on the pavement.
	오토바이가 도로에서 끼익 하고 멈췄다.
둥둥	**dum**
	ex The player beat the drum "dum dum dum".
	그 연주자는 드럼을 "둥둥둥" 연주했다.
뒤뚱뒤뚱 / 뒤뚱거리다	**waddle**
	ex The duck waddled away.
	그 오리는 뒤뚱뒤뚱 갔다.

딩동	**ding dong**
	`ex` The doorbell rang.
	초인종이 딩동 울렸다.

따르릉 / 따르릉 울리다	**ring**
	`ex` The phone rang.
	전화가 따르릉 울렸다.

딸깍 / 딸깍 소리가 나다	**click**
	`ex` The gun clicked and went off.
	그 총은 딸깍하더니 발사되었다.
	`Tip` 발사되다 go off

딸랑딸랑 / 딸랑거리다	**jingle**
	`ex` We heard the jingling of bells coming from outside.
	우리는 밖에서 들려오는 딸랑거리는 종소리를 들었다.

똑딱 / 똑딱 소리가 나다	**tick tock**
	`ex` We could hear the clock go 'tick tock' loudly at night.
	우리는 밤에 시계가 크게 똑딱거리는 소리를 들었다.

똑똑 / 똑똑 두드리다	**knock knock**
	`ex` Somebody knocked on the door.
	누군가가 문을 똑똑 두드렸다.

뚜벅뚜벅	**pitter patter**
	`ex` I could hear the pitter patter of feet coming from upstairs.
	위층에서 내려오는 뚜벅뚜벅 발자국 소리를 들을 수 있었다.

뚝 / 딱 / 딱 부러뜨리다	**snap**

매애~(염소, 양)	**baaa**
멍멍(개)	**woof woof** **bow-wow**
개가 짖다	**bark** A I couldn't get to sleep last night because my neighbor's dog didn't stop barking. 어젯밤 옆집 개가 계속 짖어서 잘 수 없었어. B Didn't you talk to your neighbor about it? 그것에 대해 네 이웃과 얘기했니?
미끈미끈	**slimy** A The frog's skin felt slimy. 두꺼비 피부가 미끈거려. B Gross. Frogs are disgusting. 징그러워. 두꺼비들은 역겨워.
바스락 / 바스락거리다	**rustle** ex I could hear the rustle of leaves as I walked through the forest. 숲속을 따라 걸으면서 나뭇잎들이 바스락거리는 소리를 들었다.
방귀뀌다	**fart** A I could hear you fart. 네가 방귀뀌는 소리를 들었다. B It wasn't me. 내가 그런 거 아냐.
번들번들 / 번들거리는	**oily** ex My skin is oily. 내 피부는 번들거린다.

벌컥벌컥 / 벌컥벌컥 마시다	**slurp**
	A I was so thirsty. So I slurped down a liter of water. 난 목이 말라서 물 1리터를 벌컥벌컥 마셨어. B Why were you so thirsty? 왜 그렇게 목이 말랐던 거니?
보글보글 / 졸졸(물 흐르는 소리)	**gurgle**
	ex I could hear the gurgle of the boiling water. 물이 보글거리며 끓는 소리를 들었다. ex There was the gurgle of the stream outside of our cabin's window. 우리 오두막 창문 밖으로 냇물이 졸졸 흐르고 있었다.
부글부글 / 거품이 일다	**bubble**
	ex The water started to bubble after I added some detergent. 세탁 세제를 넣자 물에서 부글부글 거품이 나기 시작했다.
부슬부슬	**sprinkle**
	A It sprinkled for a few minutes this morning. 아침에 비가 부슬부슬 몇 분 동안 내렸어. B I hope you had an umbrella. 네가 우산을 갖고 있었길 바래.
부엉부엉(부엉이)	**hoo** **hoot**
	ex At night, they could hear owls go "hoot" in the forest behind their house. 밤에 그들은 집 뒤의 숲에서 부엉이가 "부엉부엉" 하는 소리를 들을 수 있었다.

빵빵	**honk honk**
	ex The taxi driver honked the horn.
	그 택시 운전사는 빵빵 클랙슨을 울렸다.
뻐꾹(뻐꾸기)	**cuckoo**
삐걱삐걱 / 끼익 /	**squeak**
	Tip 쥐가 찍찍거리는 소리도 같다.
삐걱 소리가 나다	A I hate to hear the squeaky sound from my new shoes on the tile floor.
	새 신발 신고 타일 바닥에서 끼익 소리 나는 것 정말 싫더라.
	B I know what you mean.
	무슨 말인지 알지.
삐약삐약(병아리)	**cheep**
사각사각 / 사각거리다	**crunch**
	ex The apple crunched as I ate it.
	그 사과를 먹었을 때 사각거렸다.
야옹(고양이)	**meow**
얌얌	**yum**
	Tip 맛있다는 뜻이다.
	A What did you eat last night?
	어젯밤에 뭐 먹었니?
	B Pepperoni pizza.
	페페로니 피자.
	A Yum.
	맛있었겠다.

어흥(호랑이, 사자) / 으르렁거리다	**roar** **ex** The child began to cry when the tiger roared at the zoo. 동물원에서 호랑이가 으르렁거리자 그 아이는 울기 시작했다.
엉금엉금 / 엉금엉금 기다	**crawl** **ex** The turtle crawled to the sea. 그 거북이는 바다로 엉금엉금 기어갔다. **ex** The traffic crawled at a snail's pace. 교통 상황이 달팽이 속도 정도였다.
에취(재채기)	**achoo** **ex** He made a big 'achoo' and sneezed loudly. 그는 큰 재채기소리와 함께 요란스럽게 재채기를 했다.
왝	**Yuck.** **A** You ate goat meat? Yuck! That's gross. 너 염소고기 먹었어? 왝! 으 이상하다. **B** It's not bad. You should try it. 나쁘지 않았어. 너도 한번 먹어봐.
움매(소)	**moooo**
윙윙 / 윙윙거리다	**buzz** **ex** The mosquito buzzed in my ear. 모기가 내 귀에서 윙윙거렸다.
이를 갈다	**clench / grit** **A** I clench my teeth when I get nervous. 난 불안할 때 이를 갈아. **B** Really? I usually bite my fingernails. 정말? 난 보통 손톱을 무는데.

짝짝(박수소리) / 박수치다	**clap clap**
	ex The audience clapped for the performers until they returned for an encore. 연주자들이 앙코르하기 위해 다시 나올 때까지 관객들은 박수를 쳤다. Tip 관객 audience | 연주자 performer
짹짹(새)	**tweat**
쪽(뽀뽀)	**smack** ex His lips made a smacking sound. 그의 입술은 쪽 소리를 만들었다.(그는 입술로 쪽 소리를 냈다.)
찍찍(쥐)	**squeak**
철커덕 / 철커덕 소리가 나다	**clang** ex I was surprised by the clang of the door. 문이 철컥 닫히는 소리에 깜짝 놀랐다.
코를 골다	**snore** A My dad snores in his sleep. 우리 아빠는 자면서 드르렁 코를 골아. B My mom does, too. 우리 엄마도 그래.
콜록콜록 / 기침하다	**cough** A He has a dry cough. It's probably because it's been so dry and dusty lately. 그는 마른기침을 하는데 아마 최근에 건조하고 먼지가 많아서일 거야. B Is it an allergy perhaps? 그거 알레르기 아냐?

쾅	**boom**
	ex Everyone could hear the boom of the fire works on the fourth of July.
	7월 4일에 불꽃 축제의 '쾅' 소리를 누구나 들을 수 있었다.
	Tip 7월 4일 : 미국 독립 기념일

쿵(쾅) 닫다	**slam**
	ex The door slammed shut.
	문이 '쿵' 하고 닫혔다.
	ex He slammed the door shut.
	그는 문을 '쿵' 하고 소리나게 닫았다.

쿵 / 쾅 하고 떨어지다	**thud**
	A My brother fell from the tree with a thud and broke his leg.
	형이 나무에서 '쿵' 하고 떨어져서 다리가 부러졌어.
	B Is he alright?
	괜찮아?

쾅 / 쾅 하고 부서지다	**smash**
	ex The front end of the car was smashed by the truck.
	차의 앞문이 트럭에 부딪혀 '쾅' 하고 부서졌다.

쿨쿨	**zzz**
	Tip 소리로는 내지 않고 글로 나타낼 때만 쓰인다.

킁킁 / 킁킁거리다	**sniff**
	ex The big dog sniffed at the children but did not bark at them or bite.
	그 큰 개는 아이들을 킁킁거리며 냄새를 맡았지만, 물거나 짖지는 않았다.

탕탕	**bang**
	ex The police shot their guns. Bang!
	경찰들은 총을 쐈다. 탕탕!
펑 / 펑 하고 터지다	**pop**
	ex The balloon popped and scared the kids at the birthday party.
	생일 파티에서 풍선이 펑 하고 터져서 아이들이 겁을 먹었다.
	Tip 겁 먹게 하다, 무섭게 하다 **scare**
풍덩 / 철퍼덕 / 첨벙 물에 뛰어들다	**splash**
	ex The dog jumped in the water and made a big splash.
	개는 풍덩 소리를 내며 물로 뛰어들었다.
	ex A boy dove with a splash into the river.
	소년은 첨벙 하고 강에 뛰어들었다.
히힝~(말)	**neigh**

memo

PART 9
문화 소개의 장

김치 만드는 법을 영어로 말할 수 있는지…?
상대방도 궁금하고 나도 궁금한
우리 문화·습관 쉽게 설명하기

요리 · 맛에 관한 말

MP3 9-01 ▶

음식 손질 · 조리법

간을 하다	**salt**
	add salt

A Add some salt if the soup doesn't taste right.
스프 맛이 별로일 때 소금을 좀 넣어 간을 맞추어라.

B There's no need. This is fantastic.
그럴 필요 없어요. 맛이 끝내주네요.

갈다 / 빻다	**grind**

A It is very nice to grind coffee in the morning.
아침마다 커피를 갈아서 마시는 건 너무 좋아.

B I know I love that smell.
맞아. 냄새가 너무 좋아.

A I started to dump my coffee grounds in my garden. And now my vegetables are growing.
정원에 커피 찌꺼기를 뿌리기 시작했는데, 지금 야채들이 잘 자라고 있어.

B That's a great idea. I should try that.
괜찮은데. 나도 해봐야겠어.

> **Tip** 커피 찌꺼기 **coffee grounds** | 갈은 쇠고기 **ground beef**

굽다	**cook**
	bake
	roast

> **Tip** 고기를 굽다 **cook meat** | 감자를 굽다 **bake potatoes** | 밤을 굽다 **roast chestnuts**

	A What's for dinner tonight?
	오늘 저녁은 뭐야?
	B I decided to roast some chicken and potatoes.
	닭과 감자를 굽기로 했어.

깨끗이 씻어놓다

clean thoroughly

Tip '구석구석 깨끗하게'라는 뜻으로 thoroughly를 쓴다.

껍질을 벗기다

peel

A Would you peel the potatoes?
감자 껍질을 벗겨 줄래?

B Sure. Do you have a peeler?
좋아. 껍질벗기기 있니?

끓이다

boil

A I boiled some water to make tea.
차 만들려고 물을 끓였어.

B Great. I'm dying for a cup of tea.
좋아. 차 마시고 싶어 죽겠어.

녹이다 / 녹다

melt

Tip 녹인 치즈 melted cheese

A The weather was so hot that my ice cream melted.
날씨가 더워서 내 아이스크림이 녹았어.

B It must have been hot! I'm glad I stayed in.
더웠나 보구나. 난 집에 있어서 다행이야.

담다

fill

put in

ex Fill the cups with water.
컵에 물을 담아라.

데우다	**heat up**
	A What's for lunch?
	점심 메뉴가 뭐야?
	B Let's heat up the soup I made yesterday.
	어제 만든 스프를 데우자.
	ex It's cold. Can you heat it up?
	이거 차가운데 좀 데워 줄래?
말다 / 밀어 펴다	**roll**
	Tip 김밥을 말다 roll kimbap
	ex Roll the dough with a rolling pin.
	밀대로 밀가루 반죽을 밀어라.
맛을 보다	**taste**
	ex After you finish cooking, you have to taste it. If the taste is too weak, add some salt or other spices.
	음식을 다 만든 후에는 맛을 봐야 해. 맛이 싱거우면 소금이나 다른 양념을 넣어라.
무치다	**mix**
	ex Put in sesame oil and mix it carefully.
	참기름을 넣고 잘 무쳐라.
밥을 짓다	**make rice**
	Tip 밥, 쌀 모두를 rice라고 한다. 밥을 cooked rice라고 해도 된다.
	A We just bought a new rice cooker. So it's easy to make rice now.
	우리는 새 밥통을 샀어. 그래서 밥하는 거 정말 쉬워.
	B Really? Where did you buy it?
	그래? 어디서 샀어?
	Tip 밥통 rice cooker ㅣ 요리사 cook

볶다	**fry**
	stir fry
	Tip '튀기다'의 뜻으로 쓰이기도 한다. ⓓ 계란 프라이 fried egg ∣ 닭튀김 fried chicken ∣ 볶음밥 fried rice ∣ 계란을 프라이하다 fry an egg ∣ 땅콩을 볶다 roast peanuts
살짝	**lightly**
	ex Toast the bread lightly and spread butter on it. 빵을 살짝 구워서 버터를 발라라.
삶다	**boil**
	ex When you boil bean sprouts, make sure to put the lid on so it doesn't smell bad. 콩나물을 삶을 때에는 뚜껑을 닫아야 비린내가 나지 않는다.
	Tip 삶은 계란 boiled eggs ∣ 뚜껑 lid
(잘게) 썰다	**chop**
	ex Chop the garlic. 마늘을 잘게 썰어라.
요리법	**recipe**
	A This chocolate cake is really good. How did you make it? 이 초콜릿 케이크 정말 맛있네요. 어떻게 만든 거예요?
	B I got the recipe from a website. 웹사이트에서 요리법을 알았어요.
요리 재료	**ingredients**
	Tip 요리 재료를 material로 하면 틀린 표현이다.
익히다	**ripen**

	ex◀ You can ripen the peaches by putting them in a paper bag for a few days. 복숭아를 종이 봉투에 넣어 며칠 두면 익힐 수 있다.
자르다	## cut ex◀ Cut the meat in long strips. 고기를 길게 잘라라. Tip◀ 길게 자른 조각을 strip이라고 한다. Tip◀ 조각 slice ⓔ 레몬 한 조각 a slice of lemon ∣ 피자 한 조각 a slice of pizza
절이다	## marinate ex◀ Marinate the chicken overnight in teriyaki sauce. 데리야끼소스에 닭을 하룻밤 절여라.
찌다	## steam Tip◀ 만두를 찌다 steam dumpling A I want to eat less fat but I'm not sure what to do. 지방을 적게 먹고 싶은데 무엇을 해야 할지는 모르겠어. B If I were you, I would steam your vegetables instead of frying them. 내가 너라면 야채를 볶는 것 대신 찔 거야. Tip◀ 내가 너라면 If I were you,
찧다	## crush ## grind ex◀ When I crush garlic, my eyes hurt. 마늘을 찧으면 눈이 맵다.
튀기다	## deep fry Tip◀ 새우 튀김 shrimp tempura ∣ 부침개, 전 pancake

	ex When you deep fry food, be careful not to burn yourself. 튀김을 할 때는 데지 않게 조심해야 한다.
해동하다	**thaw** **ex** Take the bread out of the freezer and thaw it in the microwave. 냉동실에서 빵을 꺼내서 전자레인지에 넣어 해동시켜라. **Tip** 꺼내다 **take out**
훈제하다	**smoke** **ex** Smoked salmon is one of Vancouver's most famous dishes. 훈제 연어는 밴쿠버의 유명한 요리 중 하나이다.

양념 만들기

간장	**soy sauce** **ex** Don't add too much soy sauce. It's very salty. 간장을 너무 많이 넣지 마세요. 너무 짜요.
고추장	**chili paste** **red pepper paste** **ex** Do you sell red pepper paste at this store? 고추장 파나요?
된장	**soy bean paste** **ex** You can dip the slices of cucumber in the soy bean paste and eat them. It's delicious! 자른 오이를 된장에 찍어 먹으면 맛있어.
마늘	**garlic**

	ex Garlic tastes great and it's really good for you. 마늘은 맛 좋고 몸에 정말 좋은 거야.
생강	**ginger** A Ginger tea is really good for a sore throat. 생강차는 목 아플 때 매우 좋아. B I love ginger. I could eat a whole box of ginger snaps. 난 생강 정말 좋아해. 생강 과자를 한 상자 다 먹을 수 있어. Tip ~에 좋다 be good for ㅣ 생강 과자 ginger snaps
설탕	**sugar** A Do you take sugar and cream in your coffee? 커피에 설탕과 크림 넣으세요? B No sugar, please. 설탕은 빼 주세요.
소금 소금 조금	**salt** **a pinch of salt** ex The soup will taste better if you add a pinch of salt. 소금을 조금 더 넣으면 스프가 더 맛있을 거야. Tip 한국어는 소금과 설탕, 영어로는 소금과 후추(salt & pepper) 가 짝이다.
식용유	**cooking oil** Tip 올리브유 olive oil ㅣ 포도씨유 grapeseed oil A These vegetables have an interesting flavor. What kind of oil did you use? 이 채소 맛이 특이하네. 무슨 오일 썼니? B Peanut oil. 땅콩 오일.

식초	**vinegar** ex My favorite salad dressing is oil and vinegar. 내가 가장 좋아하는 샐러드 드레싱은 오일과 식초야.
양념(조미료)	**spices** **seasoning** A Koreans use a lot of spices in their cooking. 한국인은 요리에 양념을 많이 해요. B I've heard that Korean food is very spicy. I just love spicy food. 한국 음식이 매우 맵다고 들었어요. 전 매운 거 너무 좋아요. Tip 매운 spicy
양파	**onion** Tip 파 green onion, spring onion ㅣ 부추 leek ex I chopped the onions and my eyes watered. 양파를 썰자 매워서 눈물이 났다.
참기름	**sesame oil** Tip 참깨 sesame seed ㅣ 들기름 wild sesame oil Tip 동화에 나오는 '열려라, 참깨!'를 영어로 하면? "Open sesame!"

맛에 관한 말

고소한	**nutty** ex This salad dressing has a nice nutty flavor to it. 이 샐러드 드레싱은 맛있는 땅콩 향이 많이 난다. Tip 맛 flavor Tip '고소하다'를 정확히 표현할 영어는 없다. 한국에서는 땅콩맛도 비슷하므로 nutty가 가장 가까운 표현이라고 할 수 있다.

군침이 돌다	**salivate**
	make one's mouth water

ex I smelled the food from the restaurant and began to salivate.
음식점에서 나오는 음식 냄새를 맡자 군침이 돌기 시작했다.

ex The smell of that steak is making my mouth water.
그 스테이크 냄새 때문에 군침이 돈다.

기름진	**greasy**
	oily

A We're thinking about ordering Chinese food. Are you interested?
우리 중국 요리 시킬까 하는데, 너도 먹을래?

B Chinese food is too oily for me.
중국 음식은 너무 기름져.

Tip 사람이 '느끼하다'고 표현할 때도 greasy를 쓸 수 있다.

예 저 남자 금 목걸이 좀 봐! 너무 느끼하다. Look at his gold necklace! He's so greasy.

달다	**be sweet**

A This dessert is very sweet.
이 후식은 굉장히 달아요.

B I have a sweet tooth.
전 단 것을 너무 좋아해요.

A This dessert is very sweet. I should have ordered something else.
이 디저트 정말 달다. 다른 거 주문할걸.

B Mine is too bitter. Do you want to switch?
내 건 너무 써. 내 것과 바꿀래?

담백한	**plain**

simple

> **Tip** plain은 '담백하다'와 '밋밋하다'로 쓸 수 있다.
>
> **예** This is too plain. 맛이 너무 밋밋하다.

맛이 순한

be mild

> **ex** This cocktail tastes very mild but it has a lot of alcohol. Be careful and drink it slowly.
> 이 칵테일은 맛이 순하지만 알코올이 많이 들어 있어. 조심해서 천천히 마셔라.

맛이 싱거운

be bland

> **ex** The soup is too bland. We need to put in more salt.
> 스프가 너무 싱거워서 소금을 더 넣어야겠어요.

맛이 진한

rich / strong

> **A** What do you think of the pasta?
> 파스타 어때요?
>
> **B** This sauce is too rich for me.
> 소스가 너무 진하네요.

> **ex** This coffee is too strong. I can't drink it.
> 이 커피가 너무 진해서 마시기 힘들어요!

> **Tip** '진한 커피'를 dark coffee라 하지 않고, strong coffee라고 한다.(관용적 표현) | 연한 커피 weak coffee

---

맛있는

good

yum

delicious

> **Tip** delicious는 '매우 맛있다'는 뜻이므로, very delicious라고 하면 부자연스럽다.

> **ex** Wow! This fish is really good!
> 우와! 이 생선 정말 맛있다.

매운	**spicy**
	hot

hot은 '뜨겁다'와 '맵다'로 쓰인다.

예 이 커피가 뜨겁네요. **This coffee is hot.** | 이건 좀 맵네요. **This is a little bit hot.** | 맥시코 요리는 매워서 좋아해요. **I like Mexican food because it is very spicy.**

묽은

watery

ex This soup is too watery.
이 스프는 너무 묽다.

(생선) 비린내

fishy smell

ex Be sure to wash your hands with lemon after you cook to get rid of the fishy smell.
비린내를 제거하기 위해 요리한 후에 레몬으로 반드시 손을 씻어라.

Tip 제거하다 get rid of

식욕이 없어.

I lost my appetite.

ex When I saw my employee evaluation, I suddenly lost my appetite.
직원 평가를 봤을 때, 갑자기 식욕이 없어졌다.

신

sour

A How is the lemon pie?
그 레몬 파이 어때?

B It is a little bit sour, but it's nice.
이 요리는 약간 시지만, 참 맛있네요.

쓴

bitter

Tip 쓴 웃음 bitter laughter | 쓴 약 bitter medicine

질긴	# chewy

<table>
<tr><td>질긴</td><td>

chewy

ex | This beef is too chewy to eat.
이 쇠고기는 너무 질겨서 먹기 힘들다.

Tip | **too ~(형용사) to ...(동사)** …하기엔 ~하다 예 배우기가 너무 어렵다.
It is too hard to learn.

</td></tr>
</table>

질긴

chewy

ex ◀ This beef is too chewy to eat.
이 쇠고기는 너무 질겨서 먹기 힘들다.

Tip ◀ **too ~(형용사) to ...(동사)** …하기엔 ~하다 **예** 배우기가 너무 어렵다.
It is too hard to learn.

짠

salty

A This is too salty. We should add some more water.
이거 너무 짠데 물 좀 더 넣어야 되겠어요.

B Really? I think it tastes fine.
그래? 난 괜찮은데.

먹는 방법

고추장에 밥을 비비다

mix rice with red pepper paste

ex ◀ Mix the rice, vegetables, red pepper paste and sesame oil with a spoon. Now eat and enjoy.
숟가락으로 밥과 야채, 고추장, 참기름을 비벼라. 이제 맛있게 먹어라.

뜨거울 때 먹다

eat while it's hot

ex ◀ Drink the tea while it's still hot.
차는 뜨거울 때 마셔라.

Tip ◀ 한국말로는 '우유를 먹어라'라고도 하지만 영어로는 반드시 **drink** (마셔라)라고 해야 한다.

손으로 먹다

eat with one's fingers

A This is very hard to eat with a knife and fork.
이건 나이프와 포크로 먹기 참 힘드네요.

B You can eat with your fingers. It's a lot easier to eat that way.
손으로 먹는 거예요. 그 편이 훨씬 편해요.

	게장처럼 손을 사용해야 하는 음식은 미리 설명을 해주는 것이 좋다.

쌈 싸먹다

wrap

A How do you eat this?
이거 어떻게 먹어?

B First, put the lettuce leaf in your hand like this. Then, put the meat and vegetables in the leaf. Next, wrap it up and put it in your mouth.
먼저 상추를 손에 이렇게 놔. 그 다음에 고기와 야채를 얹고 싸서 입에 넣으면 돼.

> **ex** Wrap the taco meat in the tortilla and eat it.
> 또띠아에 고기를 싸서 먹어라.

요리를 덜어 먹다

put into small dishes

> **ex** Put the salad into small dishes and serve.
> 샐러드를 작은 접시에 덜어서 내가라.

> **Tip** 북미에서는 보통 음식을 개인 접시에 덜어 먹는다. 특히 찌개처럼 한 냄비에 개인이 쓰는 숟가락을 넣는 것은 비위생적으로 생각한다. 그러므로 한국 음식을 내놓을 때는 음식을 뜨는 국자와 개인 그릇을 준비해야 한다.

찍어 먹다

dip

> **ex** dip something in sugar and eat it
> 설탕에 찍어 먹다

> **ex** Dip the nachos in the guacamole and eat them.
> 과카몰리에 나초를 찍어 먹어라.

기본적인 식탁 매너

❶ 음식을 먹을 때 소리 내지 않는다. Don't make a noise while eating.

❷ 먹으면서 말하지 않는다. Don't speak while eating.

❸ 너무 빨리 먹지 말고 천천히 얘기하면서 먹는다. Don't eat too fast. Speak slowly while eating.

❹ 북미에서는 한두 번 권하고 더 권하지 않는다. 그래서 예의로 거절하면 나중에 배가 고플 수도 있다. 반대로 북미 손님에게 자꾸 권하면 호감이 아니라 상대방을 불편하게 만드는 것이다.

❺ 부인도 함께 먹는 것이 예의이다. 부인이 계속 음식을 나르느라 자리에서 떠나 있으면 상대방을 부담스럽게 한다.

중국음식점에서 나오는 회전식 쟁반을 영어로 뭐라고 할까?

Lazy Susan.

02 한국 음식_집에서 흔히 만들어 먹는 음식

MP3 9-02▶

음식을 권할 때

괜찮아요?	Is it OK?
드셔 보세요	Please try this.
어때요?	How is it?
이것은 ~라고 불러요.	It's called ~.

A I really like this. What is it called?
　　이것이 참 맛있네요. 뭐라고 하는 거죠?
B It's called bulgogi.
　　이것은 불고기라고 해요.

처음 보는 음식을 보고

냄새가 좋네요	It smells nice / good.
맛있어 보이네요	(It) looks good.
먹어 볼게요	Let me try it.
이것을 뭐라고 하나요?	What is this called?

A I've never had Korean food before. It looks good. What is this called?
　　한국 음식은 처음 먹어 보는데요. 맛있어 보이네요. 이것은 뭐라고 하나요?
B It's called chapchae. Try it! You'll like it.

604

잡채라고 불러요. 드셔 보세요. 좋아하실 거예요.

> Tip 집에 온 손님에게 새로운 음식은 간단히 설명을 해주도록 한다. 그리고 상대방이 먹지 않더라도 자꾸 권하는 것은 실례이다. 초대받아 갔을 경우에는 상대방의 음식에 대해 관심을 보이는 것이 좋은 매너이다.

자주 먹는 음식

갈비탕	beef rib stew

> ex This beef rib stew is great! You should have some.
> 이 갈비탕 정말 맛있어요. 한번 드셔 보세요.

게장	raw crab marinated with soy sauce

> ex This raw crab marinated with soy sauce is a little hard to eat with chopsticks. Is it OK if I use my fingers?
> 이 게장은 젓가락으로 먹기 힘든데 손으로 먹어도 되나요?

구이	roasted
	broiled
	grilled with seasonings

· 갈비구이	rib roasted / broiled / grilled with seasonings
· 돼지갈비	pork rib
· 등심구이	the upper part of sirloin rib roasted / broiled / grilled

국 / 탕	soup

· 닭곰탕	chicken soup
· 만두국	dumpling soup
· 매운탕	spicy fish soup

	· 미역국	seaweed soup
	· 북어국	fugu soup
	· 삼계탕	chicken ginseng soup
	· 소고기국	beef soup
	· 조갯국	clam soup
	· 콩나물국	bean sprout soup
	· 해물탕	seafood soup
	· 해장국	hangover soup

누룽지	the crust of overcooked rice
	the scorched part of boiled rice

떡볶이	fried spicy rice cake

면	noodles

	· 냉면	cold noodles / ice noodles
	· 물냉면	cold noodle soup
	· 비빔국수	noodles with red pepper sauce
	· 칼국수	noodle soup
	· 콩국수	cold noodles in soy sauce broth

A What is this noodle dish called?
이 면 요리는 뭐라고 하죠?

B It's called Nangmyun in Korean. It means 'ice noodles'. We usually eat it in the summer.
한국말로 냉면이라고 해요. 뜻은 '차가운 면'이라는 뜻이에요. 주로 여름에 먹어요.

A The noodles are very chewy. But it's good.
면이 매우 질기지만 맛있어요.

반찬	side dishes

Tip 반찬을 만들다(장만하다) prepare / make side dishes

606

볶음 / 튀김	**fried**
	deep fried
	Tip 낚지 볶음 fried octopus Ⅰ 오징어 볶음 fried squid Ⅰ 새우 튀김 shrimp tempura
불고기	**bulgogi**
	Korean barbequed meat
	ex Bulgogi is a typical Korean food. It's made with meat, soy sauce, sesame oil, garlic, green onions, sesame seeds, and other ingredients. You cook it and then eat it.
	불고기는 가장 대표적인 한국 음식으로 적당히 썬 고기를 간장, 참기름, 마늘, 파, 참깨 및 기타 양념으로 만들어서 구워 먹는다.
비빔밥	**bibimbap**
	rice mixed with a fried egg, vegetables, and red pepper paste.
	ex You have to mix the bibimbap before you eat it.
	비빔밥을 먹기 전에 비벼야 돼요.
	ex Bibimbap is rice mixed with a fried egg, meat, vegetables, and red pepper paste.
	비빔밥은 밥과 달걀, 고기, 야채를 넣고 고추장에 비벼서 먹는 것이다.
삼겹살	**samguypsal**
	pork's fatback
	ex You have to cut meat, roast it on the steel plate, add soy bean paste, wrap it in lettuce and eat.
	적당한 크기로 잘라서 철판 위에서 구운 후, 상추 위에 된장과 함께 넣고 싸먹는다.

PART 9

문화 소개의 장

삼계탕	**samgetang**
	chicken ginseng soup

<blockquote>

ex〈 Samgetang is made of chicken and ginseng. It boosts your energy, so people eat it in summer especially.

삼계탕은 인삼과 닭을 넣고 끓여서 만드는 것으로 몸에 활력을 주기 때문에 여름에 주로 많이 먹어요.

Tip〈 활력을 주다 boost one's energy

Tip〈 미국의 치킨스프(chicken soup)와 맛이 비슷해서 먹기 쉽다.

</blockquote>

상을 차리다	**set the table**
상을 치우다	**clear the table**

A Honey, could you set the table? I'm busy in the kitchen.

여보, 상 좀 차려 줘요. 난 부엌에서 바빠요.

B No problem.

알았어.

수정과	**cinnamon punch**

순대	**Korean sausage**

쌀밥	**rice / cooked rice**

· 김치볶음밥	kimchi fried rice
· 눌은밥	soaked rice
· 돌솥비빔밥	clay pot mixed rice / bibimbap
· 보리밥	barley rice
· 쌈밥	rice wrapped in lettuce leaves
· 오곡밥	five grain rice
· 잡곡밥	mixed rice
· 콩나물밥	bean sprouts and rice

	Tip 햅쌀 new rice | 현미 sweet rice | 흑미 black rice
	Tip 한국과 일본에서 먹는 쌀은 찰기가 있으며 짧고 통통한 쌀(sticky and short grain)이지만, 북미와 중국에서 먹는 쌀은 길쭉한 모양(long grain)이다.
약과	**honey cakes**
이거 먹는 거예요?	**Are you supposed to eat this?**

Tip 한국에서 살던 외국인이 아니라면 한국인이 생각하는 것만큼 눌은밥을 좋아하지 않는다. 처음에 보고 그냥 물에 밥알이 떠 있는 것처럼 생각하는 사람도 많다.

젤리 땅콩버터 샌드위치 만드는 법
How to make a peanut butter and jelly sandwich

재료 Ingredients

· 땅콩버터 peanut butter
· 젤리 jelly
· 잼 jam
· 식빵 2조각 2 slices of bread

만드는 법 Instructions

❶ 땅콩버터를 나이프나 수저로 식빵 한쪽에 바른다.
Spread peanut butter on one slice of bread with a knife or a spoon.

❷ 젤리 또는 잼을 다른 식빵 한쪽에 바른다.
Spread jelly on the other slice of bread.

❸ 두 조각을 함께 포갠다.
Put the two slices of bread together.

❹ 반으로 잘라서 우유와 함께 맛있게 먹는다.
Cut in half and enjoy with a glass of milk.

Tip 젤리 땅콩버터 샌드위치는 만들기 쉬워서 아이가 스스로 만들어 먹을 수 있는 첫 번째 음식이고 간식이나 점심으로 먹는다.

PART 9
문화 소개의 장

잡채	**chop suey**
	chapchae

ex Chapchae is a typical Korean dish for birthdays and parties.
잡채는 생일이나 잔치 등에 먹는 한국의 전형적인 음식이다.

A Everything looks great.
모두 맛있어 보이네요.

B I hope you enjoy it. Please help yourself.
입맛에 맞으셨으면 좋겠네요. 드셔보세요.

A Thank you.
고맙습니다.

B How is it? Do you like it?
어떠세요? 괜찮으세요?

A Yes, this is very good. What is it?
네. 맛있네요. 이게 뭐죠?

B It is bulgogi. Please try this dish called chapchae. These are noodles mixed with vegetables.
불고기예요. 이것도 드셔 보세요. 잡채라고 하는데 야채와 면을 섞은 거예요.

A Looks good. Let me try.
맛있어 보이네요. 먹어 볼게요.

전	**pancakes**

족발	**pig feet**

죽	**porridge**

A I'm feeling kind of sick. I think I'm getting a cold.
몸이 안 좋아. 감기 기운이 있어.

B Why don't I make you some porridge? It will make you feel better.
내가 죽 좀 쒀 줄게. 기분이 한결 좋아지게 될 거야.

	· 전복죽	abalone porridge
	· 호박죽	pumpkin porridge
	· 잣죽	pinenut porridge
	· 팥죽	red bean porridge
	· 야채죽	vegetable porridge
	· 닭죽	chicken porridge

찌개 / 전골 — stew

· 김치찌개	kimchi stew
· 낙지전골	octopus stew
· 된장찌개	bean paste stew
· 순두부찌개	spicy tofu stew

찜 — steamed (something)

Tip 〈 생선찜 steamed fish

한정식 — traditional Korean set menu

ex 〈 A traditional Korean meal consists of rice, soup, and many side dishes.
전통적인 한국 음식은 밥과 국, 여러 가지 반찬으로 이루어져 있다.

Tip 〈 이루어져 있다 consist of

Culture Note

미국의 가정 음식 - 집에서 보통 뭘 먹나요?

아침 메뉴로는 씨리얼, 토스트, 팬케이크, 오트밀, 와플, 계란 중에 한 가지를 먹는다. 특히 팬케이크, 와플은 주말 브런치 메뉴로 흔하다. 과일을 곁들이기도 하고 우유, 커피, 주스를 마신다. 점심은 샌드위치와 스프가 보통이다. 타코와 스파게티, 스테이크, 피자, 치킨 등 점심과 저녁 메뉴가 같다. 손님을 집으로 초대할 경우 기본적으로 샐러드 1종류, 메인으로 고기와 야채, 파이, 케이크 등의 단 디저트를 준비한다. 바베큐, 로스트를 주로 하기 때문에 오븐은 언제나 필수!

김치

고춧가루	**chili powder** **red pepper powder**

김치

kimchi

> _{ex} Kimchi is the most Korean of foods.
> 김치는 한국의 대표적인 전통 음식이다.

> _{ex} Traditionally, kimchi was made at home. But now it is common for people to buy it.
> 전통적으로는 집에서 김치를 담갔지만, 지금은 사먹는 경우가 흔하다.

> _{ex} The good bacteria in kimchi make one's immune system better at fighting disease.
> 김치의 좋은 박테리아는 면역 체계를 강화시켜 질병을 이겨내게 한다.

> _{Tip} 면역 체계 immune system

김치 담그는 법

how to make kimchi

> _{Tip} 재료 ingredients | 굵은 소금 salt | 다진 마늘 ground garlic, crushed garlic | 다진 생강 ground ginger, crushed ginger

A Wow, this kimchi is really spicy. What is it made of?
우와, 이 김치 참 맵네요. 무엇으로 만들어졌지요?

B It's made with cabbage, salt, garlic, vegetables, and chili powder. That's why kimchi is spicy.
이것은 배추, 소금, 마늘, 야채, 고춧가루로 만들어지기 때문에 매운 거예요.

A Someday, I'd like to learn how to make kimchi.
언젠가 어떻게 김치 만드는지 배우고 싶어요.

> _{ex} First, cut two heads of cabbage. Then marinate it in salt for several hours. Finally, rinse it.
> 먼저 배추를 두 쪽으로 잘라 굵은 소금에 몇 시간 절인다. 그런 다음 절인 배추를 깨끗하게 씻는다.

> _{ex} Spread the mixture of chili powder, crushed

	ginger, crushed garlic, and salted fish on each piece of cabbage. Put it in the kimchi pot for a few days until it's ready. Finally, you can eat it. 고춧가루, 다진 생강, 다진 마늘 및 젓갈로 만든 속을 고르게 배추에 바른 후 항아리에 넣어 2~3일 익히면 먹을 수 있다.
김치의 종류	**types of kimchi**

· 깍두기	**radish kimchi**
· 백김치	**white kimchi**
· 무김치	**big radish kimchi**
· 오이김치	**cucumber kimchi**

발효	**fermentation**
	ex Kimchi is a fermented food.
	김치는 발효 음식이다.
	Tip 발효 음식 fermented food
소금에 절이다	**marinate in salt**
	Tip 익다 ripen ㅣ 맛이 들다 it's ready ㅣ 간이 배다 seasoned
젓갈	**salted fish**

수산물 관련

게	**crab**
냉동	**frozen fish**
민물고기	**fresh water fish**
바닷가재	**lobster**

바닷물고기	**sea fish**

복어

fugu
puffer fish

ex Chefs need a special license to prepare fugu since it is very poisonous.

복어는 독이 있기 때문에 이것을 요리하기 위해서 주방장이 특별한 자격증을 따야 한다.

Tip 독이 있는 **poisonous**

산낙지

live octopus

ex I was shocked when I saw people eat live octopus for the first time.

사람들이 산낙지 먹는 것을 처음 봤을 때 충격을 받았다.

Tip 외국인들이 산낙지가 입 속에서 꿈틀거리는 것을 보면 신기하기보다 끔찍하게 생각하는 경우가 많다. 한국에 처음 온 손님에게 설명 없이 곧바로 보여주기 힘든 음식이다.

생물

live fish
fresh fish

A How much is the catfish?
이 메기 얼마예요?

B Six dollars for frozen. Eight dollars for fresh.
냉동은 6달러고, 생물은 8달러예요.

애피타이저

appetizer

ex When you order sushi, there are usually many appetizers before the fish is served.

회를 주문하면 보통 회가 나오기 전에 애피타이저 종류가 많이 나온다.

Tip 해산물의 종류

대구 cod | 해삼 sea cucumber | 참치 tuna | 메기 catfish | 고등어 mackerel | 전복 abalone | 송어 trout | 도미 red snapper | 장어 eel | 해파리 jellyfish

양식 물고기	**fish from fish farms**
	A Are the fresh fish caught wild or are they from fish farms? 생물은 자연산이에요, 양식이에요?
	B All our fresh fish come from fish farms. 우리 생선은 다 양식한 거예요.
양어장	**fish farm**
	ex This catfish was raised on a fish farm. 이 메기는 양식한 거예요.
자연산	**fish caught wild**
회	**raw fish** **sushi**
	A The plan is to eat lunch at a famous Japanese restaurant. Do you like sushi? 계획은 유명한 일식집에서 점심 먹는 거예요. 스시 좋아해요?
	B Like it? I love it! I can't wait. 좋아하나구요? 너무 좋아하죠. 빨리 가고 싶어요.
	Tip 미국에서는 스시가 회와 초밥 두 가지를 다 가리키는 경우가 많다.

Culture Note

김치를 단순히 건강에 좋다(It's good for your health.)라고 하면 설득력이 없으므로, 간단히 설명하는 것이 좋다. 김치는 다이어트에 좋다고 알려져서 일본 여성들 사이에 인기가 좋다. 또한 스트레스 해소에 도움이 된다.
일본에도 한국 김치와 비슷한 음식이 있지만, 일본 기무치는 발효 음식이 아니고 한국 김치는 발효 음식이다.

03 한국의 생활 문화와 관련된 말

세시 풍속 · 놀이

고사

gosa

ex Gosa is to celebrate the opening of a new office or the construction of a new home, ship or airplane.

고사는 새로운 사무실, 집, 배, 비행기를 새로 만들 때 축하하는 의식이다.

People ask spirits to protect and give blessings to the new endeavor. Although many Koreans do not believe it, it is still a very common custom in Korea.

사람들은 신령에게 축복을 기원한다. 많은 한국인들이 믿지 않지만 아직도 매우 흔한 의식이다.

People set out a pig's head, food, fruit, wine on a table. A smiling pig's head is more expensive than a pig's head with a regular expression.

테이블 위에 돼지머리, 음식, 과일, 술을 차린다. 웃는 돼지머리가 더 비싸다.

They pour the wine over the ground or particular objects which require a blessing.

술을 땅이나 축복받길 원하는 사물에 뿌린다.

Participants bow deeply and they put some paper money into the pig's mouth. They all wish for good luck.

참가자들은 큰 절을 하고 지폐를 돼지 입에 꽂으며 복을 기원한다.

Tip 신령 spirit | 축복 blessing | 쏟다 pour | 참가자 partici-pant

그네 / 그네를 타다

swing

놀이터에서

A Mom, I want to go on the swings. Give me a push.

엄마, 그네 타고 싶어요. 밀어 주세요.

B Here we go.
자, 간다.

돌

first birthday party

ex If you are invited to a traditional first birthday celebration, it's best to give a gold ring.
전통적으로 돌잔치에 초대받으면 금으로 된 반지를 준다.

Tip 북미에서는 첫번째 생일이 보통의 생일일 뿐 특별한 의미를 갖지 않는다.

백일

100 days celebration

ex In Korea, when a child reaches their hundredth day, a party is held and rice cake is given to neighbors, friends, and family.
한국에서는 아이가 태어나 100일이 되면 그 날을 기념하여 백일잔치를 하고 이웃, 친구 등 주위에 떡을 돌린다.

성묘

sungmyo

visiting ancestor's graves

ex Sungmyo is visiting ancestor's graves to set food, fruit, wine and bow deeply. Also participants take care of their ancestor's graves.
돌아가신 날과 추석에 조상의 무덤에 가서 상을 차려서 큰절을 하고 무덤을 깨끗이 하는 것이다.

Tip 북미에서 조상의 묘지를 찾는 경우는 거의 없고, 생전에 알던 친지 및 가족들의 무덤을 생일이나 또는 시간이 있을 때 찾아가는데 이때는 꽃을 사 들고 간다. 사망한 날에 특별히 모이는 전통은 없다.

세뱃돈

gift money

ex Children bow to their elders and get giftmoney on lunar new year.
음력 설에 어른에게 세배를 드리면 세뱃돈을 받는다.

씨름	# Korean wrestling
	Tip '씨름'이란 말은 영어에 없다. Korean wrestling 혹은 Korean Sumo 정도가 비슷하다.
	A Do you want to wrestle? 씨름할래?
	B Bring it on! 덤벼!
연	# kite
	A Let's go fly our kites. 연 날리러 가자.
	B OK. Let's go to the river side. 그래. 강변에 가자.
유교 사상	# Confucianism
	ex Confucianism is the foundation of many Korean traditions such as marriage, funeral, and social events. 유교 사상은 결혼, 장례, 행사 등 많은 전통의 기본이 되고 있다.
제사	# Jaesa
	ex Jaesa is a ceremony to honor our ancestors to commemorate the date of their death. 제사는 조상의 사망일에 고인을 기념하는 날이다.
	ex Family members get together and set food, fruit, Korean pancakes, wine and candles on the table. There are many rules where to put different kinds of food and how many. 가족이 모여 음식과 과일, 전, 술로 상을 차리고 촛불을 켠다. 음식 놓는 자리나 음식 숫자는 정해진 규칙이 있다.
	ex Participants bow deeply. After the Jaesa, they share food and talk about their ancestor. 참가자들은 절을 하고, 제사가 끝난 후에는 음식을 나눠 먹으며 고인을 기념한다.

줄다리기	**tug of war**
	A What did you do in gym class? 체육 시간에 뭐 했니?
	B We played tug of war and we won. 줄다리기 했는데, 우리가 이겼어.
차례	**Charae**
	ex Charae is Jaesa on our thanksgiving holiday. 차례는 추석에 지내는 제사이다.
환갑 잔치	**sixtieth birthday party**
	ex These days, we don't celebrate the sixtieth birthday party much. We often celebrate the seventieth birthday party because of increasing longevity. 요새는 수명이 길어져서 환갑 잔치는 잘 하지 않고 칠순 잔치를 하는 경우가 많아졌다.

종교

기도	**prayer**
기독교 / 개신교	**Christian**
	Protestant
	Tip 대형 교회 mega church ǀ 작은 교회 chapel ǀ 목사 pastor ǀ 선교사 missionary
복음	**gospel**
복음주의	**evangelism**
불교	**Buddhism**

설교	**sermon**
	A Our pastor is a good guy. But his sermons are always too long. 우리 목사님은 좋은 사람이지만 언제나 설교가 너무 길어. B That's true. 맞는 말이야.
설교하다	**preach a sermon**
신앙	**faith**
신자	**churchgoer**
	ex The churchgoers always show up wearing their Sunday best. 신자들은 언제나 가장 멋진 옷차림으로 교회에 간다. Tip 교회 갈 때 입는 최고의 옷차림 one's Sunday best
십일조	**tithe**
예배	**worship / service**
	ex The church has three services on Sunday. 그 교회는 일요일에 세 번의 예배가 있다.
카톨릭	Catholic
	Tip 대성당 cathedral ㅣ 세례명 baptised name ㅣ 고해성사 confession ㅣ 신부 priest
헌금	offering

미국의 명절과 법정 공휴일

신정	**New Year's Day**

Tip 12월 31일에 신정을 축하하는 파티를 하며 1월 1일 0시에 서로 키스하는 풍습이 있다.

킹 목사의 날	**Martin Luther King Day**

Tip 1월 세 번째 월요일

대통령의 날	**Presidents' Day**

Tip 2월 세 번째 월요일

부활절	**Good Friday (Easter)**

Tip 3월 21일(춘분) 이후의 만월 다음의 첫 일요일. '부활절 달걀 찾기(Easter egg hunt)'가 전통이다.

현충일	**Memorial Day**

Tip 5월의 마지막 월요일

독립기념일	**Independence Day**

Tip 미국의 경우 7월 4일이 독립기념일이므로 The fourth of July라고도 한다. 미국 전역에서 불꽃놀이(fire works)를 한다.

노동자의 날	**Labor Day**

Tip 9월 첫째 월요일

콜럼버스의 날	**Columbus Day**

Tip 10월의 둘째 월요일

재향군인의 날	**Veterans Day**

추수감사절	**Thanksgiving**

11월의 넷째 목요일. 가족끼리 모여 저녁 식사를 하는 것이 전통이고 칠면조 요리를 한다.

성탄절	Christmas

Tip 가족끼리 모여 크리스마스 트리를 장식하고 선물을 나무 밑에 놓고 12월 25일에 열어본다.

그 밖의 축제

발렌타인데이	Valentines' Day

Tip 친구들이나 가족 등 좋아하는 사람에게 카드나 조그만 선물을 주는 날이다.

할로윈	Halloween

Tip 10월 31일. 아이들은 호박으로 등불을 만든다. 또한 이웃들 돌며 Trick or treat.을 외치며 사탕을 받아온다.

자주 쓰는 속담·관용구

금강산도 식후경	**A loaf of bread is better than the song of many birds.** Tip 빵 한 조각이 많은 새들의 노래 소리보다 더 낫다.
감언이설	**sweet talk** Tip 달콤한 말, 남을 꼬시는 듣기 좋은 말.
겉만 보고 판단하지 마라.	**Don't judge a book by its cover.** A How was your blind date? 소개팅 어땠어? B I don't want to talk about him. He looked so dorky and unfashionable. 그 남자 얘기는 하고 싶지 않아. 얼마나 멍청하고 촌스럽게 보이던지. A Don't judge a book by its cover. Do you know he is supposed to start working for a famous law firm next month? 겉만 보고 판단하지 마라. 그 남자가 다음달에 유명한 로펌에서 일하기로 된 거 아니? B Really? Hum … Maybe I should give him another chance. 정말? 흠… 다시 한번 기회를 줘야 할지도 모르겠네.
계란을 한 바구니에 담지 마라.	**Don't put all your eggs in one basket.** Tip 분산 투자에 관한 얘기. 주로 주식에서 많이 사용된다.

긁어 부스럼 만들지 마라.	**Let sleeping dogs lie.** Tip '자는 개는 그냥 누워 있도록 해라.'는 말로, 괜한 문제 일으키지 말라는 뜻.
금상 첨화	**icing on the cake** Tip 케이크 위의 크림.
나무 때문에 숲을 보지 못한다.	**Losing the forest through the trees.** Tip 너무 작은 일에 매이다 보면 전체적인 흐름이나 윤곽을 보지 못한다는 의미.
낙수 물이 바위를 뚫는다.	**Little drops of water make the mighty ocean.** Tip 작은 물방울이 대양이 된다.
내 손에 장을 지진다.	**I'll eat my hat.** Tip 도저히 일어날 수 없는 일이 일어난다면 내 모자라도 먹겠다는 뜻.
노력 없이는 결과도 없다.	**No pain no gain.** Tip 고진감래
대접 받고 싶으면 먼저 대접해라.	**Do onto others as they do onto you.** Tip 남에게 받고 싶은 만큼 해라.
독 안에 든 쥐	**A rat in a trap.** Tip 덫에 걸린 쥐.
될 성 부른 나무는 떡잎부터 안다.	**As the twig is bent, so grows the tree.** Tip 어린 가지 때 구부러지면, 구부러진 나무로 자란다.
뜻이 있는 곳에 길이 있다.	**Where there's a will, there's a way.**

Tip 뜻 will | 길 way

A My tuition has increased and I don't have enough money. I don't want to quit school.

등록금이 올랐는데 돈이 충분하지 않아. 학교를 그만두고 싶지는 않은데.

B You can look for a part-time job or work on campus. Don't give up. Where there's a will, there's a way.

아르바이트나 학교 안에서 일자리를 찾아봐. 계속 노력해 봐. 뜻이 있는 곳에 길이 있으니까.

Tip 등록금 tuition | 그만두다 quit | 찾아보다 look for

로마에서는 로마법을 따르도록 하라.

When in Rome, do as the Romans do.

Tip 어느 곳에 가든 그곳의 법과 풍습을 따르라는 뜻.

말을 우물가로 데리고 가도 물을 먹일 수는 없다.

You can lead a horse to water, but you can't make him drink.

Tip 억지로 시킬 수는 없다는 뜻.

먼 사촌보다는 가까운 이웃이 낫다.

A near neighbor is better than a distant cousin.

모든 사람에겐 비밀이 있다.

Skeletons in the closet.

Tip 공표하기 어려운 가족의 비밀

무소식이 희소식이다.

No news is good news.

A Have you heard from John? I haven't heard anything from him since he went to Canada 3 months ago.

존 소식 들었어? 캐나다 간 지 3개월이 됐는데 아무 소식이 없네.

B Me neither, but no news is good news. I'm sure he will send an e-mail soon.

나도 그래. 그래도 무소식이 희소식이래잖아. 조만간 잘 지낸다는 이메일이 올 거야.

무식하면 용감하다.	**Fools rush in where angels fear to tread.** Tip ◀ 바보는 천사도 발 디디기를 두려워하는 곳을 돌진한다.
뭐니 뭐니 해도 집이 최고다.	**There's no place like home.** Tip ◀ 집이 가장 편하고 좋다는 뜻.
미꾸라지 한 마리가 온 연못을 흐린다.	**One rotten apple spoils the barrel.** Tip ◀ 썩은 사과 한 개가 통 전체를 못쓰게 한다. 한 사람이 못난 짓을 해서 전체를 욕 먹이는 경우.
미인은 거죽 한 꺼풀.	**Beauty is only skin deep.** Tip ◀ 외모가 전부는 아니다.
민심이 곧 천심이다.	**The voice of the people is the voice of God.** Tip ◀ 백성의 목소리가 하나님의 목소리다.
바늘 도둑이 소 도둑 된다.	**He that will steal a pin will also steal an ox.** Tip ◀ 핀 하나 훔친 사람은 소도 훔칠 수 있게 된다.
백문이 불여일견.	**One picture is worth a thousand words.** Tip ◀ 그림 한 장이 천 마디 말의 가치가 있다.
빈 수레가 요란하다.	**Empty vessels make the most sound.** Tip ◀ 실속 없는 사람이 겉만 요란하다는 뜻.
뿌린 대로 거둔다.	**You reap what you sew.**
사공이 많으면 배가 산으로 간다.	**Too many cooks spoil the broth.** Tip ◀ 너무 많은 요리사가 스프를 망친다는 뜻.

A How's your project going?
프로젝트 어떻게 돼가고 있어?

B There are so many opinions and we can't decide anything.
의견이 너무 많아서 아무 것도 결정하지 못했어.

A Too many cooks spoil the broth.
알다시피 사공이 많으면 배가 산으로 가는 법이야.

B Tell me about it.
글쎄 말이야.

선 무당이 장구 탓한다.

A bad workman always blames his tools.

Tip 서투른 장인은 항상 연장 탓을 한다.

세 살 버릇 여든까지 간다.

What's learned in the cradle is carried to the grave.

세월이 약이다.

Time heals all wounds.

Tip 시간이 모든 상처를 치료한다.

쇠는 뜨거울 때 쳐라.

Strike while the iron is hot.

Make hay while the sun shines.

시작이 반이다.

Well begun is half done.

Tip 잘 시작된 것은 반은 이루어진 거다.

시장이 반찬이다.

Hunger is the best sauce.

식은 죽 먹기 /
누워서 떡 먹기

a piece of cake

A Can you fix this?
이거 고쳐줄래?

B Sure. This is a piece of cake.
좋아. 식은 죽 먹기지.

아니 땐 굴뚝에 연기 날까.	**Where there's smoke, there's fire.**
	원인 없는 일은 없다.
	A I heard Jim is having an affair. 내가 들었는데 짐이 바람 피운대.
	B Where there's smoke, there's fire. 아니 땐 굴뚝에 연기 나겠어?
	B I can't believe it. He seems so in love with his wife. 믿을 수가 없네. 부인을 정말 사랑하는 것 같이 보였는데.
	Tip 바람을 피우다 have an affair ｜ 사랑하는 사이 in love with someone
양의 탈을 쓴 늑대	**A fair face may hide a foul heart.** **A wolf in sheep's clothing.**
	Tip 겉으로는 친한 척하지만 속으로는 상대방을 해칠 마음이 있다는 뜻. 구밀복검(口蜜腹劍).
양치기 소년과 늑대	**You've cried wolf too many times.**
	Tip 이솝우화에서 소년이 거짓으로 '늑대야' 라고 소리쳤기 때문에 진짜 늑대가 나타났을 때에는 아무도 도와주지 않아 많은 양을 잃어버린 이야기에서 나온 말. 거짓말을 많이 하면 아무도 믿어주지 않는다는 뜻.
엎어지면 코 닿을 곳	**within a stone's throw**
	Tip 돌 하나 던져 떨어지는 거리 내. 아주 가까운 거리.
예외 없는 법은 없다.	**There's an exception to every rule.**
	Tip 예외 exception
	A I'm sorry. I won't be able to take the test. Can I do something else to make it up? 죄송합니다. 시험을 못 쳤습니다. 이것을 만회할 수 있을까요?
	B Sorry. I'm afraid you can't. 유감이지만, 없군요.

A Please. There's an exception to every rule. I had a family problem at that time.
제발 부탁입니다. 예외 없는 법은 없지 않습니까? 그때 가족 문제가 좀 있었어요.

오늘 할 일을 내일로 미루지 마라.

Don't put off for tomorrow what you can do today.

Tip Never put off till tomorrow what you can do today. 라고도 한다.

A Did you finish your book report?
독후감은 다 썼니?

B The due date is this Friday. I have a lot of time.
이번 금요일이 마감이야. 아직 시간 많아.

A You have other homework as well. Don't put off for tomorrow what you can do today.
너 다른 숙제도 많잖아. 오늘 할 일을 내일로 미루지 마.

옷이 날개다.

The clothes make the man.

Tip 옷이 사람을 만든다.

용의 꼬리보다는 뱀의 머리가 되라.

Better be the head of a dog than the tail of a lion.

Tip 큰 집단의 조무래기보다는 작은 집단의 우두머리가 훨씬 낫다는 뜻.

우는 아이 젖 준다.

The squeaky wheel gets the oil(grease).

Tip 자꾸 부탁하고 애원해야 남이 신경 써준다는 뜻.

원숭이도 나무에서 떨어진다.

Nobody's perfect.

윗물이 맑아야 아래 물이 맑다.

The fish always stinks from the head downwards.

PART 9

문화 소개의 장

유유상종

Birds of a feather flock together.

Tip 깃털이 같은 새들은 함께 모인다는 뜻.

Tip 깃털 feather

A Sarah and Bill seem to be getting together.
새라와 빌이 잘 어울려 다니는 것 같아.

B Birds of a feather flock together.
유유상종이지 뭐.

이미 엎질러진 물이다.

Don't cry over split milk.

A Why are you crying?
왜 울고 있니?

B I broke my mom's vase. What can I do?
엄마 꽃병을 깼어. 어떡하지?

A You can't do anything now. Don't cry over split milk. Tell your mom you're sorry.
지금 할 수 있는 건 없어. 이미 엎질러진 물이야. 엄마한테 죄송하다고 말씀 드려.

일보 전진을 위한 이보 후퇴

Better bend than break.

Tip 구부러지는 게 부러지는 것보다 낫다. 지금 당장 자존심이나 체면 때문에 무리하게 행동하여 다치거나 죽지 말고 훗날을 도모하는 것이 낫다는 뜻.

일석이조 /
꿩 먹고 알 먹기

Kill 2 birds with 1 stone

A I decided to work in ABC sandwich shop after school every weekend.
주말마다 방과후에 ABC샌드위치 가게에서 일하기로 했어.

B Do you have enough time?
시간 있어?

A My girlfriend is working there so we can meet every weekend.
내 여자 친구가 거기서 일하니까 매주 만날 수 있잖아.

B That way you can kill 2 birds with 1 stone.
일석이조구나.

일찍 일어나는 새가 벌레를 잡는다.	The early bird gets the worm. Tip 부지런해라.
자라 보고 놀란 가슴 솥뚜껑 보고 놀란다.	Once bitten, twice shy.
제 눈에 안경	Beauty is in the eye of the beholder. Tip '미(美)'라는 것은 보는 사람의 눈 속에 있다.
종로에서 뺨 맞고 한강에서 눈 흘긴다.	Go home and kick the dog. Tip 집에 가서 개를 발로 찬다. 엉뚱한 곳에 분풀이를 한다는 뜻.
좋은 약은 입에 쓰다.	A good medicine tastes bitter.
죄 짓고는 못 산다.	A guilty conscience needs no accuser. Tip 죄 지은 양심은 고발자가 필요없다. 도둑이 제발 저린다.
주운 사람이 임자다.	Finders keepers, losers weepers. Tip 발견한 사람은 갖는 사람이 되고 잃어버린 사람은 우는 사람이 된다.
죽마고우	a buddy from my old stomping ground. Tip 옛날 뛰어다니며 놀던 친구. 아주 오래된 친구. 친한 친구 buddy
지렁이도 밟으면 꿈틀한다.	Even a worm will turn. Tip 벌레도 몸을 돌리는 법이다.
짚신도 짝이 있다.	Every Jack has his Jill. Tip 모든 Jack(갑돌이)은 Jill(갑순이)를 가지고 있다. 누구나 짝이 있다는 뜻.

친구를 보면 그 사람을 알 수 있다.	**A man is known by the company he keeps.**

A I don't know why my boyfrind's buddies are so weird and stupid.
왜 내 남자 친구의 친구들은 그렇게 이상하고 멍청한지 모르겠어.

B Be careful. Birds of a feather flock together.
조심해라. 유유상종이잖아.

A What do you mean?
무슨 소리야?

B A man is known by the company he keeps. So you might not see your boyfriend for who he really is.
사람을 볼 때는 친구를 보라잖아. 그러면 네 남자 친구가 진짜 어떤 사람인지 네가 못 보는 걸지도 몰라.

털어서 먼지 안 나는 사람 없다.	**Everyone has a skeleton in his closet.**

팔은 안으로 굽는다.	**Charity begins at home.**

Tip 자비는 집에서 시작된다. 자신의 가족이나 친지에게 유리하게 한다는 뜻.

피는 물보다 진하다.	**Blood is thicker than water.**

필요는 발명의 어머니이다.	**Necessity is the mother of invention.**

하늘이 무너져도 솟아날 구멍이 있다.	**Every cloud has a silver lining.**

헌 신짝 버리듯이 한다.	**Thrown away like an old shoe.**

호랑이 굴에 들어가야 호랑이를 잡는다.	**Nothing ventured, nothing gained.**

호랑이도 제 말하면 온다.	**Speak of the devil.**

ex Hey, look! Speak of the devil, here comes Ross.
저기 봐. 호랑이도 제 말하면 온다더니 로스가 저기 오네.

632

INDEX
색인

표제어 3041개의 표현을 가나다순으로 찾을 수 있도록 정리되어 있다.
필요할 때 빨리 찾아보기도 하고,
한국어만 보고 영어로 말하는 연습용으로도 활용해보자.

INDEX

색인

653

661

INDEX

색인

INDEX
색인

INDEX

색인

한권으로 끝내는
**네이티브
영어회화사전**

개정2판2쇄   2024년 2월 20일
저자   Keith Milling / Una Milling
발행인   이기선
발행처   제이플러스
주소   서울시 마포구 월드컵로 31길 62
영업부   02-332-8320
편집부   02-3142-2520
등록번호   제10-1680호
등록일자   1998년 12월 9일
홈페이지   www.jplus114.com
ISBN   979-11-5601-195-8
Printed in Korea

값 24,000원(음원QR포함, MP3 무료다운로드)
● 음원수록내용 : 한국어+영어(표제어는 한영녹음, 예
   문과 대화문은 영어만 녹음)
● 파본은 구입하신 서점이나 본사에서 바꾸어 드립니다.